HOMBRES EN MOVIMIENTO

volume 74

HOMBRES EN MOVIMIENTO

Masculinidades españolas

en los exilios y emigraciones,

1939–1999

Iker González-Allende

Purdue University Press
West Lafayette, Indiana

♾ The paper used in this book meets the minimum requirements of American National Standard for Information Sciences—Permanence of Paper for Printed Library Materials, ANSI Z39.48-1992.

Printed in the United States of America
Interior template design by Anita Noble;
Cover template design by Heidi Branham;
Cover image: Thinkstock image 519861784; credit: nikolaj2/iStock/Thinkstock

Cataloging-in-Publication Data on file at the Library of Congress

Paperback ISBN: 978-1-55753-835-2
ePub ISBN: 978-1-61249-558-3
ePDF ISBN: 978-1-61249-557-6

Para mis padres, Maite Allende Urkiaga
y José Antonio González Carretero

Para los hombres y las mujeres que se
han visto obligados a abandonar su país

Índice

Agradecimientos

He podido elaborar y publicar este libro gracias a la ayuda de una beca Charles J. Millard del Consejo de Investigación de la Universidad de Nebraska-Lincoln y una beca Enhance de la Facultad de Artes y Ciencias de la misma universidad.

Quiero agradecer la ayuda y los consejos de José Ángel Ascunce Arrieta, Harriet Turner, Luisa-Elena Delgado, Mercedes Acillona, Alfredo Martínez-Expósito, Priscilla Hayden-Roy y José Ignacio Álvarez-García. Catherine Bellver, Josefina Cuesta Bustillo y José Carlos Rovira me ayudaron en mi investigación al facilitarme generosamente ejemplares de sus libros. Asimismo, mi mayor gratitud es para mis padres y mis hermanas, por su continuo apoyo, y para Margarita López Gallego y Omar J. Correa, quienes han estado siempre a mi lado durante este largo proyecto.

Versiones previas de tres de los capítulos se han publicado antes en revistas. El capítulo primero apareció como "De niño del exilio a hombre de la 'nueva España': Masculinidad y nacionalismo español en *El otro árbol de Guernica*, de Luis de Castresana," en *Ipotesi: Revista de estudos literários* 18.1 (2014): 119–32. El capítulo segundo se publicó como "El ex-hombre: Masculinidad y exilio en la poesía de Juan José Domenchina," en *Neophilologus* 98.3 (2014): 433–48. © Springer Science+Business Media Dordrecht 2014. Reimpreso con permiso de Springer. Finalmente, parte del capítulo quinto se imprimió en inglés como "The Migrant Family Man: Masculinity, Work and Migration in Víctor Canicio's *Vida de un emigrante español*," en *Iberoamericana* 16.62 (2016): 131–47.

Introducción

Hombres en movimiento

Masculinidad y movimiento: los hombres desplazados

En *Yanqui hirsutus* (1949), Manuel de la Sota expresa cómo en 1938, camino al exilio a Nueva York como consecuencia de su ideología nacionalista vasca, acechado por el futuro incierto, le embarga una sensación de frustración e inutilidad: "me siento impotente para reaccionar contra la adversidad" (291). Posteriormente, al atisbar la Estatua de la Libertad desde el barco en que viaja, reconoce que le "sobrecogió un pavor infantil" y le entraron deseos de agarrarse a las faldas de su madre, que estaba muy lejos (356–57). Este temor e impresión de debilidad que experimenta Sota es común en los exiliados y emigrantes que se enfrentan a una tierra desconocida, con una cultura diferente a la suya, en la que en un principio carecerán de espacios conocidos y personas confiables y posiblemente sufrirán discriminación por su condición de extranjeros y/o por su acento al hablar el idioma del país. Estas realidades suelen implicar una desestabilización en la identidad del individuo que, en el caso de los varones, suele afectar a su concepción de la masculinidad y a su autoestima y valía como hombres.

Este libro analiza cómo los desplazamientos territoriales y la vida en el nuevo país influyen en la masculinidad y la sexualidad de los hombres exiliados y emigrantes. En concreto, investiga cómo el exilio y la emigración repercuten en la virilidad de los hombres españoles que se ven obligados a abandonar su país, tanto heterosexuales como homosexuales. La masculinidad, como parte fundamental de la identidad personal y cultural-social de un hombre, influye decisivamente en cómo éste se enfrenta y vive su desplazamiento territorial. España se ha caracterizado tradicionalmente como un país con una cultura machista en la que el hombre probaba su masculinidad por medio de la conquista amorosa—el famoso arquetipo del don Juan—y un papel activo y dominante en la sociedad.[1] Para David Gilmore, la masculinidad mediterránea se basa en la procreación, la manutención de la familia y la protección de los seres queridos (48). El exilio y la emigración pueden hacer peligrar estos componentes de la masculinidad al instaurar un carácter provisional e inseguro en las vidas y profesiones de los hombres.

Para explorar estas consecuencias, examino las representaciones de la masculinidad en la literatura producida por escritores españoles que desde 1939 hasta finales del siglo XX han experimentado el exilio o la emigración, cubriendo tres momentos históricos: 1) el largo exilio republicano como consecuencia de la Guerra Civil Española (1936–39), mayormente a países latinoamericanos, 2) la emigración de españoles a Europa durante los años 60 debido a la crisis económica en España y 3) la emigración actual de intelectuales y profesionales españoles a Estados Unidos para desarrollar sus carreras y aprovechar mejores oportunidades laborales. A través de esta evolución cronológica, pretendo demostrar cómo a pesar de las diferentes circunstancias históricas y personales, los hombres que se hallan en un nuevo país comparten ciertas similitudes respecto a su autoestima masculina, mayormente una sensación de inestabilidad y de desafío a su virilidad.

Mi punto de partida es que la emigración y el exilio se experimentan de diferente manera dependiendo del género y la sexualidad de la persona e, inversamente, que la identidad de género y la sexualidad de la persona pueden cambiar o modificarse como consecuencia de la emigración y el exilio. Como ha demostrado Judith Butler, el género se construye culturalmente (*Gender* 6), por lo que cuando un individuo vive en una cultura nueva, es común que se halle ante una concepción de género diferente. Tanto las identidades de género y sexualidades como las emigraciones y los exilios se asemejan en su fluidez y su dinámica relacional. Es decir, la concepción del género y la sexualidad del individuo son movibles y cambiantes, al igual que los desplazamientos territoriales. Benigno Sánchez-Eppler y Cindy Patton señalan al respecto que la sexualidad no está basada en una esencia, no es eterna ni está fijada en un lugar, sino que se halla en movimiento (2). Por eso, Martin Manalansan indica que los desplazamientos de individuos entre fronteras pueden transformar y perturbar las nociones estáticas de género y sexualidad ("Queer Intersections" 243).

La imbricación de la sexualidad con el exilio y la emigración se visibiliza aún más en el caso de las personas que abandonan su país debido a su sexualidad, lo que Héctor Carrillo ha denominado "migración sexual" (59). Como apuntan Brad Epps, Keja Valens y Bill Johnson González, uno de los motivos que lleva a las personas a emigrar o exiliarse es el deseo de vivir su identidad sexual de una manera más libre en el país de acogida (6). Manalansan nos recuerda que los emigrantes no son simplemente trabajadores—ni los exiliados son personas que sólo ostentan convicciones políticas—, sino que también poseen deseos sexuales ("Queer Intersections" 243). Por lo tanto, resulta imprescindible prestar atención a las variables de género y sexualidad para poder entender y analizar cualquier tipo de desplazamiento de personas de un país a otro (Luibhéid, "Queer/Migration" 171).

En lo que respecta a la masculinidad, los hombres exiliados y emigrantes suelen experimentar cambios o movilidad en su entendimiento del género y su percepción como hombres. Estos cambios se pueden producir nada más abandonar su país o en cualquier momento de su vida en el nuevo país, ya que es posible que exista un periodo de latencia en el que el hombre no dé señales de su nueva condición (Grinberg 12). Cada emigrante o exiliado se enfrenta a su proceso de emigración o exilio de manera única y diferente y su masculinidad también se verá afectada de forma distinta, en un *continuum* desde la vivencia de una gran crisis o depresión hasta un mínimo cambio o incluso sensación de mayor felicidad.[2] La masculinidad del hombre desplazado se modificará dependiendo de una serie de variables que influyen en la vivencia general de la emigración y el exilio, tales como la edad, la clase social, el estado civil, las personas con las que viaja y dependen de él, el trabajo que obtiene en el nuevo país, la comunidad y el ambiente en los que vive, el contacto con sus compatriotas y su relación con ellos, la comunicación con los familiares y amigos que permanecen en su nación y la posibilidad de volver a su país cuando lo desee.[3] De todos estos factores, la edad en la que uno emigra o se exilia es especialmente significativa debido a su conexión con los procesos cognitivos y el desarrollo psicológico. Se suele señalar al respecto que las personas que emigran o se exilian a una edad temprana tienden a adaptarse más fácil y rápidamente y les cuesta más imaginar quién y qué habrían sido si no hubieran abandonado su nación (Espín, "Gender" 253).

También hay que tener en cuenta de qué país parte el individuo y en qué país se establece. Generalmente en los estudios sobre migraciones se considera que el emigrante procede de una nación poco desarrollada, con unos papeles tradicionales de género y se dirige a un país más avanzado y moderno, con unas concepciones más fluidas del género y de la masculinidad. Sin embargo, no siempre sucede así en los movimientos exílicos, ya que hubo exiliados republicanos españoles que vivieron en países latinoamericanos con una visión tradicional del género similar a la existente en España o incluso más conservadora.

A pesar de estas variables y sus múltiples posibles efectos en la virilidad de los exiliados y emigrantes, considero que se pueden extrapolar unos parámetros generales de la masculinidad. El principal argumento de este libro es que el exilio y la emigración causan un sentido de crisis, impotencia e inestabilidad en la masculinidad de los hombres que los padecen. Esto no quiere decir que estos hombres no se sigan beneficiando de los privilegios derivados del sistema patriarcal.[4] No obstante, tienden a perder el estatus social que poseían en su patria, deben sobrellevar la separación de sus familiares, amigos y lugares conocidos, se sienten inseguros, o sufren aislamiento y discriminación racial en el país de acogida. Es cierto que en algunas ocasiones los hombres desplazados, especialmente si han estado en una posición de subordinación en sus países, como sucede con los individuos homosexuales, pueden también experimentar el exilio y la emigración de una manera positiva y liberadora al lograr una mayor sensación de autonomía, anonimidad y libertad respecto al patriarcado, la heteronormatividad y las expectativas que la sociedad tiene de los hombres.[5] También es posible que mejoren su situación económica y nivel cultural y se refuerce su masculinidad al poder cumplir la función de proveedores de familia y sentirse más realizados.

Sin embargo, en líneas generales, la mayoría de los hombres considera que su masculinidad ha sido diezmada y pueden reaccionar en un espectro de posibilidades, desde adoptar una actitud hipermasculina o "masculinidad de protesta"—expresiones exageradas de masculinidad para mostrar poder con el objetivo de contrarrestar sus sentimientos de impotencia en el exilio o la emigración—, o sufrir depresión y encerrarse en sí mismos, hasta adoptar una identidad de género más fluida y cambiar la estricta separación de los papeles de género que solían practicar en su nación de origen. En cualquiera de los casos se produce un cambio o movimiento en su vivencia o concepción de la masculinidad. En definitiva, como indica Patricia Pessar, "la emigración [y el exilio] simultáneamente refuerzan y debilitan el patriarcado en sus múltiples formas" (20).

Al vivir en una cultura diferente, los exiliados y emigrantes se suelen percatar de que existen múltiples formas de ser hombre. R. W. Connell demostró cómo en una misma sociedad conviven una pluralidad de masculinidades, las cuales se sitúan en una jerarquía de poder (*Masculinities* 76). Así, la "masculinidad hegemónica" es la más exaltada culturalmente en la sociedad; consiste en una masculinidad ideal a la que aspiran los hombres pero que sólo una minoría de ellos son capaces de poseer (Connell y Messerschmidt 832).[6] Junto a ella, hay otros tipos de masculinidades, como la "cómplice," la de aquellos hombres que, aunque no personifican la masculinidad hegemónica, la apoyan y se benefician del patriarcado (Connell, *Masculinities* 79), y la masculinidad "subordinada," la de los hombres que se encuentran en el fondo de la jerarquía de género y son oprimidos porque no son considerados lo suficientemente masculinos, como sucede con los homosexuales y los hombres femeninos (78). Connell también habla de la masculinidad "marginalizada," la de aquellos que debido a su clase social trabajadora o a su raza no blanca permanecen en los márgenes del poder masculino en la sociedad (80). En este grupo se podría incluir a los hombres exiliados y emigrantes, es decir, los varones que como consecuencia de su ideología política y/o circunstancias económicas se ven obligados a abandonar su país. Al ser expulsados, su masculinidad se convierte en marginalizada porque no son tenidos en cuenta en su país de origen y porque generalmente también sufren discriminación y xenofobia en el país de acogida.

Exilio y emigración: diferencias y convergencias

Uno de los argumentos de este libro es que la masculinidad de los exiliados y de los emigrantes se modifica de manera similar como consecuencia de abandonar su país y residir en una nueva sociedad. Sin embargo, tradicionalmente la crítica ha establecido una separación clara entre las experiencias de los exiliados y de los emigrantes. La principal diferencia entre ambos grupos consiste en el motivo de su marcha del país, ya apuntado en la propia etimología de los dos términos. *Exsilio* significa "saltar fuera" o "salir saltando," mientras que *emigro* equivale a "salir de" (Segura Munguía 263, 241). De esta manera, el exilio implica una marcha más forzada y abrupta, lo que se explica por su carácter político-ideológico frente a las razones económicas que provocan la emigración. José Ángel Ascunce resume bien este contraste al señalar que en el exilio se produce una expulsión de la patria, es decir, la separación es obligada, mientras que en la emigración la decisión de abandonar la tierra de origen es más o menos voluntaria ("Exilio y emigración" 165). Ascunce indica otros aspectos diferenciales, como que el país de acogida es un lugar de desarraigo y dolor para el exiliado y, en cambio, para el emigrante representa la esperanza y el futuro, una tierra de promisión (165). La finalidad de ambos resulta, pues, diferente: si el objetivo del exiliado es hacer patria en la distancia y mostrar su compromiso político con las ideas que provocaron su expulsión, lo que persigue el emigrante es la acumulación de riquezas y el éxito económico (166).

Finalmente, una de las diferencias más significativas es la posibilidad del retorno. El emigrante puede teóricamente regresar a su país cuando lo desee. De hecho, si su emigración ha sido exitosa y ha conseguido acumular riqueza, el gobierno y la sociedad de su país de origen le reciben cordialmente (Ascunce, "Exilio y emigración" 167) y le admiran. En cambio, el exiliado tiene cerradas las puertas de su nación hasta que los gobernantes políticos que le expulsaron no estén ya en el poder porque representa para ellos al enemigo. Sólo será bien recibido en su patria en caso de que el gobierno quiera utilizarle como parte de una campaña propagandística para demostrar la valía de su régimen, como sucedió con el retorno de algunos republicanos a la España franquista. Sin embargo, en líneas generales, el exiliado verdaderamente comprometido tiene vedado el retorno a su patria y nunca será bien recibido en ella.

Cuando se comparan el exilio y la emigración, los críticos tienden a considerar el exilio como una categoría superior debido a su causa política y a la imposibilidad del regreso a la patria. En líneas generales, se ha visto el exilio como una experiencia más angustiosa e intensa que la emigración. Por ejemplo, Ascunce relaciona el exilio con el mito del paraíso perdido del Génesis, en el que el hombre se rebela contra el poder de Dios y Éste reacciona castigándole con la expulsión del paraíso. El destierro consiste, por lo tanto, en "el resultado de la derrota frente a la autoridad" ("El exilio" 31). Este fracaso en la lucha por sus ideales provoca que el exiliado pueda adquirir un aura de martirio y de prestigio que genere la admiración de la gente. Es un derrotado, pero ha perdido con dignidad y con orgullo, por lo que se siente "arropado por la razón y la verdad" (Ascunce, "Exilio y emigración" 165).

La diferente consideración que reciben los exiliados y emigrantes también se puede explicar por sus países de procedencia y la clase social a la que pertenecen. Como apunta Michael Ugarte, se podría decir que el exilio sucede en los países ricos, mientras que la emigración se da en los pobres ("¿Exilio o emigración?" 761). Esto hace que los exiliados sean mejor considerados y recibidos por la opinión pública de la sociedad de acogida.[7] Es común que los exiliados participen en el ámbito cultural y científico de sus países de asilo e incluso colaboren en su desarrollo. Ugarte también alude a la distinta concepción de ambos fenómenos al señalar que la inmigración es una realidad sincrónica, con datos y cifras, en la que los inmigrantes configuran un problema que la nación de acogida tiene que resolver, mientras que el exilio se ve como un hecho diacrónico, "más filosófico y especulativo que empírico" (759–60). Así, se percibe a los emigrantes como una molestia y a los exiliados como víctimas de su compromiso político en un país conflictivo.

A pesar de estos contrastes, estudios recientes consideran que en la pretensión de distinguir entre emigrantes económicos y políticos (exiliados) subyace una idea clasista (Andrés-Suárez 18) y han demostrado las semejanzas existentes entre los dos fenómenos. En ambos casos el individuo abandona su patria y se establece en otro país en el que tiene que vivir y adaptarse por un periodo relativamente largo. Es cierto que el exiliado puede experimentar una mayor sensación de fracaso que el emigrante porque es un derrotado político, pero el emigrante también puede considerar que su abandono del país constituye una derrota personal. Por otro lado, la división tradicional entre motivos políticos y económicos para irse del país no siempre resulta clara. Como explica Inés Andrés-Suárez, los males económicos y sociales que provocan la emigración laboral son en numerosas ocasiones consecuencia de sistemas políticos autoritarios que no han gestionado el país de manera adecuada (18). De esta forma, el emigrante no sólo abandona su país por razones económicas, sino también porque se halla descontento con su gobierno y realidad política y no ve opciones dignas para su porvenir. La voluntariedad como rasgo definitorio del emigrante también se puede matizar, ya que éste puede sentirse obligado a dejar su país porque no encuentra ninguna solución factible para ganarse la vida. En estas situaciones, aunque el emigrante no haya sido expulsado de manera directa por el gobierno, sí lo ha sido de forma indirecta.[8]

La gran diferencia es la posibilidad del retorno por parte del emigrante, pero éste a veces no puede volver a su país por motivos económicos—por ejemplo, los costosos billetes de avión—, por razones laborales—la escasez de vacaciones—, o por las leyes de inmigración y las normas de visados, las cuales pueden impedir una segunda entrada al país de acogida a ciudadanos de ciertas naciones. En consecuencia, la idea de que el emigrante puede regresar libremente a su país resulta matizable. Por otro lado, tanto el exiliado como el emigrante pueden vivir experiencias muy similares en el país de acogida, utilizando recursos parecidos para adaptarse a la nueva sociedad y/o sufriendo desarraigo y nostalgia por la separación física respecto a su tierra de origen. En ambos casos el individuo puede sentirse extranjero y extraño a sí mismo y padecer traumas de índole psicológica y humana como consecuencia de su soledad y aislamiento, el choque cultural, las dificultades con el idioma y la discriminación que sufre por parte de la sociedad de acogida. En definitiva, la expresión que suelen usar algunos exiliados para referirse a sí mismos, "no soy lo que hubiera tenido que ser," se puede aplicar también a los emigrantes que llevan años viviendo en un país extranjero. Un emigrante puede preguntarse qué habría sido de su vida si no hubiera emigrado, si hubiera permanecido en su país. ¿Habría sido más feliz, tendría la misma profesión, tendría la misma vida sentimental?

De forma similar, uno de los aspectos que más se aplica a la realidad del exilio es que deja una huella indeleble en el individuo, es decir, que una vez experimentado, no es posible dejar de sentirse exiliado.[9] Creo que esto les puede suceder asimismo a los emigrantes de larga duración, quienes terminan sintiendo, como los exiliados, que su identidad se halla dividida entre dos culturas o naciones. Así se lo recuerdan unos y otros: en su país de origen son conocidos como "el americano," "el mexicano," "el inglés," etc., mientras que en su país de residencia se les llama "el español." Al volver a su patria, tanto el exiliado como el emigrante pueden considerarse extranjeros en ella, sentir que ya no pertenecen a ese país de manera completa y rechazar ciertas costumbres que consideran molestas o inapropiadas tras vivir mucho tiempo fuera.

La cercanía de experiencias entre el exiliado y el emigrante se aprecia sobre todo cuando un exiliado se torna emigrante y viceversa. Ascunce estudia este trasvase de realidades, indicando que un exiliado se convierte en emigrante cuando "rompe con las razones ideológicas y políticas que motivaron su expatriación y se entrega a cuestiones económicas" ("Exilio y emigración" 176). Aunque hubo casos así en el exilio republicano español, lo más común es que el exiliado al que ya no le interesen las cuestiones políticas y se arrepienta de su compromiso pasado pueda regresar a su país. La adaptación del exiliado al país de acogida lleva a Carlos Blanco Aguinaga a afirmar que "todo exilio de larga duración acaba convirtiéndose en emigración" ("Sobre la especificidad" 15). La situación contraria fue seguramente más numerosa: cuando una persona que se marcha de su país buscando mejoras económicas asume una postura política activa a favor de compatriotas exiliados y en contra del gobierno de su nación de origen, entra en los parámetros del exilio (Ascunce, "Exilio y emigración" 176). Las figuras del filólogo Amado Alonso y del escritor vasco Ramón de Belausteguigoitia ejemplifican esta realidad (177). Rafael Torres también brinda ejemplos de emigrantes españoles en los años sesenta que en el extranjero adquirieron un compromiso político (200).

La estrecha relación entre el exilio y la emigración lleva a Ugarte a acuñar el término "emixilio." Para este crítico, este vocablo resulta útil para apreciar las conexiones entre ambas experiencias, siendo conscientes de que no se trata de realidades idénticas o sinónimas (*Africans* xi). Ugarte considera que el exilio y la emigración son conceptos que se entrecruzan y, por lo tanto, es beneficioso analizarlos conjuntamente para comprender los desplazamientos geográficos de la época moderna y posmoderna (2). Además, en su opinión, tanto en el exilio como en la emigración, el individuo se enfrenta a la relación entre su yo y el otro y experimenta los mismos dolores, pérdidas, ganancias, ambivalencias e identidades escindidas (10).

A pesar de las similitudes entre el exilio y la emigración, en la crítica española no existen monografías que investiguen ambos fenómenos de manera paralela. Hay numerosos libros sobre el exilio republicano español y algunas obras sobre la emigración española, aunque sobre la época contemporánea domina el estudio de los inmigrantes que vienen a España y no tanto de los españoles que emigran a otros países. La excepción a la ausencia de un estudio de conjunto del exilio y la emigración española es el libro de 1999 de Félix Santos, *Exiliados y emigrados: 1939–1999*, que utiliza la expresión "poblaciones desplazadas" para referirse a las personas que se ven obligadas a abandonar España por razones económicas y/o por razones políticas (7).[10] Asimismo, la revista *Migraciones & Exilios*, publicada por la Asociación para el Estudio de los Exilios y Migraciones Ibéricos Contemporáneos (AEMIC), representa la necesidad de analizar relacionalmente los dos tipos de desplazamientos geográficos. Este libro pretende aportar una nueva visión a esta línea de investigación al enfocarse en cómo los hombres exiliados y emigrantes viven su masculinidad en el país de acogida.

Masculinidades heterosexuales en los exilios y emigraciones

Hasta las décadas de 1970–80, el género no se consideraba relevante en los estudios de emigraciones y exilios, y los investigadores se referían exclusivamente a los hombres—hombres sin género y sin sexo—en sus trabajos, enfocándose en sus retos económicos y su adaptación cultural al nuevo país. A partir de entonces, para remediar esta exclusión, se comenzaron a estudiar las experiencias de las mujeres en los desplazamientos territoriales. Sólo recientemente, ya en el siglo XXI, algunos investigadores como Raymond Hibbins, Bob Pease y Ernesto Vásquez del Águila han empezado a prestar atención al género y la sexualidad de los hombres emigrantes. Estos estudios han revelado la necesidad de estudiar a los varones desplazados como hombres, esto es, como individuos con un género y una sexualidad, y analizar cómo su masculinidad e identidad son afectadas por la separación de su patria. En el campo del exilio, sin embargo, no hay ninguna monografía que trate la masculinidad de los exiliados, por lo que este libro se propone completar en parte ese vacío bibliográfico. En el contexto español no existen publicaciones sobre las conexiones del exilio y/o la emigración con la masculinidad. En cambio, investigadores como Pease y Vásquez del Águila han realizado estudios sobre hombres latinoamericanos heterosexuales, y otros como Héctor Carrillo, Lionel Cantú y Carlos Ulises Decena han investigado a los varones latinoamericanos que emigran a los Estados Unidos y mantienen relaciones sexuales con otros hombres. A lo largo del libro uso estos trabajos como marco teórico para fundamentar mi análisis de los hombres españoles desplazados.[11]

La mutua influencia entre la masculinidad y los desplazamientos territoriales de los hombres se aprecia especialmente en dos ámbitos: la relación que el hombre mantiene con su país de origen y su vida en el nuevo país. Ya desde el abandono-expulsión de su patria, el hombre experimenta una fisura en su masculinidad porque su marcha implica una derrota ante los poderes gobernantes. La masculinidad hegemónica y las ideologías nacionalistas coinciden en preconizar una masculinidad basada en la fuerza física, la valentía y la protección de las mujeres y los niños (González-Allende, *Líneas de fuego* 23). El hombre desplazado no simboliza estos valores y es posible que crea que no ha sido capaz de proteger a los suyos o de vencer a la facción opuesta, sintiéndose de esta manera humillado. Además, como los nacionalismos tienden a feminizar a sus enemigos, el bando vencedor representa a los exiliados como hombres derrotados cuya masculinidad es inadecuada para la construcción nacional. Como explica Rosemary Jaji, la huida del país es feminizada y tratada como una señal de debilidad, consecuencia del miedo y de la ausencia de coraje (181). Es cierto que esta situación se aplica especialmente a los exiliados, pero también los emigrantes pueden sentirse fracasados como hombres porque no fueron capaces de labrarse un destino en su propio país.

Los hombres desplazados pueden contrarrestar estos sentimientos de impotencia e imágenes de feminidad construyendo y adoptando masculinidades alternativas en el nuevo país. Por ejemplo, es posible que la ideología política les sirva a los exiliados para arrogarse un halo moral de sacrificio y de martirio. Aunque han sido vencidos, no han claudicado ante sus creencias, han sido consecuentes con sus principios y han demostrado su osadía al no tener miedo a abandonar su país y a enfrentarse a un destino desconocido. De ahí que muchos de ellos se nieguen a volver a su patria hasta que el régimen que les expulsó no esté ya en el poder. Lo contrario sería una renuncia de sus valores ideológicos y una humillación al tener que vivir bajo el gobierno que les desterró. De manera parecida, los emigrantes pueden sentir que actuaron de forma valiente al decidir irse de su país, no teniendo miedo ante los desafíos. De hecho, en algunas culturas, la emigración se considera como un rito de paso a la masculinidad, como una prueba de que el joven es capaz de ser independiente y de luchar por sí mismo para poder triunfar en la vida (Pessar y Mahler 829).

Durante su vida en el nuevo país, los hombres desplazados suelen experimentar algunas realidades que minan su masculinidad. Es cierto que siguen disfrutando de los beneficios que les ofrece el patriarcado. Como indican Jeff Hearn y Marina Blagojević, la existencia de transpatriarcados provoca el dominio transnacional de los hombres (13), pero no todos ellos tienen el mismo acceso al poder. Con la excepción de los que pertenecen a la clase social alta, los hombres desplazados que no disponen de un gran dominio adquisitivo deben sobrellevar ciertas realidades que les denigran, como estereotipos que les representan de manera infantil, femenina o racial (Hibbins y Pease 11). Además, su autoestima masculina puede sufrir cuando su identidad nacional o sus rasgos individuales son poco valorados o ignorados en la sociedad de acogida. Por ejemplo, Paul Crossley y Bob Pease indican que los emigrantes latinoamericanos a menudo tienen que soportar etiquetas homogeneizadoras como la de "hombres étnicos," "emigrantes," "latinos" o "refugiados" (121). Con este tipo de tratamiento se despersonaliza al individuo y se le hace sentir que su individualidad no es importante.

En el nuevo país los hombres desplazados encuentran múltiples y a menudo conflictivas formas de entender la masculinidad (Howson 135). Esto provoca que tomen conciencia de su propia masculinidad y de su concepción de lo que implica ser hombre y las comparen con las de la sociedad de acogida (Crossley y Pease 125). En este contraste de masculinidades resulta habitual que sus ideas sobre el género sexual sean diferentes y que el hombre experimente incertidumbre sobre unos valores masculinos que hasta entonces consideraba incuestionables. Así, es común que sus mujeres comiencen a trabajar fuera de casa para poder sobrellevar los gastos familiares, a menudo ganando más dinero que ellos. Algunos hombres aceptan estos cambios y adoptan en el hogar una relación más equitativa con su esposa (Pessar 27; R. Smith 96). La evolución hacia un modelo de género más igualitario se aprecia especialmente cuando el hombre comienza a colaborar en el reparto de las tareas domésticas (Hondagneu-Sotelo y Messner 213). Esta colaboración se da sobre todo cuando el hombre ha emigrado primero solo y ha tenido que aprender a realizar labores del hogar por necesidad. Sin embargo, cuando la familia emigra o se exilia en grupo, los hombres tienden a preservar las divisiones tradicionales de género en el hogar y esperan que las mujeres realicen las tareas domésticas incluso si trabajan fuera de casa (Pessar y Mahler 826).

A pesar de que algunos hombres desplazados muestren un cambio en su modelo de género, la mayoría de ellos se resiste a abandonar su concepción tradicional de la masculinidad. Si realizan más tareas domésticas, lo hacen a disgusto y obligados por las circunstancias o por sus esposas, no porque crean en la igualdad entre hombres y mujeres (Pease 86). Tienden, por lo tanto, a rechazar los papeles equitativos de género de la sociedad de acogida, en la que creen que los hombres están siendo dominados por las mujeres (89). Esto explica que aumenten los números de separaciones, divorcios y violencia doméstica en las familias de poblaciones desplazadas (94). En definitiva, de acuerdo a diversos estudios, muchos de los elementos de las relaciones de género permanecen iguales o incluso se refuerzan durante los desplazamientos territoriales (Crossley y Pease 132; Pease 80).

De esta manera, es plausible pensar que los hombres desplazados se aferran a sus modelos tradicionales de masculinidad para contrarrestar la emasculación que sienten en el nuevo país. Además de la distinta concepción del género en la sociedad de acogida y la mayor libertad de sus mujeres al trabajar fuera de casa, la situación laboral de los hombres es una de las causas principales de su crisis de masculinidad. Hay que tener en cuenta que el trabajo es una parte esencial de los hombres emigrantes, ya que, después de todo, cruzan fronteras internacionales con el objetivo de encontrar trabajo y tener un mejor futuro (Ramírez 99). Aunque algunos sí logran una mejora económica importante, otros tienen dificultades para encontrar el tipo de profesión que realizaban en sus países y se ven obligados a desempeñar trabajos no especializados o mal remunerados, lo que les hace sentirse minusvalorados o explotados (Donaldson y Howson 211). Uno de los requisitos de la masculinidad tradicional es que el hombre provea a su familia, por lo que el desempleo o la explotación laboral influyen negativamente en su autoestima masculina (Pease 81).[12]

Ante la sensación de emasculación, algunos hombres desplazados reaccionan de manera exagerada para intentar demostrar, mayormente en su hogar, que siguen siendo suficientemente masculinos. Este tipo de actuaciones hipermasculinas configuran la "masculinidad de protesta" y se producen mayormente cuando los hombres sienten una falta de dominio sobre sus vidas y la imposibilidad de hacer frente a sus opresores de clase (Pease 81). Como explica Oliva Espín, los hombres desplazados a veces controlan la sexualidad y el comportamiento de sus mujeres porque eso les hace experimentar la continuidad y el orden que tenían en sus vidas antes de abandonar su país ("Gender" 242).[13] Desafortunadamente, pueden recurrir a la violencia contra sus parejas porque éstas son blancos más fáciles que las fuerzas abstractas que provocan sus sentimientos de impotencia (Alcalde 452). Ante los diversos análisis de la masculinidad de protesta, Pierrette Hondagneu-Sotelo y Michael Messner advierten acertadamente que en ellos se debería prestar atención a las experiencias de las mujeres como víctimas y no dar la mera impresión de que la misoginia es simplemente una reacción a la opresión de clase o raza en vez de una realidad congénita del patriarcado (208).

La sexualidad es otro campo en el que los hombres desplazados pueden sentir su masculinidad amenazada. Por un lado, como señala Vásquez del Águila, los desplazamientos territoriales pueden expandir las posibilidades de nuevas formas de intimidad y de más encuentros sexuales (190). Al hallarse lejos de casa, los hombres pueden tener más libertad para experimentar su sexualidad y encontrar múltiples parejas sexuales. Esto se produce si el hombre está soltero, pero también si está casado y ha dejado a su familia en su país. El hombre casado que no tiene a su esposa junto a él puede hallar una compañera sexual o sentimental en el nuevo país para sobrellevar sus momentos de soledad. Esta situación resulta común en el caso de los hombres latinoamericanos, quienes, en cambio, desde una perspectiva machista esperan que sus mujeres les sean fieles en sus países (Vásquez del Águila 198). En estas culturas se llega a perdonar la infidelidad del hombre si éste demuestra que es responsable y se preocupa de mandar dinero a su familia (Vásquez del Águila 112).[14] Otro aspecto que puede suponer una mayor actividad sexual de los hombres desplazados es el hecho de que las mujeres del país de acogida les consideren exóticos y se sientan más atraídas hacia ellos. Como indican Crossley y Pease, en la sociedad de acogida a los hombres latinos se les percibe como más apasionados y caballerosos, aunque la contrapartida es que no se les ve como compañeros potenciales o candidatos para mantener una relación seria (126).

Por otro lado, si en ocasiones el vivir en un nuevo país aumenta las oportunidades para tener relaciones sexuales, otras veces se produce el efecto contrario como consecuencia de la ausencia de redes sociales y de difíciles condiciones laborales (Vásquez del Águila 194). De esta manera, los hombres pueden estar aislados en la sociedad de acogida y no saber de lugares en los que socializar y conocer a mujeres. Si trabajan numerosas horas y no desean gastar dinero para poder ahorrar, las posibilidades de ir a bares y de enamorar a mujeres también decrecen. A eso hay que sumarle las dificultades de comunicación si se reside en un país con un idioma que no se domina. El racismo y la discriminación también pueden generar el rechazo por parte de mujeres y la disminución de probabilidades de conocer a una potencial pareja. Además, hay situaciones en las que el estrés y las preocupaciones de vivir en un país extranjero producen un descenso del deseo sexual de los hombres. En definitiva, la vida sexual de los hombres desplazados puede mejorar o empeorar dependiendo de múltiples factores.

Una de las posibles consecuencias de la emasculación y el sentimiento de inferioridad que suelen sufrir los hombres desplazados es la idealización de su cultura nacional y de su modelo tradicional de masculinidad. Los hombres desplazados miran nostálgicamente a su tierra porque creen que eran más respetados allí. Como indica Ramaswami Mahalingam, es común que los grupos marginados busquen una identidad positiva de su cultura localizando sus raíces en un pasado mítico (3). Al recurrir a comportamientos de género conservadores típicos de su país, los hombres pueden sentirse más seguros y contrarrestar las incertidumbres de sus nuevas vidas.

Como parte de esta idealización de su nación de origen, los hombres emigrantes suelen participar de la retórica del retorno. Al sentir que su vida en la sociedad de acogida ha disminuido sus privilegios patriarcales, desean volver a sus patrias para recuperar su masculinidad perdida (Pessar 29). En cambio, las mujeres prefieren permanecer en el nuevo país para no perder algunas de las libertades que han conquistado. Los hombres exiliados participan, como los emigrantes, de la idealización de su nación, pero tienden a no volver a ella mientras esté en el poder el gobierno que motivó su expulsión—ya que eso implicaría la claudicación de sus principios políticos—y, en cambio, a las mujeres exiliadas no les importa tanto regresar para reconectar con sus seres queridos. En lo que coinciden los hombres emigrantes y exiliados es en su difícil adaptación a los modelos de género de la sociedad en la que viven y en su seguimiento del tipo de masculinidad propia de su país de origen.

Masculinidades homosexuales en los exilios y emigraciones

Los hombres homosexuales que experimentan el exilio o la emigración comparten numerosas de las mismas situaciones que sus homólogos heterosexuales. Así, pueden ser objeto de discriminación, sentirse solos y aislados y sufrir incertidumbre sobre su futuro en el país de acogida. Los homosexuales también se pueden regir por el ideal de masculinidad hegemónica y padecer sentimientos de inferioridad como resultado de considerar su masculinidad minusvalorada (Vásquez del Águila 141). Para compensar estas realidades, en el ámbito laboral pueden realizar la función de proveedores de los familiares que siguen en su país natal. También pueden actuar de una manera hipermasculina para contrarrestar la feminización estereotípicamente asociada con la homosexualidad—habiendo interiorizado la homofobia—, o para no llamar la atención sobre sí mismos y evitar los ataques homofóbicos, los cuales existen también en los países de acogida. De hecho, por parte de la sociedad y de las leyes de emigración, los desplazados gays suelen sufrir más rechazo que los heterosexuales.

A pesar de las dificultades para ser aceptados en la nueva sociedad, numerosos hombres deciden abandonar su patria a causa de su homosexualidad, con el objetivo de evitar el rechazo familiar y vivir una vida más abierta como gays (Bianchi 507). Sin embargo, suele haber otra serie de motivos en el exilio y la emigración homosexual, tales como mejorar su situación financiera, ayudar económicamente a su familia, recibir una mejor educación o escapar de conflictos políticos (506). En general, los desplazados gays disfrutan de una mayor autonomía en la nueva sociedad pero se debe matizar la visión tradicional de que el nuevo país es una tierra de libertad sexual y el país de origen es meramente una tierra de represión.

Por un lado, es cierto que los hombres gays reconocen que en la nueva sociedad su vida ha mejorado debido a un ambiente sexual más liberal y confiesan que su emigración ha supuesto un viaje hacia sí mismos (Cantú 135). Además, en las culturas de acogida puede existir una mayor atracción sexual por los hombres de otras razas, lo que aumentaría sus oportunidades de encuentros sexuales y de posibles relaciones sentimentales.[15] Vásquez del Águila relata al respecto el caso de un joven gay que solía ser rechazado en Perú debido a sus rasgos indígenas y que, en cambio, resultaba muy atractivo para los hombres blancos estadounidenses (203). En general, el aumento de la actividad sexual y del disfrute de la libertad sexual de los hombres gays desplazados va decreciendo a medida que se asientan en el nuevo país (Bianchi 516).

Ahora bien, hay situaciones en las que la mayor libertad sexual puede llevar a los exiliados y emigrantes a mantener prácticas sexuales de riesgo o tener que recurrir a lugares públicos para mantener relaciones sexuales al no disponer de dinero, no saber el idioma o carecer de conexiones en las comunidades gays. También pueden sufrir abusos sexuales por parte de personas que se aprovechan de su indefensión o situación irregular en el país. Por otro lado, la mayor exploración sexual que muestran los gays desplazados puede deberse no a que el nuevo país sea realmente más liberal, sino al hecho de que estos hombres hayan abandonado su hogar y estén viviendo en un país extranjero donde son menos conocidos (Bianchi 514). En este sentido, resulta relevante la recomendación de Carrillo de prestar atención a la situación social que vive el emigrante sexual antes de su partida (59). Por ejemplo, Cantú indica que en México se pueden hallar lugares de resistencia gay que contradicen la imagen estereotipada del machismo y la homofobia mexicanos (157–58). Es decir, en sus países de origen los hombres gays pueden haber mostrado su sexualidad de manera tan abierta como en el nuevo país.

Su libertad sexual también se halla coartada si viven en comunidades con numerosos compatriotas. Por este motivo, Vásquez del Águila señala que resulta difícil para los peruanos que residen en Estados Unidos adoptar una identidad gay (143). La misma idea ofrece Decena sobre los dominicanos en Nueva York

(64). Presentarse públicamente como gays implicaría una ruptura con sus familiares y compatriotas que constituyen su soporte básico en el país de acogida. Con el uso extendido de internet, los rumores e historias personales sobre ellos pueden llegar rápidamente a sus lugares de origen y desprestigiarles a ellos y a sus familiares. El aumento del transnacionalismo provoca, en opinión de Vásquez del Águila, que el país de acogida pueda resultar tan opresivo como el de origen (145).

Entre los hombres desplazados que mantienen relaciones sexuales con otros hombres existe, por tanto, una diversidad de identidades sexuales posibles. Algunos deciden presentarse abiertamente como homosexuales, adoptando el modelo más común del país de acogida, pero otros se siguen considerando heterosexuales aunque se sientan atraídos por los hombres de manera esporádica, otros separan completamente su vida homosexual de la heterosexual y otros deciden vivir su homosexualidad de manera mayormente pública, pero sin revelarla o hablar de ella con sus familiares. Esta última opción es lo que Vásquez del Águila llama "secreto a voces" (151) y Decena "asunto tácito" (19). Estos hombres consideran que su homosexualidad es lo suficientemente clara para sus familiares, por lo que su revelación sería redundante e innecesaria. Resulta importante no juzgar a estos hombres desde la perspectiva occidental y no criticarles por no asumir de una manera reivindicativa su homosexualidad. Hay que entender sus normas culturales y las estrategias a las que tienen que recurrir para no perjudicar sus relaciones y medios de vida en el país de acogida.

Otro aspecto que se debe considerar es el mantenimiento o cambio de sus prácticas sexuales. Algunos hombres desplazados indican que han ampliado sus prácticas sexuales con otras nuevas que no conocían en sus países nativos (Bianchi 512). Otros han abandonado el papel único de activo—el que penetra—o pasivo—el penetrado—que solían mantener en sus lugares de origen. De acuerdo a Decena, los gays dominicanos que emigran a Estados Unidos tienden a adoptar la versatilidad en las relaciones sexuales porque relacionan esta práctica—o lo que uno de ellos denomina como "democracia en la cama" (182)—con el progreso y la modernidad sexual. En cambio, otros hombres pueden decidir mantener las mismas prácticas sexuales que realizaban en sus países.

En relación con su apego a su cultura nacional, se suele indicar que los desplazados gays sienten conflictos entre la lealtad a su país y el rechazo hacia él por la no aceptación de su sexualidad. Las ideologías nacionalistas tienden a posicionarse en contra de los gays porque representan una sexualidad no reproductiva. En este sentido, tanto los individuos gays como los exiliados o emigrantes son rechazados por la nación. Anne-Marie Fortier señala que en ambos casos se ofrecen perspectivas alternativas a la nación, o bien problematizando la espacialización de la identidad, o bien desnaturalizando los discursos heteronormativos de la nación ("Queer Diaspora" 192). Siguiendo estos postulados, se podría pensar que resulta complicado que un hombre desplazado gay tenga sentimientos patrióticos por su país que le discrimina, pero no cabe duda de que esto es posible.

Bob Cant indica que los desplazados gays presentan diversas identidades y sienten que pertenecen a más de una comunidad: se les ve como gays en su nación de origen, pero como miembros de su nación en la comunidad gay del país en el que viven (14).[16] Cant considera que lejos de las presiones familiares y nacionales los hombres gays pueden desarrollar las nuevas vidas que desean (7). Esto no tiene por qué implicar, empero, un rechazo completo a su cultura, familia o nación. Como explica Fortier, el nuevo hogar que crean los desplazados gays en la sociedad de acogida no es necesariamente una reacción contra su hogar familiar, sino que puede reincorporar algunos de sus elementos ("Making Home" 115). En definitiva, los exiliados y emigrantes gays pueden sentir la misma nostalgia por su tierra que los heterosexuales y pueden decidir retornar a su país debido a sus fuertes lazos culturales y familiares, incluso si en él sus libertades sexuales son más limitadas o negadas.

Exilios y emigraciones españoles, 1939–1999

Los tres momentos históricos que se cubren en este libro conforman los principales desplazamientos territoriales de españoles desde la Guerra Civil Española: el exilio republicano, la emigración de trabajadores a Europa desde finales de 1950 hasta comienzos de los 70 y la emigración en la época contemporánea de individuos en su mayoría cualificados. No es mi intención ofrecer un panorama exhaustivo o detallado de estos movimientos de población—ya existen numerosos estudios pormenorizados sobre ellos, especialmente sobre los dos primeros—, sino presentar una perspectiva general para enmarcar el análisis ofrecido en los capítulos.

El estudio del exilio republicano le lleva a José Luis Abellán a argüir que "la reiteración de exilios es una constante de la historia de España" desde la época de los Reyes Católicos (17). José María Naharro-Calderón, en cambio, no opina que el destierro consista en una "condición original, esencial o institucional" de España (*Entre el exilio* 19), sino en una realidad presente en el desarrollo de todas las civilizaciones. En lo que coinciden varios críticos es en subrayar que a los españoles les cuesta adaptarse a otros países. Así lo señala José Marra-López: "el español es un ser por esencia arraigado a la patria. [...] Cuando los españoles se han visto forzados a la emigración, han formado un mundo aparte dentro del mundo que les rodeaba, de la sociedad que les acogió, salvaguardando celosamente sus costumbres y formas de existencia" (52–53). Aunque Marra-López se refiera aquí a los exiliados republicanos y utilice el término "emigración" como eufemismo típico de la época franquista, su observación también se puede aplicar a los emigrantes españoles a Europa, aunque nos podemos preguntar si la dificultad de adaptación en realidad no sucede con todos los grupos nacionales que se desplazan a vivir al extranjero.

La cifra total de exiliados republicanos varía dependiendo del investigador, pero varios de ellos hablan de cerca del medio millón de personas (Caudet, "Narrar" 6; Pla Brugat 19). De estos exiliados, en torno a 350.000 regresaron a España ya para finales de 1939, bien de forma voluntaria o forzadamente (Alted Vigil, "España" 39). De esta manera, el número de exiliados definitivos fue entre 125.000 (Pla Brugat 20) y 160.000 personas (Abellán 70; Faber 15). A pesar de una cierta disparidad de cifras entre los estudiosos, lo importante es que, como señaló Vicente Llorens, no había habido antes en la historia de España "un éxodo de tales proporciones ni de tal naturaleza" (cit. Caudet, *El exilio* 73–74). Respecto a la composición del exilio, la mayoría eran hombres jóvenes, pero también había numerosas familias, ya que el 43% lo conformaban mujeres, niños y ancianos (Pla Brugat 21). Siguiendo a Tuñón de Lara, Francisco Caudet señala como rasgos específicos del exilio republicano el que fuera un hecho de masas, su proyección en muy diversos países y su enlace con la Segunda Guerra Mundial (1939–45) (*El exilio* 74). Alicia Alted Vigil ofrece otras características, como su larga duración, la vigencia de las instituciones de la República en el exilio y el valor cualitativo de sus miembros (*La voz* 257–58).[17]

A lo largo de la Guerra Civil se fueron produciendo diversos momentos en los que la población partía al exilio, a medida que las zonas del territorio español resultaban invadidas por las tropas franquistas. Así, en verano de 1936, al caer Guipúzcoa, de 15.000 a 20.000 vascos huyeron a Francia. Posteriormente, entre los meses de marzo a octubre de 1937 unas 125.000 personas siguieron el mismo camino con la toma del Frente Norte. En el País Vasco se dio el exilio de numerosos niños, a los que sus padres decidían enviar a Europa para protegerles de los bombardeos y desastres de la guerra. En total se evacuaron en torno a 33.000 niños, los cuales fueron acogidos en colonias y familias, mayormente de Francia, Bélgica, Reino Unido y la Unión Soviética (Alted Vigil, *La voz* 40). Finalmente, el momento de mayor salida de exiliados sucedió entre enero y febrero de 1939, al ocupar Franco Cataluña, lo que causó el éxodo de casi medio millón de españoles, entre soldados y población civil.

La partida al exilio se realizó principalmente a través de Francia o el norte de África. En este último caso, doce mil exiliados españoles, procedentes de los puertos de Levante, se refugiaron en Túnez, Argelia y Marruecos (Alted Vigil, "España" 39). Sin embargo, la gran mayoría de los exiliados cruzó la frontera con Francia y padeció el maltrato por parte de las autoridades de ese país, ya que los medios de comunicación conservadores habían propagado la falsa noticia de que eran "rojos" extremistas. Numerosos exiliados republicanos fueron confinados en campos de concentración, donde sufrieron pésimas condiciones de vida. El gobierno francés se vio desbordado por la llegada de españoles a su territorio, por lo que impulsó su repatriación a la España franquista, voluntaria o forzosamente. Los que no regresaron a España permanecieron en Europa—mayormente en Francia y la Unión Soviética—o bien se dirigieron a América. Los primeros padecieron la Segunda Guerra Mundial, a veces luchando en el ejército francés. Como indica Caudet, ocho mil exiliados republicanos terminaron encerrados en campos de concentración nazis en Alemania, de los cuales cinco mil perdieron la vida ("Narrar" 6). Aquellos que partieron en barco rumbo al continente americano tendieron a ir a países donde ya existía una comunidad de emigrantes españoles (Alted Vigil, "España" 39).

Diversos críticos han señalado la diferencia de clase social entre los exiliados que se quedaron en Europa y los que marcharon a

América. En líneas generales, los dirigentes políticos e intelectuales partieron hacia América, mientras que en Europa se asentaron las bases obreras (Santos 28; Soldevilla Oria 70). De esta manera, el exilio americano adquirió un carácter más cultural, pero como indica Abellán, como contrapartida perdió la iniciativa política frente al exilio en Francia, mucho más activo en la lucha antifranquista (77). Según este crítico, existió una especie de rivalidad entre los exiliados en Francia y los que se hallaban en América, entre el "corazón del exilio" y la "cabeza del exilio" (77). El exilio republicano en América estaba constituido por unos cuarenta mil españoles (Caudet, "Narrar" 7), repartidos en países como México, Cuba, la República Dominicana, Argentina y Chile.[18] No era infrecuente que los exiliados se desplazaran de un país a otro durante sus años de exilio.[19] Los emigrantes españoles que ya residían en los países de acogida recibieron a los exiliados con cierto recelo y hostilidad, pero pasado un tiempo les ayudaron (Alted Vigil, "España" 39).

México fue el país americano que más generosamente acogió a los exiliados republicanos, en total unos veinte mil (Soldevilla Oria 55). El presidente Lázaro Cárdenas fue el promotor de la solidaridad de México con la República española durante la guerra y el exilio (Caudet, *El exilio* 129). Así, en 1937 México recibió a 456 niños republicanos, conocidos como los "niños de Morelia." Posteriormente, tres barcos, llamados Sinaia, Ipanema y Mexique, llevaron a exiliados españoles a México. Una de las iniciativas más importantes para los intelectuales exiliados fue la creación, a instancias de Daniel Cosío Villegas y Alfonso Reyes, de La Casa de España en 1938, un centro de investigación que les permitió continuar su labor cultural y que a partir de 1940 pasó a denominarse El Colegio de México. El gobierno republicano en el exilio se ocupó del bienestar de los exiliados por medio de las agencias SERE (Servicio de Evacuación de Republicanos Españoles), creada por Juan Negrín, y JARE (Junta de Auxilio a los Refugiados Españoles), dirigida por Indalecio Prieto. Aunque hubo conflictos entre ellas dos, según Blanco Aguinaga, ambas ayudaban a los exiliados con préstamos de dinero, atención médica y búsqueda de trabajo ("Sobre la especificidad" 13).[20]

En México los exiliados también se apoyaban unos a otros en los momentos difíciles, viviendo en una comunidad que buscaba mantener su identidad española, sin integrarse plenamente en la sociedad mexicana, "pensando políticamente en España y haciendo política española" (Blanco Aguinaga, "Sobre la especificidad" 14–15). Solían reunirse en cafés y en el Centro Republicano Español (Alted Vigil, *La voz* 240–41), donde hablaban de la situación en España, recordaban episodios de la guerra y a veces reavivaban los conflictos ideológicos existentes entre ellos. Según Alted Vigil, la mayoría de los exiliados en México tuvieron al comienzo dificultades de adaptación y se vieron obligados a trabajar en distintos oficios antes de conseguir estabilidad económica (*La voz* 229). Con el tiempo, una gran parte de ellos prosperó económicamente y llegaron a formar parte de la clase media-alta, asemejándose a los emigrantes y despolitizándose debido a la prohibición por parte del gobierno de México de dejarles participar en la política del país (242–43). Para Naharro-Calderón, los escritores exiliados tuvieron "unas condiciones de sobrevivencia muy superiores a las de sus colegas del interior" (*Entre el exilio* 100). En esta línea, diversos estudiosos han tratado de desmitologizar a los exiliados republicanos, indicando, por ejemplo, que presentaban ideas de tipo imperialista en relación a España, similares a las que propagaba la ideología franquista (Caudet, "Narrar" 11; Faber 48).

Respecto a su retorno a España, al principio los exiliados creían que volverían pronto (Naharro-Calderón, *Entre el exilio* 31), pero tras la Segunda Guerra Mundial y el reconocimiento de Franco por parte de la OTAN (Organización del Tratado del Atlántico Norte) se dan cuenta de que la dictadura va a durar mucho tiempo. Los regresos a España se fueron dando de manera escalonada e individual; generalmente los exiliados solían primero visitar el país de forma temporal y después tomaban la decisión de retornar definitivamente. Sin embargo, desde las posiciones oficiales del exilio republicano se criticaba duramente a los que volvían demasiado pronto, ya que lo consideraban como una traición a los ideales republicanos y una claudicación a su causa. Hubo exiliados que rechazaron regresar a España hasta la muerte de Franco por una cuestión de dignidad personal. Las mujeres tendieron a ser más proclives que los hombres al retorno porque se sentían menos comprometidas políticamente (Alted Vigil, *La voz* 374).

A lo largo del franquismo también se produjo el exilio de personas que se hallaban descontentas con el clima represivo de la dictadura. Tales fueron los casos del dramaturgo José Martín Elizondo, quien se exilió en Francia en 1947, y de Ricardo

Gullón, quien se trasladó a Estados Unidos en 1956. Las malas condiciones de vida y las escasas esperanzas de mejora laboral asimismo provocaron desde finales de 1950 hasta mediados de 1970 "el flujo migratorio más importante del siglo" en España (Santos 32). Los españoles que emigraron a Europa en esta época lo hicieron motivados mayormente por el factor económico: se fueron de España porque en ella estaban condenados a vivir en la miseria sin posibilidad de futuro laboral (Prat i Carós 34). De acuerdo a Alted Vigil, entre 1957 y 1975 salieron de España cerca de tres millones de emigrantes, tanto legal como clandestinamente ("España" 46).[21] Josefina Otero Ochaíta ofrece unas cifras más bajas: oficialmente, según el Instituto Español de Emigración, emigraron en esta época algo más de un millón de españoles, pero la emigración clandestina hizo que el número real ascendiera a dos millones de desplazados.

Un rasgo significativo de esta emigración era su carácter rotativo, es decir, que hubo un flujo continuo de salidas y retornos. A veces las personas regresaban a España por una temporada para después volver a trabajar en el extranjero. Los países receptores fueron mayormente Francia, Alemania, Suiza, Bélgica y Reino Unido.[22] El Instituto Español de Emigración, creado en 1956, ofrecía contratos de trabajo con empresas europeas con las que mantenía convenios. Los permisos de residencia de los españoles estaban ligados a dichos contratos de trabajo, lo que generaba situaciones de opresión. Los hombres que emigraron se dedicaban a las áreas de la construcción, la industria, la agricultura, la minería y la hostelería (Alted Vigil, "España" 48).

Las causas de esta oleada migratoria fueron la incapacidad de la industria española para generar empleo, la mecanización de la agricultura y el éxodo rural (Otero Ochaíta). Como explica Félix Santos, la situación de España contrastaba fuertemente con la de los países industrializados de Europa, especialmente a partir del Plan de Estabilización del Gobierno español de 1959, el cual forzó a numerosas empresas a cerrar y a despedir a sus trabajadores (30). En cambio, otros países de Europa necesitaban incorporar mano de obra en sus empresas, para lo cual recurrieron a trabajadores extranjeros. De esta manera, los gobiernos de estos países consideraban la emigración de trabajadores como un fenómeno transitorio hasta cubrir su déficit laboral (Alted Vigil, "España" 46). Los propios emigrantes tampoco tenían al principio la intención de residir en el extranjero de manera definitiva, ya que su objetivo era reunir dinero para regresar después a España y mejorar sus condiciones de vida, mayormente comprando un piso o un local (Muñoz Sánchez 32).

El perfil típico del emigrante era el de un joven varón, casado y de limitado nivel cultural (Otero Ochaíta). Santos indica que la mayoría eran trabajadores poco cualificados, provenientes de la construcción, la industria, la pequeña empresa o las tareas del campo (33). Los países de acogida buscaban hombres enérgicos y con una buena resistencia para el trabajo. La mayoría de ellos provenía de Andalucía, Extremadura, Galicia, Asturias y Valencia. Era común que fueran personas que hubieran emigrado anteriormente de zonas rurales a ámbitos urbanos como Madrid, Bilbao y Barcelona (Santos 33). La emigración solía ser de carácter individual, aunque el hombre que había emigrado solo se traía posteriormente a su mujer e hijos. Los emigrantes sufrieron malas condiciones de vida, hacinados en barracas que las empresas construían en sus recintos para fomentar así la productividad. Con el tiempo, buscaban pisos compartidos y podían ir mejorando su situación personal y laboral. Por lo general, los españoles vivían aislados de la gente del país y crearon sus centros de reuniones y cafés donde pasaban su tiempo libre. Al igual que los emigrantes de otros países, solían sufrir discriminación en la sociedad de acogida por provenir de un país desprestigiado. Respecto a su conciencia ideológica, aunque algunos sentían indiferencia ante la actividad política, otros adquirieron en el extranjero un mayor compromiso social (Muñoz Sánchez 37; Sanz Díaz, "Emigración económica" 319).

El objetivo de los emigrantes era ahorrar dinero no sólo para su futuro retorno a España, sino también para ayudar a los familiares que permanecían allí. Las divisas que enviaban a sus familiares sirvieron para mejorar la maltrecha economía española. Entre 1961 y 1972 los emigrantes mandaron a España más de cuatro mil millones de dólares (Torres 17). Por eso, si anteriormente, durante la posguerra, el régimen franquista se posicionó en contra de la emigración, buscando que el país se recuperara demográficamente (Alted Vigil, "España" 39), en esta época la va a fomentar por el beneficio económico. Además, la emigración le sirvió a la dictadura franquista como una vía de escape de las tensiones sociales provocadas por el desempleo, las huelgas y los desplazamientos del campo a la ciudad (Santos 33). En este sentido, Santos considera que la emigración "en muchos casos resultaría más beneficiosa para la nación de destino y para la nación de origen que para el propio emigrado" (32).

En los años sesenta y setenta los emigrantes tendieron a regresar de manera definitiva a España por diversos motivos como el ahorro de dinero, la compra de una vivienda, el deseo de que los hijos se educaran en España, las dificultades de integración en el país de acogida, la llegada de la jubilación y las condiciones endurecidas del trabajo en el extranjero (Prat i Carós 35). Además, con la crisis del petróleo de 1973 y su consecuente inflación económica, los países europeos decidieron recortar o incluso suprimir la emigración, lo que obligó a numerosos españoles a volver a su país. Por ejemplo, entre 1960 y 1975 retornó de manera definitiva el 75,2% de los españoles emigrados a Alemania (Sanz Díaz, "Emigración de retorno" 362). Al regresar a España, los emigrantes no fueron asistidos por parte del gobierno franquista (365).

Desde los años 70, la emigración de españoles no fue cuantitativamente relevante hasta mediados de la década de los 90. Entre 1976 y 1989 emigraron a Latinoamérica algo más de 20.000 españoles que trabajaban como técnicos o directivos de empresas, religiosos y cooperantes de ONGs (Organizaciones No Gubernamentales) (Alted Vigil, "España" 42). A pesar de esta baja cifra, según el Instituto Español de Emigración, en 1990 residían en América Latina casi ocho cientos mil españoles (42). En 1996 se contabiliza de forma oficial a 2,1 millones de emigrantes españoles, el 37% en Europa y el 60% en América (Actis, Prada y Pereda 49). Como indica Santos, los españoles que emigran a partir de los 90 no responden a la vieja imagen del emigrante esperando el tren o el barco junto a una vieja maleta atada con cuerdas (37). María Tajes apunta al respecto que la emigración contemporánea de españoles está conformada por jóvenes licenciados universitarios, en su mayoría sin lazos familiares, que buscan en el extranjero oportunidades laborales que no hallan en España debido al desempleo (28). En esta emigración también participan los empleados de multinacionales desplazados al extranjero por sus empresas (28). Tradicionalmente se ha solido calificar a esta emigración como "fuga de cerebros" debido a la preparación profesional de sus miembros, aunque, en opinión de Amparo González-Ferrer, este término resulta confuso y conduce a debates difíciles de discernir, por lo que esta investigadora prefiere hablar de una "migración cualificada," es decir, una emigración de personas con estudios superiores (10).

La emigración al extranjero se ha seguido dando e incluso aumentando en el siglo XXI debido a la crisis económica que ha azotado a España. Según el Instituto Nacional de Estadística, en 2010 había más de un millón y medio de españoles residiendo en el extranjero (1), mientras que en 2016 la cifra se elevaba a 2,3 millones de personas ("Crece el número"). Sin embargo, estos datos están basados en los empadronamientos en los países de acogida, por lo que las cifras reales serían bastante más altas. González-Ferrer señala que la cifra oficial de 225.000 españoles emigrados entre 2008 y 2012 dista del número real de en torno a 700.000 (17). Desde el 2010 la emigración de españoles a otros países de la Unión Europea—mayormente a Francia, Alemania y Reino Unido—ha aumentado a un ritmo más rápido que en el resto del Sur de Europa (González-Ferrer 1). En el continente americano los españoles se dirigen sobre todo a Argentina, México, Brasil, Venezuela y Estados Unidos. La emigración a Alemania ha crecido de manera significativa debido a su baja tasa de desempleo, siendo cerca de 50 mil los españoles que trabajaban en ese país en el 2012 (Gómez).

La realidad de los emigrantes españoles contemporáneos se ha reflejado en múltiples medios culturales: reportajes periodísticos, programas de televisión como *Españoles en el mundo* y sus sucedáneos autonómicos, series como *Buscando el norte*, documentales como *En tierra extraña* (2014), de Icíar Bollaín, y películas como *Perdiendo el norte* (2015), dirigida por Nacho Velilla. Aunque el desarrollo de la tecnología y de internet provoca que los emigrantes actuales puedan estar en contacto continuo con sus familiares y amigos, permaneciendo también al día de las noticias y los acontecimientos sociales de España, cabe esperar que su vivencia en un país extranjero y en una cultura diferente a la suya siga afectando en mayor o menor medida a su sentimiento de masculinidad y su concepción del género sexual.

Panorama de los capítulos

El libro se divide en dos partes principales, "Exilios" y "Emigraciones," dispuestas en ese orden para apreciar la evolución cronológica de los desplazamientos territoriales de los hombres españoles. La primera parte incluye cuatro capítulos, mientras que la segunda contiene tres. En cada capítulo analizo un aspecto diferente del exilio o la emigración y uso un marco teórico específico para cubrir una variedad de realidades relacionadas con las masculinidades: el adolescente, el hombre en crisis, el hombre ocioso, el hombre que retorna a España, el hombre de la clase trabajadora, el hombre onanista y el hombre académico. Los países de destino que se cubren en el libro son también múltiples: Bélgica, México, Argentina, Alemania, Francia, Inglaterra y los Estados Unidos.

Los autores que analizo son diversos en referencia a la edad, procedencia, clase social, compromiso político, estilo literario y reconocimiento: Luis de Castresana, Juan José Domenchina, Juan Gil-Albert, Francisco Ayala, Max Aub, Patricio Chamizo, Víctor Canicio, Terenci Moix, Antonio Muñoz Molina y Javier Cercas. Todos los autores experimentaron el exilio o la emigración durante al menos un año y medio y reflejaron sus experiencias en las obras que estudio.[23] Aunque el tiempo que vivieron en el extranjero y la edad que tenían cuando partieron de España difiere en ellos, considero que esta diversidad de circunstancias posibilita poder ofrecer una panorámica más completa de la masculinidad de los hombres españoles desplazados. Con este mismo objetivo se analizan en el libro obras de distintos géneros literarios y estilos: novelas, poesías, memorias, cuento y teatro. Ahora bien, a pesar de existir un fuerte componente autobiográfico en la mayoría de estas obras, no es mi intención propugnar que sus personajes, narradores protagonistas o voces poéticas reflejan directa o necesariamente las experiencias reales de los autores. Lo que sí creo es que el hecho de que estos autores vivieran en el extranjero provoca que sus obras sean más relevantes para estudiar las representaciones de masculinidad de sus protagonistas exiliados o emigrados.

El primer capítulo, titulado "El nuevo hombre," se enfoca en la experiencia del exilio infantil presentada en *El otro árbol de Guernica* (1967), de Luis de Castresana, la novela más conocida sobre el destierro de los niños vascos durante la Guerra Civil. En esta novela de carácter autobiográfico, el protagonista, Santiago Celaya, quien vive desde los once hasta los catorce años en Bélgica, experimenta el exilio como una vivencia traumática que le hace madurar, como un rito de paso en el que aprende al mismo tiempo a ser hombre y a ser español según los postulados franquistas. Santi se erige como modelo de hombre de la "nueva España" al actuar como líder de los niños exiliados y poseer características como el patriotismo, la independencia y la religiosidad. La nostalgia de Santi por España y su ansiado regreso al país tras la guerra permiten pensar que se adaptará fácilmente a la sociedad franquista y será un miembro valioso en ella. Por tanto, *El otro árbol de Guernica* se podría interpretar como una novela que pudo ser utilizada pedagógicamente por el régimen franquista para que los muchachos aprendieran los principios de la masculinidad normativa española, especialmente el comportamiento patriótico.

El segundo capítulo, "El ex-hombre," analiza la masculinidad contradictoria en la poesía que Juan José Domenchina escribió durante los veinte años que pasó exiliado en México (1939–59). Por un lado, al intentar mantener en el exilio el modelo de masculinidad normativa que aprendió en España, en diversos poemas Domenchina manifiesta un claro rechazo contra los hombres que expresan su dolor de una manera exagerada, relacionándolos con la feminidad. Además, se adjudica a sí mismo valores de la masculinidad tradicional como el estoicismo y ensalza nostálgicamente la conducta hipermasculina de los hombres castellanos. Por otro lado, en otros poemas se presentan claros indicios de emasculación que revelan una profunda crisis de su virilidad. El poeta se denomina en diversas ocasiones "ex-hombre," se halla fragmentado en la figura del doble o de la sombra, se identifica con un niño, manifiesta la pérdida de su voz y hace referencia a su caída. También contrasta su falta de vigor sexual en el exilio, en ocasiones metaforizada en el sol que declina, con el brío sexual que disfrutaba en su juventud, recordado nostálgicamente a través de imágenes relacionadas con la siembra y el campo. Por lo tanto, su poesía refleja las contradicciones y tesituras propias de la masculinidad en el exilio.

El tercer capítulo, "El hombre ocioso," analiza dos obras que Juan Gil-Albert escribió sobre su experiencia como desterrado en México: el poemario *Las ilusiones* (1944) y la autobiografía novelada *Tobeyo o del amor* (1990). Mi argumento principal es que el exilio fue para él un paraíso y posteriormente un infierno. Así, durante su destierro pudo descansar, recuperar la tranquilidad y abrazar una masculinidad guiada por el ocio, conformada por tres comportamientos: la contemplación de la naturaleza, la creación poética y el disfrute del amor. La masculinidad ociosa que presenta Gil-Albert se conecta estrechamente con su homosexualidad y la cultura clásica greco-romana que él tanto admira. El exilio le permite al poeta asentar su condición homosexual y disfrutar de un amor que le marcará el resto de su vida. Ahora bien, tras una primera etapa de felicidad, Gil-Albert padeció las desilusiones del exilio, mayormente provocadas por problemas en su relación sentimental, la sensación de extrañeza que padecía en México y la nostalgia por su tierra alicantina. Por ello, el poeta toma la decisión de regresar a España en 1947, a pesar de que tendrá que enfrentarse al silencio y al ostracismo durante la dictadura franquista.

El cuarto capítulo, "El hombre fantasmal," explora la emasculación de los varones que retornan del exilio en el relato largo "El regreso" (1948), de Francisco Ayala, y la obra de teatro *La vuelta: 1964* (1965), de Max Aub. Los dos protagonistas regresan de Argentina y México a España con la esperanza de recuperar la masculinidad perdida en el exilio. Sin embargo, la vuelta a su país implica una feminización de ambos personajes, ya que el narrador de Ayala reacciona con miedo y sensación de ser perseguido, mientras que el regreso del personaje de Aub es considerado por sus amigos como una señal de cobardía y una claudicación de sus principios republicanos. Además, se les critica el haberse ido de España y haber evitado así los sufrimientos que padecieron los que se quedaron. Ante esta situación, ambos protagonistas reaccionan de una manera hipermasculina por medio de la conquista sexual de una mujer que simboliza a España. Aunque los dos obtienen resultados diferentes al respecto, coinciden en sentirse alienados y encarnar una masculinidad fantasmal por no poder reconocer su país y por haber sido relegados al olvido. En definitiva, su regreso resulta un fracaso: no consiguen recobrar su masculinidad y se ven abocados a abandonar España de nuevo y volver al exilio.

La segunda parte del libro, "Emigraciones," se abre con el capítulo titulado "El hombre trabajador," en el que se analizan las novelas *En un lugar de Alemania...* (1967), de Patricio Chamizo, y *Vida de un emigrante español* (1979), de Víctor Canicio. En ambas obras la emigración a Alemania potencia y a la vez mina la masculinidad de los protagonistas, los dos pertenecientes a la clase trabajadora y con una concepción tradicional de la masculinidad basada en la formación de un hogar y en su papel de proveedores económicos. Por un lado, el éxito monetario y la adquisición de educación y cultura les hacen sentirse más válidos como hombres, ya que abandonan un pasado de pobreza y logran un mejor futuro para sus familias. En las dos obras los protagonistas presentan rasgos de la masculinidad de protesta como el compromiso social y la violencia, y otras características de la masculinidad tradicional como la defensa del honor y el rechazo de la homosexualidad. Sin embargo, ambas narraciones también revelan cómo la experiencia de la emigración afecta negativamente la virilidad de los hombres al presentar a personajes que son discriminados y se sienten explotados en el trabajo, se comportan con miedo o cobardía, padecen inapetencia sexual y sufren ataques de locura. Finalmente, la emigración asimismo modifica ligeramente el modelo tradicional de género de los dos protagonistas, quienes en algunos aspectos defienden una relación más igualitaria con las mujeres.

El sexto capítulo, titulado "El hombre onanista," estudia el tercer y último volumen de las memorias de Terenci Moix, titulado *Extraño en el paraíso* (1998), en el que se relatan los tres años que vive en París y Londres en la década de 1960. Por un lado, el protagonista, Ramón, experimenta su emigración como una liberación al hallarse lejos de su familia y de las normas opresivas y homófobas del franquismo, pudiendo adquirir una cultura cinematográfica y literaria que le estaba vedada en España, así como nuevas experiencias sexuales y sentimentales. Por otro lado, en el extranjero Ramón no llega a disfrutar plenamente de su libertad sexual debido a su onanismo, el cual se manifiesta en dos actitudes principales: su falta de relaciones sexuales con otras personas y su búsqueda del doble, de la imagen de sí mismo en su pareja ideal. El resultado final es que el protagonista pone en un segundo plano el disfrute de su sexualidad para enfocarse en el desarrollo de su carrera literaria y por eso decide regresar a Barcelona. Además de por el onanismo sexual, a partir de entonces se va a regir por un onanismo literario por el que va a permanecer encerrado en sí mismo elaborando su obra a partir de su propia vida. Al final del libro, cuando simbólicamente nace Terenci Moix el escritor, el onanismo adquiere un carácter positivo y se erige como un rasgo de su excepcionalidad para reclamar su individualidad y la sexualidad no reproductiva.

El último capítulo, "El hombre académico," analiza la representación de la masculinidad de profesores extranjeros en la universidad estadounidense en las novelas *Carlota Fainberg* (1999), de

Antonio Muñoz Molina, y *El inquilino* (1989), de Javier Cercas. En ambas obras los protagonistas muestran una masculinidad académica no hegemónica debido a sus escasas publicaciones y falta de habilidades sociales. Hay múltiples aspectos de la academia estadounidense que provocan su inseguridad y emasculación, como la competitividad, las políticas feministas, el poder de los estudiantes y las intrigas entre compañeros. El resultado es su marginación en sus departamentos y el padecimiento de episodios psicosomáticos de fiebre o locura. Ambos protagonistas ven peligrar su puesto de trabajo debido a la aparición de un nuevo profesor que amenaza con reemplazarles, pero a pesar de ello, reaccionan de una manera pusilánime y pasiva, aceptando las humillaciones que padecen por parte de sus jefes. Además, siguen rigiéndose por el ideal de masculinidad hegemónica al intentar conquistar a mujeres para compensar su fracaso académico. Al final revelan también una masculinidad cómplice con la dominante y opresiva del sistema universitario, ya que ninguno de los dos personajes decide dimitir de su puesto de trabajo a pesar de su constante marginación y un futuro laboral más que incierto.

Primera parte
Exilios

Capítulo uno

El hombre nuevo:

Luis de Castresana

La adolescencia es un periodo en el que los varones aprenden cuáles son los rasgos normativos de género en su sociedad y su posición en ella. En esta etapa vital se produce una intensificación del género por la cual los chicos experimentan mayores expectativas y presiones para que sus actitudes se ajusten al comportamiento masculino tradicional (Galambos, Almeida y Petersen 1905). Siguiendo el trabajo clásico de Stanley Hall, Michael Kimmel indica que la adolescencia se ha descrito tradicionalmente como una etapa de transición en la que el chico desarrolla su identidad adulta y averigua quién es realmente (*Guyland* 28). Para convertirse en un hombre, por tanto, debe dejar atrás la niñez. Así lo señala Nancy Chodorow cuando escribe que la masculinidad, el ser un hombre adulto, implica lo opuesto a ser un niño (255). Tradicionalmente los adolescentes han demostrado su masculinidad por medio de su participación en el ejército o en una guerra (Woodward 43).[1] Otras experiencias trágicas e intensas como el exilio también pueden actuar como ritos de entrada a la masculinidad, ya que en ellas los adolescentes, e incluso los niños, son obligados a madurar rápidamente. Tal fue el caso del exilio al que se vieron abocados miles de niños republicanos durante la Guerra Civil Española.

A partir de 1937 numerosos niños republicanos fueron evacuados sin sus padres con la intención de protegerles de los bombardeos y las miserias del conflicto bélico. De acuerdo a Alicia Alted Vigil, el total de los niños exiliados durante la guerra ascendió a 33.000, repartidos mayoritariamente entre Francia, Reino Unido, Bélgica y la Unión Soviética ("Los niños" 115).[2] La mayoría de estos niños eran vascos, de acuerdo a las cifras que maneja Jesús Alonso Carballés, quien habla de un total de 32.000 niños vascos evacuados en 1937, lo que suponía casi el

20% de la población infantil residente en las provincias de Vizcaya y Guipúzcoa (*1937* 152–53). El Gobierno Vasco promovió la evacuación infantil cuando el Frente Norte sufrió devastadores bombardeos y se hallaba asediado por las tropas franquistas.[3] Los gobernantes franquistas criticaron duramente las evacuaciones de los niños porque implicaban su desprestigio frente a la opinión pública e internacional (132). Además, el hecho de que muchos de los niños provinieran del País Vasco, una región de fuerte raigambre católica, contradecía el mito de la cruzada de los franquistas que propagaba que ellos eran los defensores del catolicismo frente a los republicanos ateos. La prensa franquista insistió en que se engañaba a los niños para evacuarles y en que éstos padecían grandes sufrimientos durante sus viajes al extranjero.[4]

Los padecimientos de los niños vascos en el exilio es el tema principal de *El otro árbol de Guernica* (1967), de Luis de Castresana, la novela más conocida sobre este episodio de la Guerra Civil. Se trata de una narración de carácter autobiográfico que relata las experiencias de Santiago Celaya desde los once hasta los catorce años, cuando junto a Begoña, su hermana menor, se separa de sus padres en Bilbao para partir al exilio en una expedición de niños organizada por el Gobierno Vasco. Durante su exilio, Santi vive en una colonia infantil en Francia y después es trasladado a Bélgica, donde le apartan de su hermana al ser ambos acogidos por distintas familias belgas. Tras un conflicto con sus padres de acogida, el matrimonio Dufour, Santi pasa a vivir en un internado llamado Fleury, en el que al principio sólo hay niños belgas, pero posteriormente llegan otros niños vascos y españoles.[5] La novela se cierra con el regreso ansiado de Santi y su hermana a España una vez terminada la Guerra Civil.

La crítica ha elogiado profusamente la novela de Castresana, resaltando su falta de maniqueísmo y su representación universal del sufrimiento infantil durante la guerra y el exilio. La obra recibió los parabienes tanto de los franquistas como de los republicanos, es decir, de los vencedores y los vencidos en la guerra, ganando el Premio Nacional de Literatura en 1967 y adaptándose al cine bajo la dirección de Pedro Lazaga en 1969.[6] Como apunta Alonso Carballés, se han realizado treinta y cinco ediciones de la novela y se ha traducido a más de quince idiomas ("Los 'niños de la guerra'" 114). No cabe duda de que *El otro árbol de Guernica* ha conseguido apelar a lectores de todo tipo de ideologías y tendencias. Sin embargo, considero que la novela contiene una concepción de la identidad nacional que resulta propicia al régimen franquista, lo que explicaría su adjudicación del Premio Nacional. En este capítulo voy a analizar la representación de la masculinidad en la novela y su conexión con la españolidad. Mi argumento principal es que el exilio que experimenta el protagonista actúa como catalizador de su identidad de género y de nación. Santi vive el destierro como una experiencia traumática que le hace madurar, como un rito de paso en el que aprende al mismo tiempo a ser hombre y a ser español. El exilio para él supone una acentuación de los valores de la masculinidad normativa, entre los cuales destaca el amor a su patria. El ahondar en sus raíces identitarias, de hombre y de español, le sirve para contrarrestar la incertidumbre del exilio y alcanzar una mayor sensación de seguridad y estabilidad.

Santi se erige como modelo de hombre de la "nueva España" franquista al actuar como líder de los niños exiliados y poseer características como el patriotismo, la independencia y la religiosidad. Su comportamiento también revela una visión tradicional del género típica del franquismo, como la necesidad de que el hombre sea fuerte y proteja a la mujer y de que se enamore para formar en el futuro una familia que asegure la continuidad de la nación. La nostalgia de Santi por España y su ansiado regreso al país tras la guerra permiten pensar que se adaptará fácilmente a la sociedad franquista y será un miembro valioso en ella. Por tanto, *El otro árbol de Guernica* no es simplemente un *Bildungsroman* o novela de crecimiento, o una obra en la que se muestran las dificultades de los niños exiliados, sino que se podría interpretar como una novela que pudo ser utilizada por el régimen franquista con un objetivo pedagógico para que los muchachos aprendieran los principios de la masculinidad normativa española, especialmente el amor a España y el comportamiento patriótico.

Rito de iniciación a la masculinidad y españolidad

Al hallarse lejos de sus padres y de su país, en el exilio el protagonista va a madurar y tomar conciencia de sí mismo. Para Santi, el destierro supone un rito de paso a la masculinidad. Elizabeth Rogers ha indicado que la novela de Castresana se estructura como una ceremonia de iniciación, desde la separación de Santi del mundo maternal hasta su retorno al grupo (183–84).[7] Sin embargo, esta investigadora no conecta la maduración del protagonista con su masculinidad ni con el modelo normativo de virilidad del franquismo. Ya antes de su partida al exilio, Santi manifiesta su deseo de convertirse en un hombre. Cuando su hermano le dice: "Pronto te va a salir barba," él se muestra orgulloso y agradecido (19). Por el contrario, cuando su madre le recuerda que tiene once años, Santi puntualiza, ofendido, que está a punto de cumplir doce. También siente vergüenza cuando su madre le peina en público: "¿Es que su madre no se daba cuenta de que no podía peinarse a un chico mayor como él delante de toda aquella gente y, sobre todo, delante de otros niños?" (35). Santi ha aprendido e interiorizado que la masculinidad normativa requiere el alejamiento de la infancia y del apego a la madre (Gilmore 29), una situación que experimentará ampliamente durante su exilio.[8] El rito de paso a la masculinidad implica asimismo una concienciación de la identidad nacional, una fidelidad a la nación a la que se pertenece. Para ser considerado un hombre por la sociedad, el adolescente debe demostrar su capacidad para ser un buen ciudadano de la nación, para lo cual debe poseer una conciencia política y patriótica. De esta manera, Santi no sólo se hace hombre, sino que se convierte en un hombre de la "nueva España" con un fuerte sentimiento nacionalista.

Varios críticos han señalado la importancia de la masculinidad en *El otro árbol de Guernica*, pero no la han llegado a analizar. Por ejemplo, José Gerardo Manrique de Lara escribe que el protagonista "es un hombre haciéndose fuera de su suelo" (691–92). Antonio Otero Seco ofrece una idea similar: "los pequeños exiliados, por el dolor de la nostalgia y la lejanía de sus raíces, se hacen prematuramente hombres" (647). Antonio Valencia también alude a la masculinidad de la novela en su artículo del 28 de enero de 1968 en el periódico *Arriba*, significativamente titulado "La guerra les hizo hombres" (cit. Hickey 27). El propio Castresana expresó que el exilio supuso que madurara más rápidamente: "Como los otros niños de la evacuación, Santi y yo no fuimos más que chavales a quienes la guerra hizo crecer deprisa, niños a quienes el éxodo y el llanto colocaron en un punto límite" (*La verdad* 16–17).

El crecimiento como hombre implica para Santi tener una identidad nacional definida, mantenerla y defenderla cuando resulte preciso. A lo largo de la novela hay diversos episodios que revelan un fuerte sentimiento patriótico español cercano a la ideología franquista. A pesar de ello, en numerosas ocasiones Castresana declaró que su novela no versaba sobre cuestiones políticas y que su intención al escribirla era la superación de las diferencias ideológicas: "Yo no quería escribir un libro parido con resentimiento, sino un libro en el que alentara la esperanza de lo que une y no la pasión de lo que separa. Porque eso es *El otro árbol de Guernica*: una novela de sumas y no de restas" (*La verdad* 118). La misma idea la repite en el prólogo de la novela, insistiendo de esta manera en la necesidad de reconciliación de los españoles de todas las creencias políticas. Seguramente por este motivo Castresana decidió no incluir en su novela ninguna referencia al bombardeo de Guernica, a pesar de que fue el acontecimiento principal por el que la villa vasca que da título a su novela se hizo lamentablemente famosa. Al evitar mención alguna de este bombardeo, el autor seguramente pretendía no herir susceptibilidades de ninguno de los dos bandos, creyendo falsamente lograr así la unión de todos los españoles. Cuando se le preguntó por las razones por las que escribió la novela, Castresana enfatizó precisamente el mensaje pacifista: "creo que todas las guerras son malas y las más tristes de todas son las civiles. [...] resulta patético que en España, desde hace ya siglo y pico, nos estemos pasando la vida matándonos unos a otros" (*La verdad* 120).

En bastantes momentos de *El otro árbol* hallamos intervenciones similares de diversos personajes en contra de las guerras. Así, la madre de Santi, al despedir a sus hijos en el puerto, exclama: "Maldita guerra, malditas sean todas las guerras" (41). El protagonista reacciona de forma parecida cuando se entera del estallido de la Segunda Guerra Mundial: "no comprendía, no acababa de comprender por qué siempre, aquí y allá, a lo largo del tiempo y de la geografía, tenía que haber guerras" (262–63). Junto a estas demostraciones antibélicas, también hay varias ocasiones en las que se indica la necesidad de la unión de todos los españoles y de la superación de las diferencias ideológicas: "Porque a los españoles, meditó Santi, [...] en realidad son más y más fuertes y más poderosas y más verdaderas las cosas que les unen que las cosas que les separan" (281). Este tipo de comentarios logró que la novela fuera ampliamente aceptada por lectores de toda clase. La crítica de la época también se encargó de subrayar estos aspectos. Por ejemplo, Otero Seco resaltaba su "serenidad objetiva, llena de ternura, sin amargura ni rencor, sin discriminación de 'buenos' o 'malos,' o de 'ellos' y 'nosotros'" (647). Para Guillermo Díaz-Plaja, era destacable la falta directa de adoctrinamiento: "la peripecia transcurre sin que el autor exprese, con redundancia, el hilo del pensamiento pedagógico que le anima. Si hay lección, ésta mana limpia, sin esfuerzo" (330). Similares ideas manifestaba Manrique de Lara:

> Nos va a contar lo que pasa. No echa la culpa a nadie. [...] Sabe que se marcha de España por culpa de España. Y no sabe más. El problema que encara *El otro árbol de Guernica* no es un problema político. Es un problema humano. Luis de Castresana es el escritor ideal para abordar un problema de esa índole. No entra en sus cálculos sofisticar ninguna situación en beneficio de nada ni de nadie. (691)

Por si no fueran suficientes estas opiniones de los críticos, el propio autor se encargó de declarar en repetidas ocasiones que su obra no tenía ninguna intencionalidad política: "Lo que en mi novela importa son ellos, los individuos. La política y la guerra no son sino el telón de fondo, el trauma que desencadena la acción [...]. Por eso, la política y la guerra, que hacen acto de presencia aquí y allá a lo largo de la novela, no tienen más dimensión que la de su impacto en la psicología, sentimientos y actitudes de los personajes" (*La verdad* 113). Más adelante insiste en el mismo punto: "*El otro árbol de Guernica* no es una novela política; es un testimonio emocional de infancia [...]; es el recuerdo de aquel niño que yo fui y que se asomó al terrible espectáculo de la guerra con el susto en los ojos y con el dolor del exilio en la pequeña mochila de sus vivencias infantiles" (118).

El hecho de que la novela no sufriera ningún tipo de censura le sirve a Castresana para apoyar su argumento de ausencia ideológica: "Algunos me han preguntado: 'La censura le habrá tachado muchas cosas de su novela, ¿eh?' Pues la verdad es que no; ni muchas ni pocas, ninguna. [...] Leyeron la novela con un cuidado especial por lo del título, el tema y la filiación de los protagonistas, pero no suprimieron una sola palabra. A lo mejor esto decepciona a alguien, pero esa es la verdad y no veo por qué no voy a decirla" (*La verdad* 117–18). El autor llegó a manifestar su total desinterés por las cuestiones políticas: "No estoy en ninguna nómina, no pertenezco ni he pertenecido nunca a ningún partido ni a ninguna organización, ni política ni de ningún otro tipo" (116). Esta declaración posiblemente se debió al hecho de que, como él mismo reconoce, fuera acusado de filiaciones políticas por distintos bandos:

> A mí, en este sentido, me han llamado de todo. ¿Que voy de corresponsal de *Pueblo* a Inglaterra, Holanda y países de Oriente Medio o que en *Arriba* dedican a algún libro mío un comentario elogioso?: soy falangista. ¿Que se prepara una tesis sobre mi obra en una universidad de la Europa oriental y acepto y realizo el encargo de escribir los diálogos en castellano para las películas rusas *Don Quijote* y *Hamlet*?: soy comunista. ¿Que me hacen una entrevista en *Nuevo Diario*?: soy del Opus. ¿Que dan unas novelas mías por la "tele" y se me otorga el Premio Nacional de Literatura?: soy del régimen. (113–14)

Esta insistencia de Castresana en declarar su neutralidad política no implica, empero, que su novela no contenga una ideología nacionalista española. La intención del autor puede manifestarse o no en su creación literaria; es decir, la obra puede reflejar el objetivo que tenía el autor al escribirla o permitir lecturas divergentes, como sucede en este caso. Ya a finales de los años sesenta, varios críticos como R. M. de Hornedo y Manuel Navarro indicaron que *El otro árbol de Guernica* podría considerarse como una novela pedagógica para los jóvenes (Hickey 21). Leo Hickey considera al respecto que las lecciones que ofrece la novela no se expresan de manera directa, sino que se derivan secundariamente de su lectura (21). El investigador que más claramente ha señalado el mensaje ideológico español en la obra de Castresana es Derek Gagen al apuntar que Santi da señales de una profunda conciencia de españolidad y que su retorno encierra un claro contenido político: el de que el hogar de los españoles es España (34). Gagen considera que el mensaje nacionalista español sólo surge en la novela al final de la segunda parte—la novela se divide en tres partes—, cuando llegan niños de diversas regiones de España al internado en el que viven Santi y los otros niños vascos (34). Aunque es cierto que es entonces cuando se acentúa la ideología patriótica, desde su partida de Bilbao hay momentos en que Santi demuestra una conciencia de su identidad española.

El crecimiento de Santi como hombre implica que amplíe su conciencia nacional del País Vasco a España. Antes del exilio, Santi pensaba que su pertenencia nacional se ceñía a Vizcaya. En el exilio, en cambio, el protagonista aprende a amar a España y a considerarla como su auténtica patria, por encima del País Vasco. El destierro le lleva a pensar que Euskadi es sólo una de las diversas regiones que conforman España, una idea que defendía el franquismo y defienden hoy los nacionalistas españoles, para los cuales la unidad de España es irrefutable. Castresana expresaba una similar opinión cuando escribía que el amor al País Vasco es sólo posible para poder amar a España más fuertemente: "cuanto más se identifica uno con la patria chica, más y mejor se identifica uno con la patria grande" (*Elogios* 180). Por eso, en toda la novela la cultura vasca aparece formando parte de España y supeditada a ella. Ya en el prólogo, el autor claramente posiciona a Vizcaya dentro de España: "sé por qué lucharon y cómo ganaron su guerra estos vizcainitos, estos españolitos de Alsemberg" (14). Castresana también relaciona la identidad vasca con la española cuando describe su obra como "una novela de esperanza española y una declaración de amor a Vizcaya" (13). Es cierto que el protagonista decide llevar su boina en Bélgica como una señal de su identidad, pero en ningún momento se indica explícitamente que se trate de una reafirmación de su vasquismo: "Recordó de pronto que tenía la boina en la maleta y [...] Santi sintió la necesidad, la desesperada necesidad de definirse y de subrayar su identidad individual. De algún modo él relacionaba aquello con la boina" (108).

En la novela son numerosos los momentos en los que se describe a los niños vascos como españoles, por ejemplo, cuando juegan al fútbol contra los niños belgas: "Desde entonces siempre que había fútbol en el patio jugaban así: españoles contra belgas" (196). Lo mismo sucede cuando el narrador describe la forma de vida de los niños vascos en el internado: "los españoles formaban como un mundo sutilmente aparte en el Fleury" (161). Santi también se identifica a sí mismo como español cuando acude al instituto y verifica que "no había ningún otro español" (208). Igual situación acaece cuando se presenta ante los invitados del matrimonio belga que le había acogido en su casa: "Me miran como si nunca hubieran visto a un español" (122). Por otro lado, cuando los niños vascos deciden aceptar a André, un niño belga del internado, como uno más de su grupo y le bautizan simbólicamente, le declaran español, no vasco: "Si quieres, André, ya eres español" (187). Asimismo, cambian su nombre por el de "Andrés" para que "suene a español" (188).

El exilio provoca que Santi amplíe su amor nacional a otras zonas de España más allá de Bilbao y el País Vasco. Al comienzo de su destierro, en la colonia francesa, aprende a tomar conciencia de la diversidad de España y de su identidad nacional española: "Para Santi Ugarte había sido siempre su aldea, Baracaldo su pueblo y Bilbao su ciudad. [...] En el primer mes que pasó en la isla de Olerón fue ensanchando estas emociones geográficas en un marco más amplio en el que incluyó todas las ciudades y pueblos cuyos nombres se citaban en los partes y en las noticias de la guerra" (70). La representación cartográfica de España le sirve para reforzar sus sentimientos nacionales e imaginar al país como una nación de intereses comunes:

> Los ojos se le iban a Santi tras el trozo que estaba en la parte baja del mapa, a la izquierda, un trozo en el que se leía ESPAGNE con grandes letras mayúsculas. Trataba de localizar las ciudades, las montañas, los ríos, las provincias, las regiones, y pronunciaba con súbita fruición, como saboreándolos, en español, aquellos nombres [...]. Y decía en voz baja "Sierra de Gredos," "Cataluña," "Andalucía," "Cáceres," "Río Ebro." (69)

Más adelante, cuando a los niños vascos se les unen en el internado niños de otras regiones de España, se acrecienta el deseo de Santi de conocer más datos sobre el que considera su país, España: "Santi sabía muy poco de Madrid, muy poco de Valencia y muy poco de cualquier ciudad o pueblo que no fuese de Vizcaya, y se ordenó: 'Tengo que leer cosas sobre esas ciudades; tengo que aprender muchas cosas sobre mi país'" (225). La hermandad y la amistad entre los niños de distintas zonas de España simbolizan la unidad nacional española.[9] Aunque surgen algunas pequeñas peleas entre los niños, su buena convivencia representa uno de los principales mensajes de la obra, el de que a los españoles les unen muchas más cosas que las que les separan.[10]

La unidad española también se manifiesta a través del "árbol de Guernica," un árbol en el patio del internado al que los niños denominan de esa manera porque se congregan en torno a él: "Los españoles celebraron otra vez sus reuniones en torno al árbol de Guernica; allí volvieron a leer las cartas de casa y a cantar bilbainadas y allí volvieron a hablar de sus cosas y a bailar sardanas" (242). Si al principio dicho árbol podía simbolizar la identidad vasca de los niños—siguiendo su sentido original—, posteriormente, con la llegada de niños de otras partes de España, se desemantiza su componente vasco para resemantizarse como emblema de la unidad española. Es decir, se produce una reapropiación de un símbolo del nacionalismo vasco a favor del nacionalismo español.

Una similar integración de lo vasco en lo español aparece cuando el equipo de fútbol que formaban los niños vascos deja de llamarse "Athletic" al incorporarse a él niños de otras zonas de España: "[Santi] Propuso que los vizcaínos siguieran jugando con la camiseta del 'Athletic,' pero dijo que el equipo se llamaría, de allí en adelante, el 'España'" (243). Esta sugerencia de Santi demuestra que ha asimilado su identidad nacional como español. Al final de la novela se confirma claramente esta idea: "él había aprendido a amar y necesitar realmente a su tierra, a saber lo que eran Baracaldo, Vizcaya, España, desde la lejanía de la larga ausencia, desde la añoranza del éxodo y del llanto" (260).

El hecho de que un escritor vasco—y, además, exiliado en su adolescencia—como Castresana promueva en su obra un mensaje patriótico español resultaba de especial interés y agrado para los franquistas, ya que éstos podían demostrar así que su ideología también recibía el apoyo de intelectuales de regiones tradicionalmente contrarias a la identidad española. Posteriormente, el nacionalismo español se ha servido de exmilitantes del nacionalismo vasco radical o antiguos miembros de ETA—como Jon Juaristi y Mikel Azurmendi—con la misma intención, para probar que su ideología es verdadera y que hasta los que eran sus antagonistas o enemigos, con el tiempo se han dado cuenta de ello. En este sentido, no parece casual que Castresana admirara a Unamuno, lo considerara "la máxima aportación individual de Bilbao y de toda Vizcaya a España" (*Elogios* 127) y subrayara "el españolismo intenso" que, en su opinión, late en su obra (*Elogios* 136). La incorporación de vascos al nacionalismo español se usó por parte del franquismo para desear probar la unidad de España y, de manera similar a como se utilizaba el retorno de los exiliados republicanos al país, para transmitir que su ideología disfrutaba de un amplio apoyo popular.

Masculinidad franquista: el líder de los españoles

Además de ser consciente de su identidad nacional española, Santi aúna todas las cualidades positivas del hombre ejemplar de la "nueva España." Hickey indica que el protagonista se presenta de una manera más madura y serena que en el caso de que la obra se hubiera escrito inmediatamente después de la guerra (18). Castresana confirmaba esta idea cuando, al preguntarle por la identidad de Santi, escribía: "Sí, yo soy Santi, un Santi al que tal vez he idealizado un poco; tal vez el chaval que yo hubiera querido ser" (*La verdad* 11). La ejemplaridad de Santi la subraya también Hickey, resumiéndola en las siguientes características: preocupación por sus compañeros, sentido de la responsabilidad, odio a la injusticia, determinación, coraje, lealtad, nobleza, estabilidad, honestidad y rapidez para tomar decisiones (18). Estas cualidades son asimismo propias de la masculinidad normativa, por lo que Santi termina por erigirse en un modelo de hombre para la sociedad franquista.

El potencial de Santi como líder de la "nueva España" se aprecia cuando en numerosas escenas de la novela actúa como jefe del grupo de los niños exiliados. Parece ganarse dicha posición porque es el primer niño español que llega al Fleury. Al principio de la obra se le describe como un aprendiz de marinero, apuntando a su capacidad de realizar grandes hazañas: "sintiéndose él también grumete rumbo a lo desconocido, pero sin experimentar ya destemplanza alguna, alegre y optimista" (53). Incluso se imagina como "el grumete baracaldés que fue con Elcano a dar la vuelta al mundo" (177). Más adelante se explicita su papel de líder: "Porque se sentía un poco como el alcalde de la comunidad española en el Fleury y tanto *monsieur le directeur* como las profesoras y todos los niños españoles y belgas le trataban como si real y verdaderamente se le hubiese designado jefe y responsable del grupo español" (221–22). Entre las tareas que realiza destacan la traducción e interpretación para los niños vascos que llegan después que él al internado (152) y la dirección de la biblioteca de libros españoles: "Se encomendó a Santi la misión de dar a cada niño el libro que pidiera, de llevar una ficha de cada título y de cuidar que nadie arrancase hojas" (153). También lidera las reuniones de los niños en torno al "árbol de Guernica," propone crear un orfeón para cantar canciones populares y dirige el equipo de fútbol con su camiseta del Athletic de Bilbao.

Hasta los adultos del internado le consideran a Santi como el líder del grupo. Por ejemplo, el director le pide ayuda para comunicar a uno de los niños la muerte de su padre: "Y don Gregorio le dijo que el padre de Valentín había muerto y no sabía cómo darle la noticia al chaval. –Tú le conoces, Santi. ¿Quieres ayudarme a decírselo?" (154). Tras ser informado del trágico incidente, Santi cuida al niño durante toda la noche. También actúa de manera paternal con su compañero Manolín al prometerle que se encargará de que le entierren en su pueblo si se muere (159). Asimismo, es el único niño al que llaman a la enfermería para ver a Eusebio, uno de los niños exiliados, quien fallece en su presencia.[11]

No extraña, por tanto, que cuando Santi va a estudiar fuera del internado, se considere a sí mismo como "la encarnación de España entre los profesores y los alumnos del Ateneo" (210). Sus esfuerzos académicos están motivados en gran medida por este sentimiento: "Estudiaba de firme porque no quería hacer un mal papel ni dejar en ridículo a todos los chicos de la primera y de la segunda expedición, de los que se sentía embajador en el Ateneo" (211). Santi persevera en sus estudios porque desea dar a los belgas una buena impresión de España y de sus habitantes: "Era como si todos los chicos evacuados, como si todos los chicos españoles estudiaran con él" (211). Esta actitud laboriosa resultaba bastante común entre los niños exiliados, como lo confirma Alonso Carballés: "Un aprendizaje rápido del idioma, excelentes calificaciones y la obtención habitual de premios centran el recuerdo del paso por la escuela durante el exilio" (*1937* 362).

Otro de los rasgos de la masculinidad franquista que posee Santi es la religiosidad. Esto se aprecia ya en su propio nombre, que, como diversos críticos han señalado, alude al apóstol Santiago, el patrón de España, conocido popularmente como "Santiago Matamoros." Por su parte, el nombre de la hermana de Santi, Begoña, coincide con el de la Virgen patrona de Vizcaya. No es casual que de la madre de Santi se diga que "rezaba con voz suave y monótona a la Virgen de Begoña" (27). El protagonista también reza para solicitar la ayuda de Dios: "oraba en silencio y le pidió al Señor que nunca más la política enfrentase en las trincheras a hermano contra hermano" (182). En otros momentos de la novela hay también referencias a la fe, por ejemplo, cuando Santi, al volver a España, manifiesta la creencia en Dios como padre y hacedor del universo: "se sentía [...] esperanzado por pisar de nuevo la tierra de la que Dios, el gran alfarero, le había hecho" (282). El propio autor declaró en numerosas ocasiones su fe religiosa: "Mi vida se centra en Dios, en mi mujer, en mi hijo, en lo que escribo" (*Elogios* 14).[12]

La caballerosidad es también una de las cualidades de Santi, la cual es una señal de su masculinidad tradicional. En este sentido, la novela refleja una acentuada división de los géneros sexuales, apuntando a una clara diferenciación entre los papeles del hombre y de la mujer, típica de los nacionalismos. Así, mientras que la madre de Santi es cariñosa, llorosa y sufriente, el padre es serio y decidido. Los niños reproducen este modelo cuando no permiten que las niñas se les unan para decidir si hacen español a André: "[Santi] Recordó que en su casa el único que hablaba de política y que decía lo que convenía al país era su padre. Su madre decía 'amén' y no le contradecía lo más mínimo. [...] Santi dijo que seguro que a las mujeres no las habían dejado nunca deliberar junto al árbol de Guernica, y que nada, que no había que contar con las chicas" (186). Se refleja aquí una concepción patriarcal del género por la cual la masculinidad hegemónica, es decir, la masculinidad más apreciada en la sociedad, se define en oposición a la feminidad (Connell, *The Men* 31).

Santi también sigue el comportamiento tradicional masculino cuando protege y defiende a sus compañeras.[13] Así, ayuda a la niña española a la que mademoiselle Jacquot recrimina y cuida de su hermana menor, sintiéndose responsable de ella. La madre de Santi, ya antes de salir de Bilbao, le encarga esa tarea: "—Cuida a tu hermana, hijo [...]. Tú eres ya un chico mayor, Santi" (22). Esta responsabilidad le lleva a tener que aparentar seguridad, un rasgo propio de la masculinidad normativa: "ahora tendría que cuidar de Begoña, hacerse fuerte ante ella y no demostrar ningún miedo ni ninguna preocupación" (51). Por otro lado, la protección que Santi ejerce sobre su hermana puede interpretarse de manera metafórica como una trasposición de la protección de España sobre el País Vasco. Santi, como patrón de España, guía a Begoña, patrona de Vizcaya, ratificando así el poder y el liderazgo de España sobre el País Vasco.

El cuidado de su hermana es también para el protagonista un modo de patriotismo, puesto que supone el mantenimiento de sus raíces familiares en el exilio. Sin embargo, en Bélgica Santi no consigue permanecer junto a ella, ya que les envían a diferentes familias. Este hecho supone para él un fracaso como hombre: "Se sintió muy pequeño y muy débil, muy poca cosa, y empezaron a humedecérsele los ojos" (95). Las separaciones de hermanos fueron bastante comunes en Bélgica, ya que, como apunta Dorothy Legarreta, muchas de las familias belgas querían acoger sólo a un niño (145). Los niños que tenían hermanos pequeños veían su separación como una desobediencia a las órdenes paternas de cuidar de ellos (147) y por eso, como le sucede a Santi, para ellos fue uno de los momentos más trágicos del exilio (Alonso Carballés, *1937* 350).[14]

A pesar de hallarse separados, las veces que se reúnen, Santi intenta que su hermana preserve su identidad nacional manteniendo su idioma: "Siempre que iba a verla a casa de los señores Bogaerts [...] Santi procuraba hablarla en español, pero Begoña le respondía infaliblemente en francés" (273). En su viaje de regreso a España, Santi ve con gran desagrado que su hermana hable sólo en francés y se comporte como una belga: "la miraba y casi no la reconocía con aquel puro acento belga, aquel sombrero nuevo y aquellos gestos y frases de cortesía que empleaba a cada momento" (276). Sin embargo, al cruzar la frontera con España, Begoña recupera milagrosamente su castellano y parece de nuevo "estrechamente unida" a su hermano (280), lo que prueba el mensaje de la novela de que la identidad española es única e irreductible.

Humillaciones y defensas de la identidad española

El patriotismo de Santi se revela mayormente cuando defiende su identidad española contra lo que él considera como ataques extranjeros. Esto se aprecia especialmente en tres momentos: cuando los Dufour, el matrimonio belga que le había acogido en su casa, le regalan una bicicleta y firman en la tarjeta como "papá" y "mamá"; cuando en el internado una de las cuidadoras, mademoiselle Jacquot, insulta a los españoles y posteriormente quita el jersey a una niña española para dárselo a una belga; y cuando el asistente del profesor de historia del Ateneo critica a España. De estas tres escenas se desprende que una cualidad necesaria del hombre de la nación es la defensa de la patria y de su honor.

En el primer caso, el hecho de que los Dufour utilicen términos que implican paternidad para denominarse a sí mismos supone desde el punto de vista de Santi una deslealtad hacia sus padres biológicos y, por extensión, a sus orígenes e identidad nacional: "No tachar aquellas palabras le hubiera parecido una traición a su padre y a su madre y una traición a sí mismo y a todo" (127). Ya anteriormente el matrimonio había intentado que Santi se dirigiera a ellos como "papá" y "mamá": "Santiago, ¿no te gustaría llamarnos a Arlette y a mí de otro modo, en vez de decirnos siempre monsieur Dufour y madame Dufour?" (118). El narrador expresa claramente cómo Santi rechaza que le traten como si fuera su hijo: "tuvo la impresión de que le consideraban a él, Santi, como cosa suya, de que estaban pensando en él con la satisfacción con que un padre y una madre piensan en su hijo. Le sacudió interiormente un ramalazo de rebeldía y de desconcierto" (121).

Este tipo de actitudes no era infrecuente en los matrimonios belgas que acogieron a los niños españoles evacuados. Legarreta recoge testimonios de niños exiliados que prueban cómo los padres belgas deseaban que les llamaran "papá" y "mamá" y cómo los niños se negaban a ello (149). Como indica Alonso Carballés, algunas familias belgas solicitaron acoger a niños exiliados para reemplazar así al hijo que nunca pudieron tener (*1937* 304). Sin embargo, no todos los niños acogidos actuaron de la misma manera que Santi. Así, su hermana Begoña se adaptó tan bien a su familia belga que llegó a dejar de hablar en castellano. Alonso Carballés argumenta que dependiendo de la edad del niño, éste se adaptaba mejor o peor a su familia de acogida. Así, los niños de menor edad consideraban la familia adoptiva como su verdadera familia, los que tenían entre ocho y doce años situaban a sus dos familias en un plano de igualdad, y finalmente, los más mayores, entre doce y quince años, creían que sus padres verdaderos eran los que estaban en el País Vasco (328–32). Entre estos últimos, Alonso Carballés recopila declaraciones que podrían aplicarse a Santi: "Yo quería volver a casa con mis padres [...] mi corazón estaba con mis padres aquí, y mis amigos, y mi rollo, mi rollo no era aquel, era éste" (331).[15] Precisamente, al tachar las palabras "papá" y "mamá," Santi renuncia a vivir rodeado de lujos en la casa de los Dufour, ya que le expulsan de allí y le llevan al internado Fleury.

Durante su estancia con los Dufour, Santi se siente humillado no sólo en su identidad nacional, sino también en lo referente a su masculinidad, por ejemplo, cuando le besan y le tratan como a un niño pequeño. Así lo refleja cuando madame Dufour le prodiga lo que él considera excesivo afecto:

> Le puso a Santi el reloj en la muñeca y le dio dos sonoros besos en las mejillas. Y si algo le molestaba a Santi es que alguien le quisiera atar los cordones de los zapatos o de las alpargatas o de las botas, o que le quisieran peinar o que alguien se empeñara en hacer algo que él podía hacer por sí mismo. Además, le molestaba que le tocaran y se irritaba cuando sus tías y alguna amiga de la familia le daban un beso como a un niño pequeño. (106)

Santi ha asimilado el modelo normativo de masculinidad, por el cual un hombre debe ser independiente y evitar la ternura y la expresión de emociones. Por eso manifiesta su deseo de que "le dejasen en paz" (107) y de que "nadie ejerciese el menor monopolio sobre él" (138). Lo que más le incomoda al protagonista es su situación de dependencia del matrimonio belga, su incapacidad para valerse por sí mismo: "lo que se sentía, más que cansado y desconcertado, era, sobre todo, avergonzado. Experimentaba vergüenza de su propia situación, vergüenza de estar allí, en una casa que no era la suya, vergüenza de ver con cuánto cariño y preocupación le miraban monsieur y madame Dufour. Le hubiera gustado no deber nada a nadie" (103).

Por este motivo, se siente abrumado cuando los Dufour le compran demasiadas cosas y cuando desaparece la ropa que él traía de Bilbao: "Esto le indignó, porque era como si le dieran a entender que la ropa que había llevado era una porquería" (117). En este caso, Santi aúna una doble irritación: por un lado, porque al desechar esas prendas, se falta al respeto a su identidad nacional y por otro, porque eso implica que él dependa del matrimonio belga para poder vestirse y no pueda actuar de manera autónoma, como se espera de los hombres. Aquí se aprecia cómo tanto en la construcción del nacionalismo como en la de la masculinidad, la independencia resulta un valor fundamental. La emancipación es una realidad a la que toda nación aspira, mientras que en la sociedad normativa del hombre también se espera que pueda moverse en libertad, sin depender de otras personas.

Otro momento en el que se asocian la humillación como hombre y la humillación como español se produce cuando Santi se presenta delante de los amigos de los Dufour y se siente examinado por ellos: "aquellas miradas que se clavaban en él con cariño e interés, pero también con una curiosidad que a Santi le pareció antipática" (122). Le hacen sentirse "como si fuera un bicho raro" (122), como si ser español fuera algo extraño o anormal y como si fuera un niño incapaz de valerse por sí mismo. El protagonista resume su vivencia en la casa de los Dufour con la metáfora del pájaro enjaulado: "aquí, no sé, estoy como cohibido. [...] me siento como un jilguero" (125).

El ataque a su identidad española le lleva a Santi a reaccionar enérgicamente cuando, en el internado, mademoiselle Jacquot se burla de un niño español y le insulta por orinarse en la cama, llamándole "cochino español" (168). Santi se enfrenta a la cuidadora, espetándole a su vez: "¡Belga cochina!" (168). El protagonista considera que se ha calumniado a su país y que él, por lo tanto, debe defenderlo. La descripción que se realiza de Santi en esta escena revela que el insulto de Jacquot supone una afrenta no sólo a su españolidad, sino también a su orgullo como hombre: "Miró a mademoiselle Jacquot con ojos de hombre desesperado—de las dos cosas: de hombre y de desesperado" (168).

Más adelante, cuando la cuidadora obliga a una niña española a entregar su jersey a una niña belga porque esta última asegura que la prenda es suya, la cuidadora vuelve a ofender a los españoles: "Eres una ladrona. Los españoles sois unos ladrones" (173). Ante este nuevo ataque, Santi decide liderar una rebelión de los españoles, proponiendo a los niños que hagan sus maletas para irse del internado: "Tenemos que hacer algo—musitó Santi. No está bien que dejemos que nos insulten a nosotros y a toda España cuando les dé la gana" (175). Santi deja claro al director del internado que la actitud de Jacquot ha sido una afrenta contra España: "Nos ha llamado a los españoles cochinos y ladrones" (179). En este episodio los niños españoles capitaneados por Santi actúan como si estuvieran luchando en un campo de batalla contra los belgas para la restitución del honor nacional: "Permaneció firme en su inmovilidad y los demás le secundaron. Aquello era como un motín, como una rebelión, casi como una declaración de guerra" (179). El hecho de que Santi recuerde la obra de teatro de *Fuenteovejuna*, de Lope de Vega, como modelo para apoyar su comportamiento confiere a toda la escena un fuerte contenido patriótico y apunta a la comunión y continuidad de los niños exiliados con la historia y la cultura españolas.

El tercer momento de la novela en que Santi se rebela contra los ataques extranjeros a su país se produce cuando el asistente del profesor de historia del Ateneo arremete contra España al describirla como una nación atrasada: "empezó [...] a decir que España era un país de bestias y que no había dado nada al mundo [...] y en toda España se vivía poco menos que en taparrabos y no había tranvías ni nada; sólo toreros y curas y bailaoras" (212). Además, el asistente critica a Felipe II—es decir, el Imperio español—y el descubrimiento de América, considerado por el franquismo como la hazaña más relevante de la historia de España. Como en los episodios anteriores, Santi piensa que la exposición del asistente supone una injuria contra España: "que los extranjeros se convirtiesen en jueces de España le parecía a Santi que era como si invadiesen y pisoteasen las intimidades de Vizcaya y de Castilla, de Galicia y de Cataluña, de Andalucía, de Extremadura y de todas las tierras y las gentes de España" (213–14). Nótese cómo el protagonista relaciona la presentación oral del asistente con la invasión física del país, exagerando así el agravio contra España. En esta cita también se aprecia la concepción de España como una unidad a la que aspiran sus diversas regiones. Ante los comentarios del asistente, Santi decide enfrentarse a él llamándole "embustero," motivo por el cual se le expulsa del Ateneo por un día.[16]

En los tres episodios que se han descrito, Santi se muestra como modelo de hombre español que sabe luchar con valentía y entereza por el honor de su patria y asumir las consecuencias que esto pueda acarrear. Al seguir sus principios patrióticos, Santi renuncia a las comodidades de la casa de los Dufour, se arriesga a vivir en la calle por su rebelión en el internado y se enfrenta a su expulsión del instituto. A pesar de ello, en ningún momento se lamenta por su comportamiento, como se manifiesta en la escena del instituto: "'Pero he hecho lo que debía,' se consoló. No estaba arrepentido. [...] experimentaba, más que tristeza, una gran indignación" (215).

La identidad nacional se halla ineludiblemente unida al orgullo masculino, por lo que la humillación de España implica al mismo tiempo la humillación de Santi como hombre. Esto se aprecia en la manera similar en la que el protagonista reacciona tanto cuando atacan su identidad nacional como cuando hieren su masculinidad. Momentos antes de enfrentarse a Jacquot se describe la reacción física del protagonista de esta forma: "Santi sintió que le inundaba una ira inmensa, que la sangre se le subía a la cabeza y que el estómago se le vaciaba" (168). Semejantes indicios corporales aparecen cuando el asistente del Ateneo arremete contra España: "Estaba de nuevo como mareado. Notó que la sangre se le subía a la cabeza y que el suelo temblaba bajo sus pies" (213).

Lo interesante es que cuando Santi está a punto de pelearse con su amigo Javier porque éste se mofa del amor incipiente de Santi hacia Montserrat—una niña exiliada del internado—delante de los otros chicos, se utiliza la misma descripción física: "a Santi le entró otra vez el vértigo: la sangre le subió a la cabeza y el suelo comenzó a temblarle bajo el pie izquierdo" (247–48). Es decir, el protagonista reacciona de la misma manera cuando le atacan tanto en su españolidad como en su virilidad, lo que demuestra la estrecha imbricación entre la identidad nacional y la identidad masculina.

El hombre árbol

En la novela de Castresana la pertenencia a una nación y a un género permite al individuo definirse, formar parte de una comunidad y sentirse enraizado. Este sentimiento de arraigo se representa en el símbolo del árbol, que aparece de manera recurrente, por un lado, como elemento de la naturaleza y de cohesión grupal en el patio del internado y por otro, como metáfora del ser humano. Este último significado se aprecia cuando Santi se halla en la casa de los Dufour y se pone la boina como señal de identidad: "supo que él era un árbol y que nada ni nadie le despojaría de sus raíces" (109). Posteriormente se usa el símbolo para transmitir la necesidad de vivir en la propia nación: "había pensado más de una vez [...] que él era como un árbol y que cada criatura humana necesitaba tierra propia en la cual echar raíces muy hondas para crecer y desarrollarse" (203).

En contraposición al árbol, Castresana se sirve del símbolo del mástil para referirse a las personas que han perdido su identidad nacional originaria. Es el caso del personaje de Agustín, un niño exiliado que olvida la cultura española para adoptar la belga: "aquel chico había dejado de ser un árbol y se había convertido en mástil y se había hecho a la mar. Y se sintió triste por Agustín y por todos los Agustines del mundo" (204). Esta circunstancia no fue del todo infrecuente entre los niños exiliados en Bélgica, ya que, como indica Alonso Carballés, éstos se integraron ampliamente en la sociedad belga debido a que la mayoría de ellos fueron acogidos por familias de ese país (*1937* 299).[17] Junto al símbolo del mástil, Castresana utiliza el término "desarbolado" para expresar la sensación de desarraigo: "cuando [Santi] veía a alguien que no sabía qué hacer con su vida [...] decía de ese alguien que era un desarbolado. [...] le entró a Santi un temblor angustioso al imaginar la tragedia de los hombres y de las mujeres y de los niños que no querían o que no podían crecer sobre su propia tierra" (204).[18]

La crítica sobre Castresana ha prestado amplia atención al símbolo del árbol debido a su repetición en toda su obra. Jacinto Fentanes Ariño indica que el árbol es seguramente su *leit-motiv* más importante (20); no en vano Castresana publicó un libro sobre José María Iparraguirre—el autor del himno "Gernikako arbola"—en el que relaciona al bardo vasco con la imagen del árbol por el amor que demuestra a su tierra natal (Fentanes Ariño 15). En diversos ensayos, el autor también ha reiterado estos símbolos, mostrándose siempre a favor de que cada persona viva en su país: "Me dan pena las criaturas que dejan de ser árboles y se convierten en mástiles" (*Elogios* 14). En el artículo "El sitio en que se nace," desarrolla más claramente estas ideas: "cada criatura humana alcanza mejor su identidad individual y su realización interior si crece sobre su propia tierra que lejos de ella" (180). Por este motivo, Castresana considera el destierro como una maldición: "hay pocas tragedias tan hondas y patéticas como las de los hombres que no pueden—por exilio político o por las circunstancias públicas o privadas que sean—pisar de nuevo el sitio en que nacieron [...]. Por eso me desconciertan tanto, inevitablemente, quienes no sienten en absoluto el tirón de la patria" (182–83). El autor considera que el exilio implica una desoladora ruptura de la existencia humana: "Porque el exilio es terrible, de una concentración emocional y de un patetismo difíciles de imaginar para quienes no hayan vivido en su propia carne—y quiera Dios que nunca la vivan—la tremenda experiencia. Ya lo he dicho alguna vez: es más fácil trasplantar quirúrgicamente un corazón que trasplantar geográficamente a un ser humano" (*La verdad* 17).[19]

De acuerdo a Hickey, en *El otro árbol de Guernica* la imagen de Santi como árbol significa su pertenencia a su hogar y grupo (13). Rogers ahonda en esta idea al exponer, siguiendo a C. G. Jung, que el árbol simboliza el crecimiento del protagonista y, en concreto, las raíces del árbol serían su subconsciente; el tronco, su conciencia; y la copa, su aspiración (188–89). Junto a estas interpretaciones plausibles, considero que el árbol, al aplicarse al personaje de Santi, también puede referirse específicamente al hombre de la nación española. La robustez del árbol reflejaría la fuerza y la entereza como valores positivos de la masculinidad; sus raíces en la tierra serían metáfora de la pertenencia del hombre a la nación, la continuidad de los valores nacionales y la hermandad con los otros árboles-hombres de la patria; mientras que sus ramas y su crecimiento vertical se relacionarían con el desarrollo del hombre como individuo y su ascenso hacia Dios, esto es, la espiritualidad y la religiosidad como valores importantes de la masculinidad española.

Nostalgia, maduración y reintegración en España

El sentimiento de ser un árbol que necesita volver a plantar sus raíces en su tierra natal le lleva a Santi a padecer una fuerte nostalgia por España. Incluso antes de abandonar su país, el protagonista anticipa esta sensación: "Era que la hora de la partida había llegado y Santi sentía ya, confusamente, como una borrosa premonición, la melancolía del exilio" (26). Cuando en el autobús se reencuentra con un amigo de su pueblo natal, ambos comienzan a evocar el pasado de manera nostálgica: "Se miraron dichosos y alegres, conscientes de que eran como adultos que tienen muchas cosas que recordar, mucho pasado en común" (61). Los dos niños actúan aquí como personas mayores que rememoran etapas anteriores de su vida, mostrándose una vez más cómo el exilio provoca que los niños maduren rápidamente.

Al echar de menos su pueblo, a Santi le domina la tristeza: "con la cabeza apoyada en el asiento, se sentía nostálgico. Nunca había estado ni tan lejos ni tan cerca de Ugarte como en este momento; y aquello, durante un instante, le produjo un dolor atroz, tan natural y sencillo, que casi se le saltaron las lágrimas" (62). La nostalgia surge asimismo cuando un aspecto de la realidad del exilio recuerda a algo de lo que se dejó atrás: "Alguna vez un hombre daba un azote a un niño y el chaval lloraba o se enfurruñaba. Santi y los demás le miraban con envidia, porque en aquel momento hubieran querido estar en Las Arenas y andar en bici o hacer alguna barrabasada y que su padre les hubiera dado una azotaina" (84). Los elementos de la naturaleza del exilio también estimulan el recuerdo de la patria:

> Miraban la calle, o la lluvia, o escuchaban cómo soplaba el viento, y todos pensaban en otra calle y en otra lluvia y en otro

> viento; una calle que ellos habían visto en Baracaldo, en Bilbao, en Pedernales, en Sestao o en Lequeitio; una lluvia que había caído un día que parecía muy lejano, un día en que salían de la escuela con sus amigos o en que iban a misa o de compras con su madre; un viento que había soplado allá en sus aldeas o en sus pueblos. (161)

La nostalgia, en definitiva, provoca que Santi se dé cuenta de que él pertenece a España, es decir, es un indicio de su patriotismo: "'Yo no podría vivir lejos de España toda mi vida,' se dijo" (260). La nostalgia también le lleva a Santi a leer obras literarias españolas, especialmente *El Quijote* de Cervantes, del que se incluyen numerosas referencias. Así, la tercera parte de *El otro árbol de Guernica* se abre con un epígrafe de *El Quijote* para establecer un paralelismo con el regreso de Santi a España: "Abre los ojos, deseada patria mía, y mira que vuelve a ti Sancho Panza, tu hijo, si no muy rico, muy bien azotado" (239). Santi lee por primera vez la novela de Cervantes a su llegada a Bélgica y se queda fascinado por ella: "Cada palabra, cada frase y cada párrafo estaban como tocados por la gracia de Dios y todo el libro le parecía a Santi que era algo vivo, fresco y jugoso como la hierba cuajada de rocío" (86). El protagonista llega a aprenderse de memoria párrafos del libro y termina por considerarlo como adalid de la españolidad cuando al regresar a España y poder hablar en castellano, piensa que es "el mismo idioma en que Cervantes había escrito *El Quijote*" (282).

Otra obra a la que se hace referencia es el *Poema del Mío Cid*, del que se reproducen los dos primeros versos en el epígrafe de la primera parte de la novela: "De los sus ojos tan fuertemente plorando / volvía la cabeza y estábalos mirando" (16). Al relacionar el exilio del protagonista con el del Cid se le adjudica a Santi un aura heroica. Santi, como modelo de varón de la "nueva España," parece imitar al Cid, quien se convirtió en paradigma de comportamiento masculino para el franquismo al representarle como un hombre guerrero, valiente, católico, buen esposo y padre de familia. La idealización de la cultura española presente en *El otro árbol de Guernica* también se halla en numerosos exiliados republicanos como consecuencia de su nostalgia. Como ha estudiado Sebastiaan Faber, a pesar de sus diferencias políticas, los exiliados republicanos compartían con los franquistas una similar obsesión por el carácter y el destino nacional españoles (43).[20]

La nostalgia por España que padece Santi acelera su maduración. En diversos momentos de la novela el protagonista revela el cambio operado en él. Por ejemplo, expresa sus deseos de crecer, lo que él relaciona con su vuelta a España: "comprendió que a pesar de todo él no quería seguir siendo niño, sino volver a España, hacerse mayor, llevar pantalón largo y ser un hombre" (84). Asimismo, es consciente de que para ser un hombre debe controlar sus sentimientos y no dar muestras de debilidad: "Santi había sabido [...] que si no se metía en el desván en seguida acabaría poniéndose en cualquier momento a llorar como un crío. 'Y eso sí que no,' decidió" (140).

La señal más clara del crecimiento del protagonista dentro de los parámetros de la masculinidad normativa es su enamoramiento de Montserrat, una niña catalana que llega al internado con los otros niños españoles. Los chicos que se enamoran suelen considerar su relación como un indicio de madurez y autonomía (Frosh, Phoenix y Pattman 60). Montserrat hace que Santi se sienta de esa manera al llamarle por su nombre completo: "le satisfizo mucho que Montserrat le llamase Santiago, como a un chico mayor, como de igual a igual" (223). El amor provoca que Santi quiera parecer más maduro delante de ella: "había pasado todo el tiempo acompañando a la muchacha e intentando demostrarle lo mayor y lo listo que él era" (224). Cuando Montserrat enseña a los niños a bailar sardanas, Santi y ella se cogen de la mano, lo que genera en él sensaciones amorosas. El despertar del amor se expresa a través de la metáfora de la puerta: "la vida adquiría otra dimensión; una nueva dimensión que era como una puerta que empezaba a abrirse lentamente y por la que Santi penetraba un poco asustado" (227). La puerta simboliza la entrada de Santi al mundo de los hombres por medio del amor. Aunque la relación entre Santi y Montserrat no llega a consolidarse, cuando él abandona el internado para regresar a España, se despide de ella con lágrimas en los ojos.

La relación entre los dos adolescentes seguiría los postulados de la ideología franquista, puesto que al ser él vasco y ella catalana, representaría la unión armónica de las distintas regiones de España. En este sentido, Santi sigue como modelo a su hermano mayor, Juanito, a quien ha visto bailar con chicas los domingos y más tarde salir con una de ellas. Además, a su regreso a España, el padre le informa de que Juanito está cumpliendo el servicio militar en Melilla, donde lo hizo él también, y que tiene una novia formal con la que se casará pronto. El padre enfatiza así la importancia de la patrilinealidad heteronormativa y le muestra a Santi el modelo de masculinidad que se espera de él: servir a la patria, encontrar una novia y casarse. Al haber completado su rito de paso a la adultez, Santi está ya preparado para formar parte de la comunidad de hombres de la España franquista. Se cumple así el objetivo del rito de paso, que es enseñar a los adolescentes sus obligaciones sociales y facilitar su proceso de socialización (Raphael 10).

Al volver a España, diversos personajes atestiguan el crecimiento físico de Santi. La madre les dice a Santi y Begoña que han crecido mucho y el padre afirma lo mismo: "Santi, ya eres casi un hombre" (285). En su reencuentro con Lucía, una niña que le miraba burlonamente a Santi en el viaje de partida al exilio, ésta reconoce el cambio corporal experimentado por Santi y él ya no se siente cohibido ante ella, sino que se muestra seguro de sí mismo (278). El crecimiento físico resulta de gran relevancia para los adolescentes varones, ya que, como indica B. Mark Schoenberg, supone una confirmación para ellos y para el resto de la sociedad de su aproximación a la masculinidad (101).

Santi también da muestras de haber madurado mentalmente cuando manifiesta que él y los otros niños que retornan a España "habían conseguido seguir siendo ellos mismos y habían ganado su pequeña guerra en el extranjero" (281). De esta manera, la verdadera guerra que le preocupa a Santi, la guerra que gana, es la de España contra los extranjeros al haber conseguido mantener su identidad española en el exilio. Las duras experiencias vividas en el destierro han provocado su rápida madurez: "Santi se dijo que él tenía catorce años y en cierto modo era casi como si fuera un adulto" (282). Sin embargo, el protagonista no quiere, por el momento, revelar a su padre las complicadas situaciones que le han hecho madurar, ya que ante una pregunta de él, le responde: "nos han pasado muchas cosas. Ya sabes: cosas de chicos" (289). Al lector no le cabe duda de que lo que ha vivido Santi no son las típicas experiencias de un niño y, aunque Santi piensa que algún día escribirá lo sucedido, el hecho de que no reconozca su excepcionalidad en ese momento puede deberse a su deseo de olvidar su vida en el exilio para poder adaptarse más fácilmente a la España a la que regresa. También es posible que el protagonista desee establecer una división clara entre la infancia, representada en el exilio, y el comienzo de la adultez, simbolizado en su vida tras volver a España. Así, la llegada a España implicaría para Santi la muerte de su niñez. Las "cosas de chicos" vividas en el exilio se quedan atrás.

Rogers indica que Santi tendrá que luchar para reintegrarse en España y ser aceptado por el mundo adulto (194). Manrique de Lara también apunta que su vuelta a España será complicada: "El gran problema de Santi es el regreso, es la patria que le espera, sus padres, su camino hacia una realidad que le va a llevar a su vida absoluta, a su adolescencia, a su destino de hombre" (692). No cabe duda de que, como apunta Alted Vigil, los niños exiliados que retornaron a España padecieron "el estigma de ser hijos de 'rojos' y sufrieron discriminaciones y rechazos por ello" ("Las consecuencias" 218).[21] Sin embargo, considero que el caso de Santi se presenta de manera diferente, ya que la novela da a entender que seguirá el modelo de masculinidad de su hermano y de su padre y retomará viejas costumbres como jugar al frontón con sus amigos. Es decir, Castresana no muestra indicios de futuras dificultades para Santi y más bien parece que se reintegrará a la patria sin excesivos problemas. De hecho, su mayor sabiduría y su "triunfo" en el exilio al mantener y defender la ideología española apuntan a un futuro próspero para él en la sociedad franquista, como modelo de comportamiento para los otros jóvenes.

Un aspecto importante que posibilita la reintegración de Santi en España es su desinterés por las cuestiones políticas. Es cierto que se indica que Santi se ve a sí mismo "como un miliciano vencido o un exiliado político que retornaba a la patria" y que "se sentía triste por la derrota de los suyos" (282), pero seguidamente se resalta su felicidad por regresar a su tierra y poder comunicarse en castellano, de esta manera minimizando el componente político.[22] Además, justo después de que el narrador constate que los letreros republicanos y nacionalistas vascos habían sido sustituidos en las calles por retratos de Franco y de José Antonio Primo de Rivera, destaca el hecho de que Santi no quiera pensar en lo que implica ese cambio: "Ya no quería analizar sus impresiones, ni lo que veía, ni lo que sentía, ni nada; solo quería sentirse a sí mismo en Baracaldo" (287). Al enfocarse en los deseos del protagonista de encontrarse en su tierra, la novela despolitiza la realidad de la España de la posguerra. Es verdad que se incluyen referencias a la ideología republicana, pero éstas no implican una amenaza al ideario franquista porque sus defensores permanecen fuera de España o mueren, como sucede respectivamente con el maestro don Segundo y el tío Lázaro.

El otro árbol de Guernica también camufla la problemática que históricamente existió para que los niños exiliados regresaran a España. Sólo se indica que los niños tienen que esperar unos meses después de la guerra para poder retornar, pero no se explican los motivos de dicha espera. Los gobiernos franquista y republicano se disputaron la tutela de los niños exiliados y su vuelta o no a España, entre otros motivos para demostrar así su poder y ser reconocidos internacionalmente. Poco después de la partida de los niños, el gobierno franquista creó en Vizcaya una Sección de Repatriación de Menores para intentar presionar a los organismos que se encargaron de la evacuación de los niños y coordinar su retorno a España (Alonso Carballés y Mayoral Guíu 344). Las autoridades franquistas deseaban repatriar a los niños exiliados porque, como explica Antón Pazos, creían que estos niños formaban parte de la Iglesia Católica y debían crecer, por tanto, en un entorno católico (398). Otro motivo relevante fue, sin duda, la necesidad de repoblar el país tras las numerosas muertes durante la guerra y educar a los niños dentro de sus postulados ideológicos para asegurar el futuro de la España franquista.

El retorno de los niños suponía un triunfo para el franquismo, como indica Alonso Carballés: "La campaña emprendida para apoyar la vuelta de los niños sirvió finalmente para presentar a Franco como una figura paternal, a cuyo esfuerzo se debía la recuperación de 'los niños que arrancaron los rojos de su patria'" (*1937* 404). Por eso los niños eran recibidos con parafernalia franquista y con presencia de figuras religiosas y políticas (438). La novela de Castresana tampoco menciona la existencia de edificios destruidos o de señales de la guerra en las calles. En cambio, los testimonios reales de niños exiliados revelan que a su regreso encontraron un país desolado, marcado por el hambre y la miseria: "La vuelta a España todo fue negro, amargo. Nos trataron muy mal en la frontera, como si fuésemos criminales" (437). Seguramente por la dificultad de retratar en imágenes el país en la posguerra, la versión fílmica de la novela termina con los niños en el tren de camino a Bilbao.[23]

El regreso poco problemático de Santi sirve para transmitir una de las principales lecciones de la novela: la necesidad de que los españoles vivan en España y trabajen en la (re)construcción del país. El protagonista lo revela así un tiempo antes de su retorno: "Cuando nos vayamos, meditó Santi confusamente, todo será como tenía que ser: las familias unidas y no separadas, los españoles en paz con los españoles, los niños belgas con los niños belgas y los chicos españoles estudiando, jugando y creciendo sobre su propia tierra" (258). La paz que menciona aquí Castresana se aleja, no obstante, de lo que fue la realidad española de la posguerra. El autor repite la retórica oficial franquista que alardeaba de una situación de paz y reconciliación tras la guerra cuando, en verdad, en la sociedad dominaban el miedo, el hambre, las depuraciones, los encarcelamientos y los fusilamientos.

La ansiada vuelta de Santi también muestra que para él la identidad nacional española es algo irreductible, inalienable e intransferible. Al mismo tiempo, España se retrata como un país inigualable y maravilloso, el único país en el que un verdadero español podría vivir. Para ofrecer esta impresión, la novela se cierra circularmente con Santi y su familia caminando por la misma calle que al inicio, pero resulta un círculo falso, por un lado porque apenas se menciona el cambio físico operado en la ciudad tras la guerra y, por otro, porque la dirección de los pasos de los personajes resulta opuesta. Así, la novela se abre con la línea "Iban calle Portu abajo, camino de la estación" (17), mientras que se cierra con la frase "Ahogó un suspiro y siguió caminando calle Portu arriba" (289). La trayectoria de descenso del inicio se relaciona con la caída del protagonista en el infierno, con su marcha al exilio, mientras que el ascenso del final apunta a su futuro próspero y feliz en España.

En *El otro árbol de Guernica* se aprecia cómo el exilio implica un momento de cambio radical en la vida del protagonista y en su masculinidad. Al estar alejado de sus padres y hallarse en un país extranjero, Santi madura con mayor rapidez y adquiere una conciencia más clara de su identidad como hombre y como español. De esta manera, el exilio funciona en esta novela como un rito de paso a la masculinidad por el cual el protagonista deja de ser un niño para alcanzar los valores de la virilidad española. Entre ellos destacan el patriotismo, la capacidad de liderazgo, la independencia y la religiosidad. El patriotismo y el orgullo masculino se hallan intrínsecamente relacionados, por lo que el protagonista reacciona defendiendo la fama de su nación y su autonomía como hombre cuando siente que éstas resultan atacadas en el extranjero. La masculinidad normativa y la identidad nacional acentuada le ofrecen a Santi una sensación de pertenencia y estabilidad necesarias en el exilio. El comienzo del amor con una niña exiliada es una señal de la entrada del protagonista en el mundo de los hombres, lo cual se corrobora a su regreso a España, cuando se dan indicios de que continuará el modelo de masculinidad de su padre y hermano y al mismo tiempo se reafirma su patriotismo al cumplirse su deseo de vivir y crecer en España.

Capítulo dos

El ex-hombre:

Juan José Domenchina

La poesía que Juan José Domenchina escribió durante los veinte años que pasó exiliado en México (1939–59) se halla íntimamente relacionada con su concepción de la masculinidad e identidad sexual. La crítica ha caracterizado a Domenchina como el poeta más nostálgico del exilio republicano español. Como indica Robin Warner, Domenchina siente que el exilio ha roto la trayectoria de su vida, despojándola de su sentido y autenticidad (53). Catherine Bellver apunta al respecto que desde 1939, la única preocupación del poeta madrileño fue el dolor generado por su exilio, plasmado claramente ya en los propios títulos de sus poemarios: *Destierro* (1942), *Pasión de sombra* (1944), *Exul umbra* (1948), *Perpetuo arraigo* (1949), *La sombra desterrada* (1950) y *El extrañado* (1958) ("Juan José" 253).

Diversos críticos, desde los estudios clásicos de los años cincuenta hasta los más recientes, han apuntado de manera tangencial la presencia de la masculinidad en la poesía del exilio de Domenchina. A pesar de que su lírica versa casi exclusivamente sobre su sufrimiento al hallarse alejado de España, múltiples investigadores la han calificado como "viril" y "no afeminada." Así, en 1950 Concha Zardoya señala que en su poesía, Domenchina decide no llorar de manera incontrolada porque "lo contrario sería adoptar una actitud femenina ante la vida o sentirse ante ella como niño desvalido. El poeta es un hombre, todo un hombre [...] a veces el dolor estalla en un verdadero lamento: queja fuerte, rotunda y honda, sí, pero no lloriqueo ni vagido" (127). En 1959 Leopoldo de Luis ofrece una similar opinión, subrayando la virilidad de Domenchina: "Su dolor, mantenido con dignidad y nobleza varoniles, no se encogió cobarde ni se adulteró en falsos gritos, sino que creció verticalmente hasta dar la talla de su hombría" (14).

El escritor Manuel Andújar, amigo de Domenchina y compañero de exilio en México, también insiste en la masculinidad de su poesía en un artículo de 1978, en el que, al comentar uno de sus poemas, escribe: "¿No maridan aquí, rotundamente, la hombría y la ternura?" (12). Más adelante considera que "el españolismo irreductible" de Domenchina "denota elevado sentido ético, cabal varonía" (16–17). Las mismas ideas se han reproducido en la crítica más reciente; Bellver ha escrito que "su poesía revela siempre una hombría absoluta" (*El mundo* 17–18), mientras que Warner ha indicado que su poesía tiene un tono de dolor viril (61). Todos estos críticos, en realidad, han reproducido las ideas que el propio Domenchina ofrece en sus versos sobre sí mismo y su poesía para autojustificar sus lamentos desde los parámetros de la masculinidad normativa.

En diversos poemas Domenchina expresa un claro rechazo contra las personas que esperpentizan su dolor o lo expresan de una manera exagerada y retórica, relacionándolas con la feminidad. Esto no implica necesariamente que su poesía sea viril. De hecho, mi argumento es que el poeta muestra en su obra una masculinidad contradictoria al intentar mantener durante su vida en el exilio el modelo de masculinidad normativa que aprendió y disfrutaba en España. De esta manera, Domenchina rechaza la manifestación extremada del dolor, se adjudica a sí mismo valores de la masculinidad tradicional como el estoicismo, el control de las emociones y la independencia, y ensalza nostálgicamente la conducta hipermasculina de los hombres castellanos, pero sus propios lamentos de desterrado revelan una profunda crisis de su masculinidad. El poeta se denomina en diversas ocasiones "ex-hombre" u "hombre desistido," se halla fragmentado en la figura del doble o de la sombra, se identifica con un niño, manifiesta la pérdida de su voz y de la firmeza de sus pasos y, frente a las clásicas imágenes de verticalidad conectadas con la potencia masculina, expresa que ha perdido las alas o hace referencia a su caída. También contrasta su falta de vigor sexual en el exilio, en ocasiones metaforizado en el sol que declina, con el brío sexual que disfrutaba en su juventud, recordado nostálgicamente a través de imágenes relacionadas con la siembra y el campo. Por lo tanto, su poesía refleja las contradicciones y tesituras propias de la masculinidad: frente al modelo impuesto de asertividad, la realidad de una virilidad enflaquecida en el exilio.

La poesía de Domenchina manifiesta cómo los procesos de migración y exilio suelen afectar la concepción e identidad de la masculinidad. En el caso de los exiliados, es muy posible que el hecho de que otros hombres les obliguen a abandonar su país constituya para ellos una experiencia humillante, ya que, como apunta Rosemary Jaji, se espera de los hombres que se protejan a sí mismos y a sus familias de cualquier peligro o daño (180). El hombre exiliado puede sentirse como un fracasado, tener dudas sobre su vigor en la lucha que le llevó a la expulsión de su país y al mismo tiempo no considerarse integrado en la nueva sociedad. Estas sensaciones pueden acentuarse en el caso de intelectuales o de personas que, como Domenchina, tenían una relevancia pública en su país de origen que, en cierta medida, termina menoscabada en el país de acogida. El poeta español constata en su obra la pérdida de su masculinidad, casi siempre desde una perspectiva de protesta. Para compensar su sentimiento de inferioridad, reacciona aferrándose a una concepción tradicional y estricta del género. Así, no acepta serenamente su nueva masculinidad, excepto en sus últimos poemas, en los que muestra una mayor resignación a su situación de hombre exiliado al acogerse al designio de Dios.

Reafirmación de la masculinidad tradicional

Los hombres pueden reaccionar ante la inestabilidad que padece su masculinidad en el exilio reforzando los valores tradicionales de la misma. María del Carmen Martínez encuentra esta tendencia en los exiliados cubanos, quienes tienden hacia definiciones rígidas del género y una postura hiperheterosexual (301). Emilio Parrado y Chenoa Flippen consideran que este tipo de conducta actúa como mecanismo de defensa ante la pérdida ingente que supone vivir en el extranjero (611). La masculinidad tradicional que persiguen y defienden los hombres desplazados les brinda un sentimiento de seguridad y de estabilidad identitaria frente a los cambios y las adversidades que surgen en el nuevo país. Como explica Oscar Guasch Andreu, "la masculinidad tradicional continúa existiendo porque en un momento de cambio social rápido ofrece a los varones una posibilidad de autoaceptación y de socialización [...] es una especie de refugio identitario" (122). Esta actitud de hipermasculinidad o masculinidad exagerada que presentan algunos hombres desplazados les sirve para compensar su marginalidad o falta de poder en el nuevo país. Es lo que Raymond Hibbins y Bob Pease han denominado "masculinidad de protesta" (2).

En el caso de Domenchina, la masculinidad tradicional se manifiesta en el rechazo que expresa contra los exiliados que se lamentan continuamente de su situación. Para el poeta, este comportamiento resulta criticable por ser poco varonil y poco sincero: "Iracundia blandengue, voz contrita, / pedigüeña, servil, menesterosa: / eco, reminiscencia, plagio, cita" (90).[1] A Domenchina tampoco le agradan la afectación ni la muestra exagerada de emociones de los desterrados: "Pero el llorar de veras / exige menos hipos y maneras" (141).[2] El poeta relaciona esta conducta con lo femenino, como se explicita en los siguientes versos: "Siempre fuera de sí [...] / [...] es el alma quejumbrosa / que exhibes una réplica fingida. / Y no es de corazón ese latido / [...] es de sañosa / perra que ladra al hueso ya roído" (218). La identificación del hombre con una perra implica una falta de virilidad y de independencia.

En otros casos, Domenchina utiliza imágenes de aves para animalizar a los hombres lastimeros y burlarse de ellos: "Hablan de mi aridez, porque no lloro / a gritos. No me gusta el esperpento / enfático del hombre. Corroboro / mi verdad sin parodias. Odio el cuento / —verde retahíla—que repite el loro" (216). Frente a los "hombres loro," el poeta claramente proclama que él no actúa de manera exagerada, deseando subrayar así su propia masculinidad. En otro poema feminiza al hombre que exhibe su dolor al identificarlo con un pavo al que le gusta llamar la atención: "El lustroso pavón, empavonado / y empavesado, péinase la seda / multicolor de su plumaje [...] / [...] el majestuoso / pavo en agudos estridentes vozna" (218–19).[3]

Domenchina también considera poco masculinos a los hombres que actúan amoralmente, por ejemplo, los que sólo persiguen su provecho comportándose de manera servil y falsa: "Guárdate del agua mansa, / pero aún más del hombre tibio, / [...] / que no es hombre ni le importa / serlo, si medra en su oficio!" (61).[4] En relación con la falta de virilidad, mención destacada merecen los dos sonetos titulados "A un hombre pequeño," cuyo tono satírico Bellver relaciona con el de Quevedo (*El mundo* 130). Estos dos poemas se diferencian entre sí, ya que mientras que el primero constituye una burla de la baja estatura del hombre—"no te darán los zancos la ascendencia" (220)—, el segundo ofrece una visión más comprensiva de él al aconsejarle que aprenda a aceptar sus limitaciones físicas: "Si tu destino te metió en cintura / de diminuto, aguanta / [...] / El saber ser pequeño, nimia ciencia, / puede agrandarte a fondo en tu angostura" (221). En estos sonetos Domenchina revela cómo la estatura física supone una preocupación para el hombre porque se relaciona con la percepción de su masculinidad. El hecho de que Domenchina fuera bastante alto—medía 1,82 metros—le permite parodiar al hombre pequeño y, como en el caso de los varones lastimeros, situarse en una posición diametralmente opuesta, en el ámbito seguro de la masculinidad normativa.[5]

En otros poemas Domenchina subraya que su poesía es vigorosa y no afeminada: "He gritado, / viril, mi do de pecho" (144). En el prólogo de 1947 de su *Antología de la poesía española contemporánea (1900–1936)* rechaza rotundamente la lírica que manifiesta signos de debilidad: "Poeta: nervio. No se concibe la posibilidad del poeta blandengue" (22). En sus poemas Domenchina llega incluso a identificar la creación poética con un acto sexual con las musas, dando así clara muestra de su vigor masculino: "Imprégnalas [a las musas]. El canto es un alarde / viril en las entrañas de las musas" (220). También expresa que, a pesar de su sufrimiento en el exilio, él mantiene su masculinidad porque posee una grandeza moral: "No estoy en mi estatura decrecida. / La dimensión que tengo no se aviene / con la sombra achicada de mi vida" (252). En otros versos, en los que se sirve de la segunda persona del singular para referirse a sí mismo, utiliza una imagen de verticalidad para exhibir su resistencia: "Te esperas en tu apresto de hombre erguido, / no en la blanda cerviz del doblegado, / porque sólo te tiene lo que ha sido" (124).

Esta firmeza viril la presenta también cuando enfatiza que es capaz de controlar sus sentimientos y de que éstos no se desborden delante de los demás: "si, al llorar por dentro, oculto el llanto, / podré sentir que sufro enteramente. / Mi prójimo sabrá, mas no la gente, / la índole de mi angustia / [...] / No, yo no quiero un coro" (293). El poeta sigue aquí la visión tradicional de que los hombres no deben llorar en público ni buscar el consuelo o la conmiseración de otras personas. Desde esta concepción, para Domenchina, el hombre debe ser estoico y aprender a sufrir, sin hacer un espectáculo de su dolor.[6] Por eso encabeza su poemario *La sombra desterrada* con un epígrafe de Séneca, "Non licet tibi flere inmodice" (246), en el que el filósofo hispanorromano rechaza el llanto incontrolado. Timothy Beneke señala precisamente que los hombres prueban su masculinidad por medio de su capacidad para enfrentarse a situaciones estresantes como el dolor (5). Domenchina demostraría su virilidad al ser capaz de resistir su exilio estoicamente. Sin embargo, ¿qué mayor alarde público de dolor que el escribir y publicar todos sus poemarios del exilio en torno a su sufrimiento?

En cualquier caso, estos ejemplos demuestran cómo Domenchina se identificaba con características típicas de la masculinidad normativa como el control de las emociones y el aguante. Otro de los valores ensalzados en su poesía es la independencia del hombre. David Gilmore apunta al respecto que la autonomía personal constituye un rasgo esencial del ideal de masculinidad (48). En la *Primera elegía jubilar* (1946), Domenchina manifiesta con orgullo que su trabajo como poeta implica la independencia de las demás personas: "Traigo como mensaje / mi oficio, que es ser hombre, y resistirme / a todo vasallaje" (165).[7] El poeta llega a confesar que no precisa de nadie: "Soy mi propio alimento. / Y con estar conmigo, estoy contento" (157). También expresa claramente su rechazo a pertenecer a ningún grupo que coarte su individualidad: "¿Y bien? Yo nada tengo / de afín con ese clan que merodea. / A solas me sostengo" (165). Corrobora esta idea en el siguiente verso: "No tolero los grupos ni las grupas" (154). El juego de palabras que Domenchina utiliza aquí revela una burla de las asociaciones formadas sólo por mujeres, acentuando así su ideología machista.

El poeta ya se mostraba independiente y solitario en su juventud. Como indica Amelia de Paz, sentía aversión hacia los cenáculos literarios (18), los libros que publicó antes de la Guerra Civil no seguían las tendencias de la época (32), y las críticas literarias que daba a la luz bajo el pseudónimo de Gerardo Rivera eran polémicas y dogmáticas hasta el punto que diversos escritores como Alberti, Cernuda y García Lorca firmaron una protesta colectiva contra él (34). Bellver recoge opiniones de diversos críticos contemporáneos a Domenchina que coinciden en subrayar la autonomía de su poesía respecto a los movimientos literarios de la época con expresiones como "su arisca autenticidad" e "isla de acerada voluntad" ("Juan José" 283).[8] En opinión de Bellver, este tipo de testimonios prueban la incomprensión que Domenchina padeció durante su vida (283). Sin embargo, no cabe duda de que esa incomprensión fue también motivada por la arrogancia que mostraba el propio poeta, quien siempre se obstinó en ser independiente y no seguir normas impuestas.[9] Tras la guerra, no cambió su forma de actuar, ya que su *Antología de la poesía española contemporánea (1900–1936)* también causó numerosas controversias y enemistades.[10] La continuidad de su personalidad antes y después de la Guerra Civil lleva a Richard Meux a declarar que su poesía siempre giró sobre la misma temática existencial: "el terrible sentido de fragmentación y de insustancialidad que surge del seno del individuo al contemplarse a sí mismo" (522).

La noluntad y la evocación de la masculinidad castellana

En el exilio, la autonomía como baluarte de la masculinidad se aprecia cuando Domenchina decide permanecer al margen de la vida mexicana y encerrarse en sí mismo. La adaptación a México implicaría en la comunidad de exiliados un desafecto al ideal político por el que lucharon y fueron desterrados. Oliva Espín expresa elocuentemente este sentimiento en referencia a los inmigrantes: "Immigrants frequently experience feelings of guilt toward people and relationships left behind. New loyalties in the host country may be experienced as betrayal of the loved ones and the homeland" (33). Es posible que éste fuera uno de los motivos por el que Domenchina decidiera no adaptarse a México y vivir un exilio doloroso. En palabras de Bellver, "Domenchina se negó a comprometerse a un ambiente, a acomodarse a nuevas circunstancias y a profanar la integridad de su obra. ¿Hombre recto u hombre reacio?" (*El mundo* 11). La pregunta de Bellver apunta a otra posible razón de la no adaptación del poeta a su país de acogida. La terquedad y la insistencia que manifiesta al permanecer ligado emocionalmente sólo a España son valores típicos de la masculinidad normativa que él defendía. Según ésta, el hombre debe ser obstinado y porfiado para alcanzar sus objetivos.

Por otro lado, como el poeta no puede regresar a España, es decir, no puede realizar lo que desea, contrarresta esta carencia de poder tomando una decisión que le haga sentirse heroico y masculino: no adaptarse a México. De esta manera, al ser volitiva su falta de voluntad y de acción, Domenchina se muestra orgulloso de ella: "Me puse al margen, o me di de lado, / en mi sombra perenne" (120). Nótese cómo en estos versos el poeta declara que fue él el que se marginó, no las otras personas—ni los franquistas que motivaron su exilio, ni los otros exiliados republicanos, ni la sociedad mexicana. Por eso llega a expresar en uno de sus versos que su destierro se debe a su propia decisión: "mi exilio es voluntario" (165). Sin embargo, el término "exilio" aquí en realidad se refiere al exilio creado por Domenchina—a su autoexilio—en su exilio, esto es, su decisión de vivir sin voluntad en México.

Domenchina confiere a su falta de voluntad un halo de moralidad y grandeza típicas de la masculinidad tradicional: "Ahora sí que estás cerrada / para siempre, voluntad. / Tu pacto con la verdad / te induce a no querer nada" (35). No es que la voluntad haya sido vencida por otros hombres o por las circunstancias, sino que el poeta ha resuelto seguir sus principios morales. De esta manera, en vez de verse su falta de voluntad como cobardía o emasculación, se le otorga una cualidad de superioridad. En el poema "Feudo negativo" de *La sombra desterrada*, Domenchina subraya que su actitud requiere una gran resistencia: "En este no vivir, que está tan cerca / de la muerte / [...] / ¡Qué sorda obstinación inquebrantable! / ¡Qué voluntad—qué noluntad—tan firme!" (253). En el prólogo a *Tres elegías jubilares* (1946), el poeta desarrolla más esta concepción existencial al explicar que su falta de voluntad o noluntad consiste en no vivir hasta reintegrarse en España: "Esta voluntad—que es la enérgica *noluntad* unamunesca—es la única querencia voluntariosa, y aun *ultravoluntariosa*, que le asiste con su exiguo poder y su evidente eficacia negativa" (136). Al manifestar que su noluntad implica una voluntad dificultosa y sacrificios personales, Domenchina parece desear ahuyentar cualquier atisbo de duda sobre su masculinidad o ausencia de control sobre su vida y, al mismo tiempo, logra adquirir un aura de mártir.

La noluntad o la voluntad de no vivir provoca que Domenchina decida permanecer en silencio. Dos poemas de *Exul umbra* (1948) son significativos al respecto. En el primero de ellos, el poeta aúna su decisión de soledad con el mutismo: "[...] El dolorido / sentir sin eco, falto de sentido, / calla en tu voz que no pronuncia, grave. / [...] / Que no te escuchen nunca, en la elocuente / pausa de sombra que es tu voz escrita, / la verdad que te calla eternamente" (215). El poeta orgullosamente resuelve no compartir sus palabras habladas con las demás personas y, en sustitución, sus versos tampoco revelarán la verdad que guarda en su interior.

Esta concepción del poeta como ser superior aparece también en el poema siguiente de la colección: "Sólo el silencio—tu silencio—es digno / de ti: renuncia tácita, silente / y sigilosa mueca del prudente / dedo que sella el labio con su signo" (215). Domenchina insiste en que su mutismo no ha sido impuesto por otros, distanciándose de manera burlesca de las señales en la pared que obligan a las personas a callar. Seguidamente, califica su silencio como "ardiente," haciendo referencia a la pasión que le mueve a actuar de esa manera, y cierra el poema con los siguientes versos: "Junto al silencio, que es tu voz dilecta, / ladra un ir y venir de sordos canes" (216). La palabra preferida del poeta es, por tanto, el silencio. Se halla rodeado de una jauría de perros rugientes que simbolizarían a las personas en torno a él, a la sociedad. Sin embargo, esos canes son "sordos," es decir, aunque profieran ladridos—las palabras u opiniones de los hombres—, no son capaces de escuchar la verdad del poeta. Como indica Warner, resulta contradictorio que Domenchina exprese su decisión de permanecer callado y al mismo tiempo publique poemas aireando su intimidad (60). Warner explica esta paradoja por el deseo del autor de expresar su sinceridad y de conectar con la lírica tradicional española, en la que también se desarrollaba el código del silencio (60). Ahora bien, si se tienen en cuenta los versos anteriores en los que el poeta diferencia la palabra escrita de la hablada, su silencio afectaría a esta última, no necesariamente a su escritura.

El autosilencio que se impone Domenchina, ejemplo de voluntarismo y de sacrificio afín a la masculinidad normativa, se relaciona con el carácter austero y reservado de los hombres castellanos que él tanto admira. Es en la sección "Burlas y veras castellanas," de su poemario *Destierro*, donde Domenchina ensalza más claramente los valores de la masculinidad normativa al recordar de manera nostálgica a los varones de Castilla. Como indica Paz, "Castilla simboliza la hombría de bien que tanto obsesiona al autor" (44). Para Bellver, en "Burlas y veras castellanas" el poeta atempera sus quejas sobre la futilidad de la vida con la recreación de una amplia variedad de tipos y costumbres castellanas ("Juan

José" 260). Bellver apunta a cómo en estos poemas existe una clara división de los géneros sexuales: "Castile is the land of harsh words, fertile women and hearty men" (260). Por su parte, Warner señala que, para Domenchina, el estoicismo y la dignidad personal son los valores más significativos de Castilla (54). Efectivamente, estas dos actitudes van a representar el ideal de masculinidad que el poeta intenta alcanzar.

Como se halla al comienzo de su exilio cuando escribe *Destierro*, Domenchina evoca el comportamiento de género tradicional de la España rural como un modelo a seguir, como un refugio que le sirva para contrarrestar la inestabilidad que padece en el extranjero. La dedicatoria del libro, "En recuerdo de Castilla, que hizo a España [...]" (19), apunta a las gestas heroicas de la Reconquista, mostrando no sólo una concepción nacional similar a la de los franquistas, sino también la importancia de la fuerza física del hombre para poder luchar en combate por la patria. En estos poemas Domenchina establece una clara división entre los hombres y las mujeres. Los primeros se caracterizan por la decisión y la acción, mientras que las mujeres, usando un estereotipo misógino, se describen como inseguras y causantes de distracciones: "Por eso sigue la flecha / su trayectoria fatal, / que es trazo recto y normal. / No acepta el viril deseo / torcedura o titubeo. / (La mujer, en dilaciones / de curvas e indecisiones, / impone su devaneo)" (36).

Para el poeta, la función de la mujer es la procreación, mientras que los hombres son los encargados de las hazañas: "Castilla la brava... / [...] / Allí las mujeres, hembras / fecundas exigen machos / rotundos, no ablandabrevas. / [...] / Son los hombres de la estepa / hombres largos en acciones / y de muy breves sentencias" (47). En estos versos también se aprecia cómo los hombres deben actuar en función de unas expectativas sociales, ya que las mujeres les demandan que se comporten de manera masculina. Como ha estudiado Kimmel, la masculinidad se debe probar constantemente, aunque según este investigador, no tanto para las mujeres como para los otros hombres: "Masculinity is a homosocial enactment. We test ourselves, perform heroic feats, take enormous risks, all because we want other men to grant us our manhood" ("Masculinity" 129).

Otro aspecto que Domenchina alaba de los hombres castellanos es su falta de retórica, su tendencia a no expresar sus sentimientos.

Por eso, al describir la canción castellana, escribe: "Es tono, nunca tonillo. / Hombre entero, no guitarra" (48). Como se ha visto anteriormente, el poeta rechaza la verborrea en los hombres y, en cambio, ensalza características como la valentía y el aguante: "[El] hermético castellano / [...] / No se deja postergar, / avasallar ni burlar" (41–42). La constancia también es objeto de admiración: "Con hombría se trabaja, / con virilidad se sufre, / sin desmayo se descansa" (48).

Ahora bien, Domenchina asimismo revela cómo algunos hombres buscan aparentar esta masculinidad tradicional cuando en realidad son sus mujeres las que mandan en sus casas: "La cónyuge del blandengue / proferidor de bravatas, / que es real hembra, dice y hace / bien cuanto le viene en gana" (49). El poeta se burla del hombre "baldragas" (49), a quien le falta voluntad para imponer sus decisiones a su esposa. Lo interesante de este poema es que muestra cómo los hombres son conscientes de las expectativas que la sociedad tiene de ellos y cómo algunos no son capaces de actuar según la norma masculina tradicional. Asimismo, se aprecia cómo para Domenchina la mujer que no sigue un papel sumiso es considerada una amenaza para el hombre y, por lo tanto, rechazable.[11]

La pérdida de masculinidad: fragmentación e infantilización

La admiración que Domenchina muestra por los hombres castellanos se explica por la sensación de emasculación que padece en el exilio. El hecho de que fuera un intelectual puede que acentuara la crisis de su masculinidad. Las ideas que Antonio Ladeira ofrece respecto a los emigrantes se pueden aplicar al caso de Domenchina. Para Ladeira, el emigrante intelectual suele sentir que no logra cumplir con los requisitos de masculinidad de su comunidad, a pesar de que los otros emigrantes puedan reconocerle un estatus superior (745). De esta manera, el intelectual puede vivir un doble exilio: por un lado, alejado de su país y, por otro, alejado de la comunidad de los otros emigrantes por ser un erudito (Ladeira 745). La poesía de Domenchina parece corroborar esta teoría al manifestar su noluntad en el exilio y su rechazo a los exiliados que se lamentaban lastimosamente en público sobre su situación. El poeta llega a expresar su doble exilio en el siguiente verso del poema "22 de febrero": "[...] estoy en mi margen marginado" (118).

Por otro lado, Ladeira apunta que el emigrante intelectual puede tener minada su autoestima porque no cumple las expectativas tradicionales masculinas de tener una casa, un confort y un futuro (748). Domenchina se enfrentó en México a mayores estrecheces económicas que en España, lo que probablemente afectó su orgullo masculino. Como indica Paz, el poeta sentía animadversión por la enseñanza académica, por lo que tuvo que dedicarse a la traducción junto a su mujer, la poeta Ernestina de Champourcin (43). En la descripción que Andújar realiza de su vida en México se aprecia su vida austera:

> Domenchina y su esposa ocupaban en México el pequeño departamento que antes evocábamos. Avistaba, en ligera comba, el hermoso, señorial paseo de la Reforma. De ahí proviene mi memoria de los poetas, de su digno y sobrio estilo de vida. Se apostillaba que los gastos mayores de Domenchina eran los taxis, el café-tertulia [...]. (9)

A pesar de vivir en una buena zona de la ciudad, parece que el poeta debía ser cuidadoso con el dinero. La dedicatoria de su poemario *Pasión de sombra* corrobora esta suposición: "A Ernestina, ejemplo conmovedor—y enorgullecedor—de 'nueva pobre'" (67). Desde la perspectiva de la masculinidad tradicional, el hombre debe ser el proveedor de su familia, algo para lo que Domenchina tenía dificultades en el exilio. Esto puede que influyera en la aguda crisis de virilidad que reflejan numerosos de sus poemas.

El poeta cree que el exilio le ha arrebatado su masculinidad y por eso se califica a sí mismo como "ex-hombre" (28, 260) u "hombre desistido" (100). Bellver resulta acertada al referirse a él como una "marioneta" de "fingida vida" (*El mundo* 14), ya que Domenchina sentía que se hallaba arrojado al exilio y no podía tener control de su propia existencia. Esta idea la expresa admirablemente en el poema "El desierto que clama" de *La sombra desterrada*: "Me despobló la vida. Más que muerto, / estoy en pena, en suspensión, colgado / de este horrible no estar en ningún lado / que es en tanta ficción lo único cierto" (260). El poeta manifiesta en estos versos la falta de dominio sobre su vida, su sentirse colgado de unos hilos como si fuera una marioneta y, por tanto, hubiera dejado de ser hombre.

En el poema titulado "El ex-hombre," el vivir en sus recuerdos del pasado y carecer de porvenir desmorona su identidad masculina: "yo estoy enteramente / en las reliquias de mi ayer devoto. / [...] / voy [...] / sobre mis huellas [...] / sin futuro y sin presente" (260). En otro poema anterior, "25 de enero," de *Pasión de sombra*, relaciona su falta de virilidad con el agotamiento vital y su carencia de motivaciones: "Sí, se puede ser hombre desistido, / mortal entre dos luces, evitado; / paso de huella incógnita, escondido; / [...] Pero estoy rendido / de no vivir; de desistir, cansado" (100). En "25 de febrero" también expresa cómo la ausencia de control sobre su vida mina su masculinidad: "Es sentirse, en falsilla, refalsado, / hombre sin pauta, de papel pautado, / que no se acuerda [...] / con su acorde de ayer, desconcertado" (119).

Es común que Domenchina contraste su presente inhóspito con su pasado activo, cuando todavía se sentía como un hombre. Así se aprecia en el poema "8 de febrero": "...Y, ¡para siempre ya!, caricatura / irremediable, hostil, de una presencia / que fue viril y hermosa en su apetencia / de vivir cuerdamente la locura / de la vida..." (112). La "caricatura" es otra de las metáforas que el poeta utiliza para referirse a su falta de masculinidad. En el poema significativamente titulado "Medios seres," de *La sombra desterrada*, reitera la oposición entre el momento presente y el pasado: "Ayer fui un hombre—me sentí vivido—" (250). Si anteriormente se veía cómo proclamaba su noluntad dentro de los parámetros de la virilidad normativa, en los siguientes versos de *Primera elegía jubilar* conecta su pérdida de voluntad con la caída de su masculinidad: "Ya se borró tu gesto / imperioso; indeleble, tu mirada / ve enlaciarse el apresto / viril de una esforzada / voluntad, hoy remisa y arrugada" (161). Las imágenes relacionadas con lo mustio y flácido connotan asimismo una pérdida de su vigor sexual.

Aunque el poeta declara en bastantes versos su falta de masculinidad, en el poema "Agonía" de *La sombra desterrada*, se exculpa de su responsabilidad por ella, ya que la achaca a las circunstancias de su destino que lo han llevado al exilio: "mi memoria / quiere poner a salvo de la escoria / que la anegó el orgullo de su hombría. / Ayer fui un hombre. Cuando Dios quería / tuve [...] / mi noble y clara trayectoria / de varón" (257).

Es Dios el que ha decidido que su vida cambiara de esa manera y él perdiera irremisiblemente su virilidad. En poemarios posteriores se acentúa el sentimiento religioso del poeta y sus lamentaciones por no sentirse masculino dan paso a una aceptación serena del designio divino. Tal es el caso de "Los labios tiemblan...," de *El extrañado*: "Ajeno a todo voy, que me requieren / las cimas de unos montes nunca hollados. / [...] / Como no soy ya un hombre, que no esperen / mi vuelta los que cuidan sus cuidados" (319). El poeta ha trascendido su cuerpo y su masculinidad para hallar consuelo en la espiritualidad. Como explica Bellver, en la última etapa de su poesía, Domenchina "admite su fe religiosa libremente, con alegría, [...] con una humilde y contrita sumisión ante la grandeza del poder divino" (*El mundo* 150).[12]

Dos imágenes recurrentes que el poeta utiliza para manifestar su masculinidad rota son la del doble y la de la sombra. La crítica ha prestado atención a estas imágenes, pero no las ha relacionado con el sentido de masculinidad del poeta. Así, Bellver explica que el doble y la sombra simbolizan la existencia dual de Domenchina: por un lado, el ayer, que se prolonga de manera nostálgica, y por otro, el presente, que se proyecta como vacío ("Juan José" 258–59). Zardoya ofrece la misma idea, pero añade que este desdoblamiento que padece el poeta le hace sufrir doblemente por la vida rota del pasado y el sinsentido del presente (127). Junto a esta lectura de carácter existencial, considero que estas dos imágenes se pueden interpretar desde el punto de vista de la masculinidad, ya que ésta forma parte indisoluble de la identidad de un hombre. Así lo explica Guasch Andreu: "la masculinidad [...] sirve a la mayoría de varones para construir su identidad social y personal. La masculinidad les permite pensarse como personas y ubicarse respecto al mundo y respecto a la sociedad" (113).

De esta manera, el doble o la sombra simbolizan no sólo la fragmentación de la identidad del poeta, sino también la de su masculinidad. Domenchina lo da a entender en su "Carta rota, incoherente e impertinente a Alfonso Reyes," al comienzo de su *Nueve sonetos y tres romances* (1952): "Yo reconozco que a mí, además de medirme, [Dios] me ha partido por la mitad, y le doy gracias porque pudo haberme hecho añicos. [...] yo ya no soy un hombre entero" (286). En el poema "Hallarse perdido" de *La sombra desterrada* reitera la misma idea conectándola con su división espacial entre España y México: "Roto en dos, [...] /

[...] escindido, / entre el suelo que perdió / y la tierra que no halló" (276–77). La masculinidad suele relacionarse con la dureza y la solidez, tanto física como psicológica, lo contrario de lo que Domenchina manifiesta en estos versos. El poema "18 de diciembre" de *Pasión de sombra* expresa cómo su doble ha tomado el mando de su existencia: "Mi vida en superficie, suplantada / por un espectro que deshumaniza / mi contorno, me enturbia y enceniza / con su trémula sombra la mirada" (74). El doble representaría la falta de masculinidad de su presente exílico, el hombre desistido o ex-hombre, frente a la masculinidad viril de su pasado. Así lo revela el poeta en el prólogo a *Tres elegías jubilares*:

> roto por la adversidad en dos medios seres frustrados que vegetan: uno, oculto, preso y al abrigo de un ayer imprescriptible [...]; y otro, precedido, que es sombra, remedo, parodia o doble de su existir maquinal, y que se inhibe [...] en un destierro absoluto, de hombre desistido, porque se propone no vivir hasta que pueda recobrar su vida íntegra de español en España. (136)

En diversos poemas de *Pasión de sombra*, el doble impone su masculinidad débil, dominando al poeta: "tu *alter ego* de sombra, cejijunto, / para dejarte atrás, / te da de lado" (96). El poeta se siente abrumado por su doble o sombra porque ya no es capaz de cumplir las expectativas de la masculinidad normativa: "La sombra que me tiene, / mal tenida / por mi atada evasión, es el suplicio / que me incrusta en la carne su cilicio" (99). La sombra le mortifica porque implica la eliminación de su virilidad pasada: "su maltrato / despótico me pega a la pared, / haciéndome sentir su desacato: / burla de veras parodiadas" (102). El doble es, por tanto, una caricatura o máscara de su masculinidad verdadera.[13] Por otro lado, el constante uso de la segunda persona del singular para referirse a sí mismo—por ejemplo, "pones tu nostalgia" (79), "en tu papel estás" (81), "Y te yergues, vencido" (85), "te detestan así" (90)—es la manifestación formal de la división en dos de la masculinidad del poeta.

Otra imagen que utiliza Domenchina para referirse a su masculinidad es la del niño, aunque es mucho menos frecuente que la del doble o la sombra. Precisamente, de acuerdo a Hibbins y Pease, es común que los hombres emigrantes sean infantilizados o feminizados en el país de acogida (11). En la *Tercera elegía jubilar,* Domenchina reproduce esta metáfora al relacionar su sufrimiento con el de un niño: "Tu pena adulta llora, con vagido/ informe de dolor recién nacido, / viejos dolores" (195). Con esta identificación, el poeta expresa que se siente desamparado e indefenso, como echado solo al mundo en un nuevo renacer. Diversos investigadores han señalado cómo los exiliados tienden a describir su vida en el exilio como un segundo nacimiento. Para Michael Ugarte, el exilio implica una muerte simbólica, mientras que la escritura autobiográfica del exilio constituye un renacimiento (*Shifting Ground* 89). En el caso de Domenchina, esa nueva vida está marcada por el dolor.

En otro poema de *Exul umbra* insiste en la metáfora de la infancia: "Toda mi niñez de adulto /—mi infancia talluda— crece, / en estirón que enaltece / su talla" (233). El poeta revela que su niñez se hace cada vez más presente en su vida, como si experimentara un retroceso, dando a entender que en su madurez retorna a su infancia, por lo tanto, alejándose de la masculinidad del hombre adulto. Es muy posible que este predominio de la infancia se deba a sus recuerdos de España y su deseo nostálgico de regresar a su país. La autoidentificación con un niño aleja a Domenchina de la masculinidad normativa, la cual se concibe como un logro que se alcanza separándose de la infancia y del apego a la madre. Siguiendo a Roy Schafer, Gilmore precisamente define la masculinidad como "a revolt against boyishness" (29).

Domenchina elabora más claramente su retroceso a la infancia en "Dos sonetos a mi madre," de su poemario *El extrañado.* En el primero de ellos, el poeta se dirige a su madre y conecta su momento presente de vigilia en su cama con la cuna de su infancia: "Mira, madre remota, ya la luna /—mi cuna cuando niño—se derrama / sobre mi insomnio, y yo, desde mi cama, / respiro sueños con vaivén de cuna" (311).[14] El poeta halla consuelo en este recuerdo infantil que implica una eliminación de distancias espaciales y temporales, mostrando así su deseo de volver a ser niño, de disfrutar de la protección materna para no tener que afrontar la realidad dolorosa del exilio.

En el segundo soneto, Domenchina se retrotrae más en el tiempo e imagina que su madre está de nuevo embarazada de él y que él nacerá con una existencia diferente, en la que ya no tenga que sufrir: "hoy voy a despertar de otra manera. / Y—otra vez, madre, por mi ser henchida—, / me darás, esta vez, recién nacida, / una vida que nunca se me muera" (312). Al poeta le gustaría poder recomenzar su existencia sin tener que padecer de nuevo el alejamiento de su patria. Es como si sintiera que su auténtica vida le ha sido arrebatada, una opinión que suelen compartir numerosos exiliados cuando declaran que no son lo que se suponía que tendrían que haber sido, que su vida sería totalmente diferente si no hubieran padecido el exilio.

Esta falta de control sobre su propia existencia la expresa Domenchina con referencias a la pérdida de su voz. En ocasiones es su doble el que le arrebata la voz y le impide hablar, como en "18 de diciembre": "Mudo, mi doble apunta en lo que digo / un conato de frase, sorda mueca / que muerde la palabra y la sofoca" (75). En "20 de diciembre" el poeta siente que su voz no es capaz de comunicar sus ideas: "¡Cenizas de mi voz, que no persuaden! / [...] / Ya mi voz a sí propia no se alcanza, / y su acento es apenas añoranza /—sobreagonía—de mi acento vivo" (76). Meux afirma que la voz en este poema es un símbolo de la capacidad creadora del poeta (532), por lo que Domenchina estaría manifestando su bloqueo artístico. Junto a esta interpretación, es posible considerar la voz como una metáfora de la identidad del poeta, en la que su masculinidad juega un papel primordial. Hay que tener en cuenta que uno de los valores de la masculinidad hegemónica es que el hombre imponga su voz a los demás y sea escuchado, respetado y obedecido. De esta manera, las "cenizas" representarían la desintegración de su identidad y masculinidad, mientras que el "acento vivo" simbolizaría el vigor masculino que poseía antes del exilio. En estos poemas Domenchina ya no expresa que permanece en silencio voluntariamente para guardar su verdad, sino que calla porque su voz le ha sido despojada.

Además de la voz, las referencias al caminar le sirven al poeta para formular su baja autoestima como hombre. En los siguientes versos del poema "Falso andar," de *La sombra desterrada*, Domenchina conecta ambos tipos de imágenes: "Tu fugitiva voz, que ya no canta, / como un eco remoto, como un trino / ya roto, se te hiela en la garganta, / mientras que, en falso andar, no hace camino / sobre el camino el polvo de tu planta" (259). El poeta ya no puede dominar su voz, se le ha escapado de su cuerpo o bien se halla rota, de manera similar a su masculinidad. Además, sus pasos no dejan huellas en el camino, enfatizando así la desaparición del control de su propio cuerpo y su falta de importancia en el mundo.

En el poema "2 de enero," de *Pasión de sombra*, Domenchina insiste en la debilidad de sus pasos: "...Amortíguase el eco de mi pulso. / ...Se me rompe el destino mal trabado. / ...Se me borran las huellas al andar..." (84). El descenso de pulso y la desaparición de las pisadas al caminar, expresados gráficamente con los puntos suspensivos al comienzo de cada verso, simbolizan su vida fantasmal. De acuerdo a la masculinidad normativa, el hombre debe "pisar fuerte," dejando señales de su personalidad por donde pasa y un rastro de sí mismo para la posteridad, algo que Domenchina no cree conseguir.

En el poema 29 de *Destierro*, el poeta manifiesta también su caminar indeciso, contrastando su vigor pasado con su debilidad presente: "La vida—ayer rozagante / y erguida—, bajo la angustia / pende ya flácida y mustia, / como un despojo colgante. / Ya no es su porte arrogante / ni audaz su paso: inseguro / marcha el hombre hacia el futuro" (40–41). Los adjetivos "flácida y mustia" en referencia a la vida, así como el sintagma "despojo colgante," muestran el decaimiento del yo poético y encierran connotaciones de incapacidad sexual. María del Carmen Martínez apunta al respecto que la impotencia se convierte en la metáfora del exilio, ya que el hombre, al igual que pierde su nación, pierde su erección (308). En contraste con esta decadencia, los calificativos "rozagante," "erguida," "arrogante" y "audaz" representan valores típicos de la masculinidad normativa. Si en el poema anterior se indicaba que las huellas del poeta desaparecían, en éste sus pasos son inseguros, lo que es señal de su situación incierta y de la crisis de su masculinidad.

La referencia al caminar dificultoso en el exilio aparece también en "18 de diciembre," de *Pasión de sombra*: "Ayer anduve firme, y hoy no suelo / sentirme las pisadas cuando piso. / [...] / Triste levitación de exasperado /—y en revuelo pueril de ala partida—/ que cruza por la tierra desterrado" (75). En estos versos el poeta parece identificarse con un peregrino que deambula sin destino fijo. Además, el término "pueril" apunta a la infantilización del poeta, mientras que la expresión "ala partida" simboliza la amputación de su masculinidad. El sueño de Domenchina sería volver a andar con paso firme, para lo cual necesitaría retornar a España. Así expresa este deseo en el poema "Las raíces," de *Nueve sonetos y tres romances*: "Verme vertical, andante, / y advertir que, como pesa / mi cuerpo, sus pies zahondan / e imprimen su rastro o huella"

(296). Sólo en su país natal podría el poeta volver a dejar huellas al caminar y erigirse verticalmente, es decir, tornar a ser lo que él considera un hombre.

El desplome del vigor sexual

Domenchina suele expresar su falta de aspiraciones y proyectos personales, su castración simbólica, con la imagen de las alas rotas y la caída de su vuelo. En el primer poema de la sección "Décimas concéntricas y excéntricas" del libro *Destierro*, el poeta contrasta el ámbito del aire con el de la tierra, resignándose a este último: "Tercamente te regalas / en la encendida obsesión / de volar alto, pasión / que ya has perdido las alas. / [...] / Pero es mejor sepultarse / en tierra que remontarse / a un sitio donde no hay cielo" (31). Es posible que el vuelo del poeta se refiera a sus ilusiones o capacidad de regresar a su país, ya que el poema lo escribió al principio de su exilio. En estos versos, además de la pérdida de sus esperanzas, se constata un cierto ateísmo al negar la existencia del cielo. En "Otoño entrañable" de *La sombra desterrada*, el yo poético recrimina a Dios su situación y reconoce que ya apenas puede volar y no le quedan fuerzas ni siquiera para quejarse de sus males: "Me erguí arrogante ayer [...] / [...] Y hoy, por más que vuele, / ala a medio tender, y me rebele / contra Dios, no es el aire mi terreno" (256).

La metáfora de la caída para aludir a su presente de crisis se reitera en otros poemas de *Pasión de sombra*, como en "23 de enero": "siento que es mi caer doble caída / en un precipitado precipicio" (99). En contraste, Domenchina utiliza imágenes de verticalidad para referirse a su pasado, lo que se puede interpretar como referencias a su perdida potencia masculina. El uso habitual del verbo "erguirse" resulta significativo, ya que encierra connotaciones fálicas y apunta a la visión tradicional de que el hombre debe ser fuerte y superar los obstáculos. Así, en el poema "13 de enero" el poeta busca una solución a su descenso: "En mi dolor de incógnita caído, / ¿cómo, de qué manera, puedo erguirme, / cuando así me descifran el sentido?" (90). Sin embargo, en "16 de febrero" reconoce que su caída es consecuencia inevitable de su pasado feliz: "Supe erguirme y alzarme en cuesta pina, / y hoy ruedo, desgalgado, la liviana / pendiente que accedí sobre mi ufana / temeridad de ser cumbre supina" (115).

La caída también se aplica en algunos poemas al sol que declina, el cual parece simbolizar la crisis de masculinidad que padece el poeta. El sol, con su calor y fuerza, representaría el ímpetu sexual juvenil de Domenchina en España. En "5 de enero," frente al sol, el poeta se derriba en la oscuridad: "Y te yergues, vencido, en la arrogante / insolencia del sol, para caer / en tu sombra de ayer" (85). Más adelante, en "4 de marzo," su sol interior deja de resplandecer: "No me opongo, Señor, a tu sagrada / potestad infalible que me puso / este sol de agonía descolgada" (125). De manera similar a una composición anterior en la que el poeta utilizaba el adjetivo "colgante" para referirse a su vida como un despojo, el término "descolgada" en estos versos no sólo implica su derrumbe vital, sino que también parece aludir a su impotencia sexual. El "sol de agonía" es la vida del poeta como mero sufrimiento y asimismo puede interpretarse como símbolo de la pérdida del vigor sexual.

En el poema "Huyendo, al filo de mi vida ardiendo," de *Exul umbra*, también se utiliza la imagen del ocaso: "Y en la postura / que me han puesto me voy desvaneciendo / sin vanidad; borrando mi figura / desfigurada, mientras voy poniendo / el sol caduco de mi noche oscura" (212). Si previamente el poeta designaba resignadamente a Dios como causante de su dolor, en este poema, a través de la tercera persona del plural—"me han puesto"—culpabiliza a las circunstancias de su situación. El poeta siente que su corporalidad va desapareciendo, de manera similar a como sentía que sus huellas se borraban o que sus pisadas ya no sonaban. La pérdida de su conciencia corporal implica irremisiblemente el menoscabo de la propia valoración de su masculinidad. Por otro lado, el adjetivo "caduco" referido al sol apunta a la crisis de su potencia sexual, mientras que la expresión "mi noche oscura" simboliza la vida en pena del poeta, estableciendo una clara conexión con los poetas místicos españoles. Con esta alusión a San Juan de la Cruz, se acentúa aún más el desvanecimiento físico del poeta y su sufrimiento se envuelve en un aura de martirio.

En otros poemas Domenchina trata su falta de fertilidad y vigor sexual por medio de imágenes referidas a la cosecha del campo. El poema 9 de *Destierro* resulta significativo al respecto: "Vivir, cuando vivir no vale nada, / equivale a sembrar, con la semilla / infecunda, el dolor, que tanto humilla, / de una existencia rota y postergada" (29). El poeta ya no es capaz de engendrar vida;

sólo puede crear sufrimiento. Además, en la *Tercera elegía jubilar* reconoce que ha perdido su apetito sexual motivado por su dolor en el exilio: "Por declives fatales, los torrentes / de tu sensualidad bajan la cuesta / supina de no ser omnipotentes. / Y, otoño prematuro, en la floresta / sin unánime luz de mediodía, / tu fauno de ocasión duerme la siesta" (189). En estos versos se personifica la libido del poeta en la figura mitológica del fauno, que se halla descansando en vez de persiguiendo lascivamente a las ninfas. El "otoño prematuro" simboliza la etapa vital de decadencia del poeta, quien se encuentra sin deseo sexual antes de lo esperado. Domenchina llega incluso a sugerir una disfunción eréctil y su imposibilidad para el coito con la metáfora del ala caída: "Pero, a veces también, sus sorprendidos / impulsos de varón no yerguen vuelo / prócer de ala viril, alicaídos" (190).

La pérdida de su potencia sexual le lleva a Domenchina a recrearse en el recuerdo nostálgico de sus veleidades pasadas. Así evoca en *Exul umbra* un encuentro sexual de su juventud en el campo: "Allí, rubio sofoco de la siesta, / allí, mujer y espiga, entre las mieses, / allí fueron tus glorias y reveses / y la amapola—el grito—de tu fiesta. / [...] / Una tarde de junio, como ésta... / Si, desde allí, donde te aguardas, vieses / de aquel sol tan en alto lo que resta..." (226). El poeta relaciona el instinto sexual con la naturaleza, ya que, al igual que el campesino ha cosechado las mieses, él siembra el cuerpo de la mujer. La flor de la amapola, con su característico color rojo, es metáfora de la pérdida de la virginidad de la joven. El poeta se dirige en los últimos versos a su antigua amante y melancólicamente revela que ya no posee esa potencia sexual, simbolizada en la imagen del sol reluciente.

De corte similar es el poema titulado "El consecuente," de *La sombra desterrada*, en el que el poeta contrasta su sexualidad actual con la de su juventud: "Con lágrimas viriles el secano / regué y fertilicé; pero no hubo, / no, lluvia más feliz que la que tuvo / que derramar mi nube de verano. / [...] / Allí, sol de mis predios, ardió, a modo / de antorcha en alto, y se quemó del todo, / un alma al fuego de su tierra asida" (251). Aunque en estos versos Domenchina expresa que todavía posee potencia sexual, de nuevo comparándola con la siembra de un campo, reconoce que es menos enérgica que la que disfrutaba en su juventud, metaforizada en el verano. Como en el caso anterior, el sol representa el vigor sexual que es capaz de quemar a la mujer sobre la tierra, mientras que las lágrimas y la lluvia parecen aludir al semen del hombre. Esta metonimia implica una clara división de género por la que el hombre es el miembro activo de la relación sexual y el fecundador mientras que se describe misóginamente a la mujer como el ser pasivo y receptor. Precisamente esta concepción tradicional del género y de las relaciones sexuales es la que provoca la crisis de masculinidad del poeta al no ser capaz de asimilar la falta de poder que le genera el exilio.

La nostalgia de su ímpetu sexual aparece también en el poema "Lento adiós," de *La sombra desterrada*, cuyo título resume bien la poética de Domenchina durante sus últimos años. En esta composición el poeta expresa elocuentemente la pasión de su juventud: "Yo me sentí la vida, la apretada / granazón del deseo. Por mis venas / corrió una sangre hirviente. / [...] / Mis apetitos, libres de cadenas, / saciáronse en la pulpa sazonada. / ...Hoy voy, no sé hacia dónde, por serenas / horas de lento adiós" (271). Para Domenchina, el deseo sexual es sinónimo de ímpetu vital, de ganas de vivir, y necesita la libertad para su expansión. Los términos "granazón" y "pulpa" de nuevo relacionan la sexualidad con los elementos de la naturaleza. El vigor sexual da paso en el exilio a la falta de libido, a la que el poeta se enfrenta aquí con serenidad.[15]

En el poema "Amor de ayer," de *La sombra desterrada*, hallamos asimismo el recuerdo de una relación pasada, pero a diferencia del anterior, el poeta no utiliza imágenes de la tierra, sino del mar: "[...] Donde me escondo, / antro salobre, todo en ti, ¡es tan hondo / el vaivén y el deleite tan macizo! / Tus costas bravas saben el denuedo / con que arrostro, desnudo, la entrañable / procela, amor que dominar no puedo. / Ancla viril y tirantez de cable, / me sumo en ti, ola baja, y nunca quedo / sacio de tu sabor innumerable" (268). A pesar de que el campo semántico resulta diferente, el poeta insiste en el mismo tipo de ideas tradicionales sobre el género. El hombre posee una potencia sexual que no puede controlar ni saciar, metaforizada en la solidez del ancla y la tensión del cable. Asimismo, se califica su deleite como "macizo," conectando lo masculino con lo compacto y firme. En cambio, se identifica a la mujer con las olas y con las cuevas— "antro salobre"—, siguiendo la práctica extendida de relacionar lo femenino con el agua y con los espacios cóncavos de carácter uterino. No hay que olvidar que esta descripción del encuentro sexual se refiere a un "amor de ayer" y, por lo tanto, queda sublimado en la mente del poeta. Al haber perdido su potencia sexual, Domenchina relata sus aventuras amorosas de manera idílica, mostrando una clara admiración por la capacidad sexual del hombre.

El poeta también celebra el apetito sexual masculino en el poema significativamente titulado "Madrigal bárbaro," de *Perpetuo arraigo*. En él, Domenchina glorifica la actitud agresiva del hombre en las relaciones sexuales: "Feliz quien por mitad suya te encuentre / [...] / el que te dé en copiosas avenidas / el caudal impetuoso que fecunde / tus hazas, surcos de futuras vidas... / El que te irrumpa con su desbordada / pasión, el que te arrastre, el que te inunde / y te deje en sus hijos anegada" (243). Desde la perspectiva machista del poeta, el impulso sexual masculino es incontrolable—"caudal impetuoso," "desbordada pasión"—y es la causa y el origen de la germinación de la vida. En este poema el cuerpo de la mujer resulta violentamente invadido por el hombre y en el último verso, al utilizar la expresión "sus hijos"—los del hombre—en vez de "tus hijos," incluso se resta importancia al futuro papel de la mujer como madre para valorar el del hombre como engendrador.

Los poemas que se han analizado demuestran la importancia que Domenchina confería a la masculinidad tradicional a pesar de que—o también debido a que—él sentía que en el exilio no se adecuaba a sus parámetros. A diferencia de su lírica anterior a la guerra, la poesía del exilio de Domenchina se ha solido caracterizar como carente de erotismo o de referencias sexuales. Bellver escribe al respecto: "la rebeldía del joven cede paso al estoicismo del hombre maduro; el erotismo virtualmente desaparece" (*El mundo* 13). Sin embargo, se ha visto que, al interpretar algunos de estos poemas desde el punto de vista de la masculinidad, se revela una clara preocupación del poeta por la sexualidad, tanto por su posesión como por su carencia.

Imposibilidad del retorno y de la masculinidad compacta

Otro aspecto relevante para el análisis de la crisis de masculinidad que padece Domenchina es su imposibilidad de regresar a España. El poeta deseaba volver a su país porque consideraba que era allí donde pertenecía y el único lugar donde podría desarrollar su vida de nuevo. Así expresa su anhelo del retorno en el poema "Las raíces": "Tiran de mí mis raíces / remotas desde la tierra / fiel que tuve / [...] / Quiero mi tierra: / su suelo firme, su costra / dura, su llanura seca" (295). A pesar de la aridez de la tierra española, el poeta siente la llamada de su patria. En la *Primera elegía jubilar* se reitera su obsesión por regresar a su país: "Donde vamos—vivimos / por y para volver—nadie se engaña. / Seremos lo que fuimos. / Volveremos, entraña / partida, a ser España—y sólo España" (165). Como explica Bellver, Domenchina sólo se sentiría completo en España al unir su pasado y su presente ("Juan José" 261), desapareciendo de esta manera la fragmentación—la "entraña partida"—de su masculinidad, expresada en la figura del doble y la sombra. El retornar a España implicaría la recuperación de su esencia masculina, la posibilidad de dejar de ser un ex-hombre.

Domenchina no fue el único poeta del exilio republicano que sufrió un destierro doloroso; es conocido el caso de Juan Ramón Jiménez, íntimo amigo suyo, quien también padecía una profunda nostalgia alejado de España. Las mujeres de ambos—Ernestina de Champourcin y Zenobia Camprubí—tuvieron que soportar sus depresiones y sobrellevaron con mayor entereza que ellos la vida en el exilio.[16] De hecho, Champourcin consideraba que la mujer suele experimentar el exilio de una manera menos traumática que el hombre: "las mujeres gozamos por naturaleza de una facilidad de adaptación mayor que los hombres, y quizá también de la consciencia muy viva de las consecuencias que puede tener nuestro hundimiento" (133). La propia Champourcin vivió feliz el exilio, a diferencia de su marido. En una entrevista con Arturo del Villar, lo confesaba así: "Yo me adapté, porque México es un país maravilloso; ahora mismo siento una enorme nostalgia por él. Juan José seguía pensando en Madrid, soñando con regresar" (13).

Los hombres exiliados tienden a rechazar la vuelta a su país hasta que el gobierno por el que tuvieron que partir al exilio abandone el poder. De lo contrario, su regreso implicaría su derrota moral, la aceptación de los vencedores y, simbólicamente, su feminización. A Domenchina, en cambio, no parecen preocuparle estos aspectos ideológicos, ya que, si bien sería feminizado al tener que vivir bajo el yugo de las leyes franquistas, al mismo tiempo cree que recobraría su masculinidad perdida. Por eso intentó volver a España, tanto física como literariamente, aunque no lo logró en ninguno de los dos casos. Paz indica que, a pesar de sus esfuerzos y de la mediación de Vicente Aleixandre, en 1949 no consigue que la editorial Adonais publique en España su poesía del exilio (49–50).[17] Más tarde, cuando su madre fallece en 1955, Domenchina planea un viaje a España, pero el gobierno franquista le niega el permiso de entrada (52). La imposibilidad real del retorno a su país acentuaría aún más su desolación.

A Domenchina sólo le resta pensar en el regreso a España para morir allí. Su último deseo es poder ser enterrado en su país para poder cerrar así su círculo vital: "Para que muera a mi sabor, tranquilo, / ponedme en mi lugar, dadme mi suelo, / ¡no me dejéis también la muerte en vilo!" (254). El morir en tierra extranjera supondría una profanación de su identidad y de su masculinidad, la imposibilidad de descansar tranquilo en la eternidad. En el poema "El camino" de *La sombra desterrada* se halla la misma idea: "Tengo que andar y tengo que llevarme, / como a remolque de mi andar cansino, / a donde está mi tierra, y enterrarme" (261). Si en el anterior poema, Domenchina pedía a otros que le ayudaran a morir en su país, en éste muestra su voluntad de regresar por sí mismo. Como explica Bellver, la muerte en estos últimos poemas de Domenchina adquiere una connotación positiva al identificarse como el comienzo de una nueva vida que reemplazará el sufrimiento de su existencia en el exilio, su muerte en vida ("Juan José" 263). Morir en España implicaría cerrar el paréntesis vital del exilio y recobrar la unidad de su masculinidad fragmentada.

La lucha constante de Domenchina entre, por un lado, su deseo de poseer los valores de la masculinidad tradicional y aparentar ser un hombre fuerte y, por otro, su sensación de ser un hombre fracasado con una masculinidad deficiente también se aprecia en su estilo poético. El hecho de que en el exilio Domenchina cultivara casi exclusivamente formas poéticas clásicas, mayormente el soneto y la décima, puede explicarse por medio del análisis de su masculinidad. Warner considera que la utilización de este tipo de estrofas se debe al deseo de Domenchina de establecer vínculos con su tierra natal, con los grandes poetas españoles del pasado que utilizaban estas versificaciones (55).[18] De esta manera, la abundancia de sonetos y décimas sería una consecuencia de la nostalgia del poeta por España y de su intención de seguir conectado en el exilio con la tradición de la lírica clásica española.[19] Warner señala también otra posible explicación, más relevante para el estudio de la masculinidad de Domenchina:

"The general effect of the technical problems posed by such forms will be to counterbalance and objectivise the strong emotions to which he often refers as the motivation behind his writing" (55). Aquí Warner sigue una idea apuntada anteriormente por Bellver, quien señala que "Domenchina sabe sujetar el hilo emotivo de su drama interior a una disciplinada forma exterior para que la emoción no desemboque en profuso desahogo romántico" (*El mundo* 16). Como indican estas dos investigadoras, el dominio formal que implica la composición de sonetos y décimas le sirve a Domenchina para contrarrestar las emociones desbordadas que expresa en sus poemas, las cuales podrían interpretarse como femeninas o poco masculinas. Quizás por este motivo y por el hecho de que el propio poeta subraye en sus poemas que su poesía es viril, todos los críticos han repetido el tópico engañoso de la virilidad de su lírica.

Otro aspecto formal de la poesía de Domenchina en el exilio, el conceptismo y, en concreto, la utilización de contradicciones y paradojas, merece asimismo atención, ya que revela la concepción que el poeta tiene de su masculinidad. El poema "4 de marzo" de *Pasión de sombra* resulta significativo al respecto: "En vivir sin vivir, que es tu problema, / gastas una energía que no gasta / con su vivir a medias, que le basta, / el vividor de ardid y estratagema" (125). En una primera lectura se podrían interpretar estos versos como ejemplo de expresión de la vida dolorosa del poeta en el exilio, del "vivo sin vivir en mí" de los poetas místicos. Warner indica acertadamente que las paradojas y antítesis concuerdan bien con la visión de vida rota que Domenchina muestra en el exilio (58). De esta manera, el uso de estas figuras se conectaría con la sensación de Domenchina de tener su identidad escindida en dos, dividida en el doble o la sombra. Ahora bien, la presencia de figuras retóricas de oposición puede deberse también a un reflejo de la masculinidad en crisis del poeta. La encrucijada en la que se encuentra Domenchina en relación con su masculinidad se traduciría formalmente en el uso de paradojas.

Los poemas que se han analizado en este capítulo demuestran la importancia que Domenchina confirió a la masculinidad durante su exilio. Incluso se podría decir que fue una de sus principales preocupaciones al hallarse alejado de España. Su poesía refleja claramente el dilema que experimenta en relación con su masculinidad. Al enfrentarse a un periodo de crisis vital, Domenchina se aferra al ideal de la masculinidad tradicional como un refugio seguro, mostrando en numerosos poemas su aquiescencia con el papel clásico del hombre. Sin embargo, ese modelo de masculinidad asertiva le provoca una sensación de fracaso y frustración cuando lo compara con su situación de hombre exiliado que ha perdido su tierra y sus ganas de vivir. En definitiva, la poesía de Domenchina refleja las tesituras que los hombres experimentan cuando se sienten impelidos a seguir el modelo normativo de masculinidad, el cual resulta en muchos casos inalcanzable.

Capítulo tres

El hombre ocioso:

Juan Gil-Albert

La experiencia del exilio suele afectar negativamente a la masculinidad de los que lo padecen debido a la expulsión de la patria y la sensación de extrañamiento que se vive en el país de acogida. Sin embargo, hay ocasiones en las que el exilio produce consecuencias positivas en la masculinidad de los hombres al implicar una liberación de las normas patriarcales y de las exigencias sociales que se espera de los varones. Al encontrarse en una nación nueva, el exiliado puede no sentirse tan observado o juzgado como en su entorno de origen, lo que le podría permitir explorar aspectos de su identidad que anteriormente no se hubiera atrevido a considerar, como nuevas relaciones sexuales o nuevos estilos de vida. En el caso de los hombres homosexuales, el exilio puede ser especialmente liberatorio al hallarse lejos de murmuraciones, compromisos y lazos familiares, aunque la sociedad de acogida puede seguir siendo tan homófoba como la de origen. Esta realidad de un exilio enriquecedor se aprecia claramente en la figura de Juan Gil-Albert, quien pudo en su destierro disfrutar de experiencias beneficiosas y abrazar una masculinidad guiada por el ocio, conformada por tres comportamientos: la contemplación de la naturaleza, la creación poética y el disfrute del amor.

En este capítulo analizaré la que denomino "masculinidad ociosa" de Gil-Albert. Tras la Guerra Civil, el autor alicantino ya no se muestra interesado por la ideología política, experimenta el exilio como un periodo en el que recupera la tranquilidad y abraza el ocio como un estilo de vida. Se puede considerar su ociosidad como un rasgo de rebeldía contra la heteronormatividad, el decoro moral, la vida urbana y el capitalismo que rigen la sociedad burguesa. La masculinidad ociosa que presenta Gil-Albert se conecta estrechamente con su homosexualidad y la cultura clásica greco-romana que él tanto admira. Desde la perspectiva del poeta, la inclinación hacia la belleza y el disfrute de los goces terrenales típicos del ocio son cualidades que destacan especialmente en los homosexuales: "Encarnan, personalmente, el ocio de la naturaleza. [...] han evitado el dolor y han elegido el placer como distintivo de sus actos. [...] El trabajo exige organización y entendimiento; el ocio, vocación y sensibilidad" (*Heraclés* 140).

En opinión de Gil-Albert, la ociosidad del homosexual se debe a su tendencia a la búsqueda de la belleza y a su condición de artista. Por eso en los tres aspectos del ocio arriba mencionados se aprecia una clara conexión con la condición homosexual. En la contemplación de la naturaleza, Gil-Albert halla elementos que identifica con el amado y se reafirma su creencia de que la homosexualidad es un estado natural y no un vicio ni un pecado. Al componer versos, relaciona la figura del poeta con el homosexual, ya que ambos tienen una sensibilidad especial, padecen pesares y son seres únicos, escogidos por los dioses. Finalmente, a través del epicureísmo, Gil-Albert puede disfrutar del amor de una manera más plena y libre y mantener una relación homosexual que le marcará por el resto de sus días. En definitiva, el exilio le permite al poeta asentar su condición homosexual y sentirse más seguro de ella.

Gil-Albert vivió un exilio muy intenso, no sólo por el gran número de viajes que realizó, sino también por las profundas emociones que experimentó. Junto con el grupo editorial de la revista *Hora de España*, del que formaba parte—Rafael Dieste, Ramón Gaya, Antonio Sánchez Barbudo y Arturo Serrano Plaja—, cruzó la frontera con Francia en febrero de 1939, tras lo cual él y sus compañeros fueron recluidos en el campo de concentración de Saint Ciprien. En *Memorabilia* Gil-Albert relata su reclusión allí: el hambre, la suciedad, el maltrato y, finalmente, su liberación por intermedio de un enviado de la Alianza de Intelectuales (188). Seguidamente él y sus amigos se alojaron en una casa de campo que Jean Richard Bloch poseía en Poitiers. En mayo de 1939 embarcaron para México y llegaron al puerto de Veracruz el 13 de junio (Paz Moreno 38). En México Gil-Albert comenzó una relación amorosa con un joven que recibe el nombre de Tobeyo en su obra, pero debido a complicaciones con él, en 1942 decidió acompañar a su amigo Máximo José Kahn en un viaje por varios países de Sudamérica—Colombia, Perú, Bolivia—, viviendo seis meses en Río de Janeiro y casi un año en Buenos Aires.[1] En esa ciudad sacó a la luz *Las ilusiones* (1944), su poemario más valorado por gran parte de la crítica. En 1945, motivado por una carta de Tobeyo, abandonó Buenos Aires y regresó a México, donde permaneció hasta 1947, año de su retorno definitivo a España. De esta manera, su exilio duró un total de ocho años.

Además de *Las ilusiones*, a partir de los recuerdos de su relación amorosa en México, Gil-Albert escribió *Tobeyo o del amor*, que salió a la luz en 1990. En este capítulo analizaré estas dos obras para ofrecer una visión conjunta de la experiencia del destierro de Gil-Albert. Existen diversos estudios sobre *Las ilusiones* y *Tobeyo* respectivamente, pero la crítica no ha relacionado ambas obras de manera detallada y, sobre todo, no ha analizado la conexión existente entre el exilio y la masculinidad homosexual del poeta. Mi argumento principal es que para Gil-Albert el exilio supuso un paraíso del ocio que le posibilitó volver a apreciar la vida, contemplar la naturaleza, reflexionar, componer versos y amar. El poeta pudo disfrutar de una relación amorosa con libertad, lejos de las presiones sociales y familiares de España. Ahora bien, tras una primera etapa de felicidad, Gil-Albert padeció las desilusiones del exilio, mayormente provocadas por problemas con Tobeyo, la sensación de extrañeza que padecía en México y la nostalgia por su tierra alicantina. El poeta sentía la necesidad de retornar a España para conectar con el Mediterráneo y poder ocuparse de lo que consideraba compromisos familiares. El temprano retorno de Gil-Albert a España demuestra que no necesariamente los individuos homosexuales que se exilian o emigran desean romper con su nación heteronormativa y poder gozar de una mayor libertad en el extranjero. Su familia y la necesidad de arraigarse en su tierra fueron más importantes para Gil-Albert que la independencia de la que disfrutaba en el exilio.

Esta dualidad del exilio como paraíso y posterior infierno se apunta ya en *Las ilusiones*, aunque domina más la primera de estas realidades. Se trata de un poemario diferente a los otros escritos durante el exilio republicano, una excepción en la lírica del destierro porque destila vitalismo, felicidad y alegría de vivir en vez de dolor o nostalgia acervada por lo que se ha perdido.[2] Guillermo Carnero indica que junto a *Mínima muerte*, de Emilio Prados, y parte de *Las nubes*, de Luis Cernuda, *Las ilusiones* es el libro escrito en el exilio republicano español "que menos se ciñe a las limitaciones de la poesía del destierro" ("La poética" 109).[3]

Francisco Díaz de Castro apunta que en esta obra la presencia del ocio era "sorprendente y provocativamente hedonista" para la época ("Juan Gil-Albert" 57). A pesar del optimismo reinante en el libro, Díaz de Castro nota en él una dialéctica entre la opción erótica y vitalista, y la conciencia existencial de la temporalidad ("Delicioso" 85). Esta tensión queda reflejada en el doble posible significado del término "ilusiones" del título, ya que, como señala Díaz de Castro, puede referirse a una esperanza atractiva o bien a una imagen engañosa ("Juan Gil-Albert" 56). En el poemario se utiliza más la palabra "ilusión" para aludir a algo positivo, pero también se hallan algunos casos del significado negativo, lo que muestra las contradicciones anímicas propias del exilio.

Sobre las alegrías del amor y sus posteriores decepciones gira el libro *Tobeyo o del amor: Homenaje a México*, publicado en 1990, pero comenzado a escribir en 1962 a partir de noticias que Gil-Albert recibía desde México por parte de Concha de Albornoz (Corral 43). Aunque no se puede calificar como unas memorias al uso, no cabe duda de que en esta obra el autor vertió gran parte de sus experiencias personales. En el prólogo Gil-Albert confiesa el carácter autobiográfico del libro: "Los episodios de esta vida suceden en México—de mi vida y de tantas otras en fusión" (7).[4] El autor está representado en el protagonista, Claudio, un músico que compone una sonata para orquesta titulada "Homenaje a México" (13), la cual simboliza el propio libro que se está leyendo. Al igual que Gil-Albert, Claudio es un artista y crea una obra sobre México. El autor confirma esta identificación en una carta a Salvador Moreno fechada el 25 de julio de 1967: "el protagonista, que soy yo, es músico" (*Cartas* 60). En este capítulo, por tanto, analizaré las experiencias del exilio atribuidas a Claudio como propias de Gil-Albert. Su amado mexicano, Guillermo Sánchez, recibe en la obra el nombre de Tobeyo porque Ermilo Abreu Gómez le dijo que esa palabra "quería decir algo así como muchacho hermoso" (60).

El ocio vital que Gil-Albert manifiesta durante gran parte de su exilio se relaciona con su personalidad optimista. Numerosos críticos como Pedro de la Peña han destacado las ganas de vivir del autor y su capacidad de gozar del mundo (8). Francisco Brines señala que Gil-Albert era muy apasionado y que amaba la vida, "y por eso es uno de los escasos poetas hímnicos que existen" (Brines y Carnero 20). Antonio Moreno destaca que su vitalismo humanista persigue la ataraxia o paz interior, cultivando tópicos horacianos como el contacto con la naturaleza, la ilustre pobreza y el *aurea mediocritas* (117). Estas opiniones sobre Gil-Albert se confirman claramente en dos poemas de *Las ilusiones* cuyos títulos ya apuntan la concepción vital del poeta: "Himno a la vida" y "Canto a la felicidad." En el segundo de ellos el poeta reconoce la maldad que existe en el mundo, las "inexorables fuerzas ciegas," los "lastimeros ayes" y las "matanzas," pero resuelve enfrentarse a la vida desde una perspectiva de felicidad: "¿Por qué yo, pues, me siento redimido / y esta alegre tensión de mis entrañas / hace ascender dichosa hasta mis labios / una dorada espuma?" (135).[5]

La masculinidad ociosa

Durante el exilio Gil-Albert adopta la masculinidad ociosa como un rasgo de identidad propio. El sentido literal de *otium* es "ocio, descanso, reposo," especialmente el alejamiento de la política o de los negocios. Etimológicamente también tiene el significado de "paz, sosiego, calma, tranquilidad" (Segura Munguía 497). En *Las ilusiones* encontramos la presencia de este término y de sus derivados en varios poemas. De hecho, el libro se abre significativamente con "Himno al ocio," en el que el poeta reconoce dejarse embargar por la inacción.[6] La masculinidad ociosa no suele ser muy bien aceptada en la sociedad patriarcal, ya que se espera de los hombres que sean productivos y que con su trabajo activo colaboren en el funcionamiento de la sociedad. En el caso de Gil-Albert, la masculinidad ociosa va acompañada de intelectualismo y capacidad artística, lo que sin duda sirve para eliminar o al menos minimizar la connotación negativa, adquiriendo inclusive un aire de prestigio. Es lo que en Roma se conocía como el *otium litterarum*, el tiempo libre consagrado a las letras o a los estudios (497). De esta manera, los aspectos negativos de la masculinidad ociosa de Gil-Albert se contrarrestan mayormente por medio del énfasis que pone en su labor como poeta y lo que esto supone: haber sido elegido por los dioses y realizar una función social al revelar mitos secretos a la sociedad y transmitir felicidad a las personas.

Si en el exilio Gil-Albert descubre y abraza el ocio como un estilo prestigioso de vida, tras su regreso a España continuará en esa misma línea, no trabajando en ningún oficio que no sea la escritura. Es cierto que se ve obligado a ocuparse de los negocios familiares, pero éstos quiebran pronto y tiene que poner en venta la finca familiar de El Salt (De la Peña 71–72). Este fracaso económico no supone un gran desengaño para el poeta, ya que como considera que la búsqueda de la riqueza conlleva poder y corrupción, prefiere asumir la pobreza.[7] Para Gil-Albert, en el ocio y la despreocupación por las cosas materiales se esconde la fuente del bienestar. Brines considera que el poeta propone "una cultura paradisíaca en la que el ocio sea la primordial ocupación de la vida" para alcanzar la felicidad terrenal ("Gil-Albert" 1792). Esto se aprecia en el poema "La ilustre pobreza," incluido en *Los homenajes* (1964), que se abre con la sentencia "La vida es ocio" (De la Peña 284) y muestra al poeta paseando por un jardín y mirando por la ventana de su casa, dichoso en su humilde morada.[8]

Además de los bienes materiales, Gil-Albert rechaza el trabajo común porque éste "desvía al hombre de los valores más esenciales de la vida" (Brines, "Gil-Albert" 1790). En el poema "Apetencia" de *Drama patrio*, el poeta confirma que se niega a participar en la rutina laboral que impone la sociedad normativa: "Pido que no me obliguen a marcharme / [...] / a cumplir los deberes sacrosantos / de la ciudadanía" (*Memorabilia* 264). El estilo ocioso de vida que escoge Gil-Albert no implica, empero, ser vago o apático, ya que se pregunta si su comportamiento "¿no será más bien el atributo de una laboriosidad genuina? Unos trajinan, otros conservan; es decir, eternizan" (*Obra completa* II 2212). De esta manera, el autor defiende que ser ocioso supone una labor contemplativa de tipo estético. Reitera esta idea en una entrevista con Manuel Aznar Soler: "No soy un holgazán, pero el culto beato al trabajo me repele y [...] erijo, como una divinidad liberadora, el Ocio, que nada tiene que ver con la holgazanería" ("El existir" 48). La consecuencia es que el ocio le sirve al poeta para realizar una función social y "ser testimonio de la verdad" (*Obra completa* I 574). En definitiva, la ociosidad y la despreocupación por los bienes materiales le posibilitan ser artista y denunciar los males de la sociedad.

Esta actitud ociosa que rige la existencia de Gil-Albert tras regresar a España tiene su origen en su experiencia del exilio. Como expone José Carlos Rovira, el exilio le permite refugiarse en sí mismo tras haber estado volcado hacia el exterior durante la Guerra Civil ("Introducción" 24). Es entonces, mientras descansa en Poitiers, cuando Gil-Albert se percata de que ya no le interesan las ideologías políticas de ningún tipo: "en aquel breve reposo francés se me hizo la luz sobre tantas cosas... de este mundo, sobre tantas cosas humanas. Y pensé que toda lucha era inútil o, al menos, para mi sentir, banal" (*Los días* 131). Su alejamiento de la política se aprecia en el poema "El linaje de Edipo," de *Las ilusiones*, donde se lamenta de la lucha fratricida de España, culpando a ambos bandos, y de la actitud belicosa de numerosos exiliados: "Los desterrados cantan la alborada / de su lejano amor y perseguidos / por el perro del odio se aniquilan / en ese mismo fuego que les prende" (96). Gil-Albert manifiesta que los conflictos ideológicos continúan entre los desterrados, quienes, por un lado, recuerdan nostálgicamente y por otro, odian a sus enemigos. Él parece distanciarse de ambas actitudes, especialmente del rencor, y decide adoptar el ocio como filosofía de vida.

Ya en la casa de Poitiers se aprecia en el poeta su renacimiento al ocio, como atestigua la narración que Sánchez Barbudo realiza de esa etapa vivida juntos: "Nos sentíamos todos, de algún modo, culpables. O así me parecía a mí. Todos, menos Gil-Albert, al que veíamos frecuentemente abstraído, pero nada atormentado. Le veía yo a veces perderse por las frondas, solitario, con un ramillete de flores en la mano. O en la ventana, inmóvil, percibiendo aromas, apreciando matices de forma y color" (60). Sánchez Barbudo confiesa que reprochaba secretamente la actitud de Gil-Albert, aunque reconoce que en aquel olvido del compromiso político "también hubo como una afirmación, aún tímida, de su derecho a la vida" (62). El florecimiento de la naturaleza durante su breve exilio francés provoca que Gil-Albert decida cambiar su actitud vital y abrazar el ocio para alcanzar la felicidad.

Una vez en México, la entrega al ocio le permite a Gil-Albert olvidar o superar los horrores de la guerra. En *Tobeyo* se expresa claramente la necesidad que sentía de olvidar los sobresaltos sufridos en España y se describe el exilio como "un interregno en el que el mundo había sido distinto, como un ocio vivo [...]; más que esperanza, abandono, gusto de saberse flotante con la miel en los labios y el sabor de la inseguridad" (64). Como indica el título de la segunda sección de *Las ilusiones*, el poeta es un convaleciente que en el exilio va a ir recuperándose de las calamidades vividas durante la guerra. Tanto Gil-Albert como algunos de sus compañeros aprovechan el destierro para recobrar el sabor de la vida: "Fueron unos meses en los que ni siquiera había proyecto; cada cual vivía de sus fuerzas vírgenes aspirando las primicias del aire, recreándose en su inconsciencia, en tregua del deber" (*Tobeyo* 65). En *Memorabilia* Gil-Albert relata cómo en compañía de Emilio Prados se entregaba en México "a un merodeo de desocupado y enhebrar la conversación con la infinitud" (184).[9] Al no tener familiares consigo y disponer de una mayor libertad de movimientos, el poeta pudo disfrutar más de su tiempo libre.

En *Tobeyo*, Gil-Albert señala que la ociosidad de Claudio, su alter ego, fue el resultado de su anonadamiento ante el paisaje y las gentes mexicanas: "se sintió en los lindes de otro continente: la luz edénica, la vegetación lujuriosa, las gentes que se contonean y hablan un español antiguo, lánguido y preciso a la vez, sus cabelleras endrinas, sus ojos rutilantes... [...] Aquellos días no hicieron sino ducharse o deambular" (42). Si bien aquí se orientaliza a México desde un prisma positivo, como remanso de paz, en otros momentos de la obra el autor reproduce tópicos colonialistas al lamentarse de que el país actuara como un "estupefaciente" y ejerciera sobre él una "seducción peligrosa" (11). En el destierro Gil-Albert también aprende a asumir la carencia de dinero y a renunciar a cosas superfluas, un hecho que le servirá para afrontar el desplome del negocio familiar a su regreso a España.

A pesar de su ociosidad, diversos críticos han señalado que durante su exilio Gil-Albert no simplemente deambulaba sin hacer nada, ya que además de escribir poemas, participó activamente en varias publicaciones y proyectos editoriales. De la Peña indica que en México Gil-Albert colaboró en la revista *Taller*, dirigida por Octavio Paz, y en la realización de una antología de poetas españoles e hispanoamericanos, por lo que "estos años, por ociosos que nos los describa, no son en absoluto baldíos" (57). Carnero añade que Gil-Albert participó en otras revistas mexicanas como *Letras de México*, *El Hijo Pródigo*, *Las Españas* y *Romance*; también editó una antología de místicos españoles y redactó el catálogo de la exposición de Ramón Gaya ("Estudio" 46). Gil-Albert confirma su activa vida literaria durante el exilio en una entrevista con Jaime Millas: "Mi obra de escritor en aquellos años no sólo no atraviesa, como dices, difícil esterilidad, sino todo lo contrario" (38). De hecho, el ocio exílico supondrá un incentivo para su creatividad poética.

El ocio contemplativo: la masculinidad natural del homosexual

Uno de los componentes principales del ocio para Gil-Albert es la contemplación de su entorno, mayormente de la naturaleza, donde halla calma y reposo y relativiza los problemas del ser humano. En *Las ilusiones*, la naturaleza también le sirve para sentir que sigue vivo en el exilio y continúa perteneciendo al mundo, confiriendo así arraigo y sentido a su existencia. Además, en ella el poeta encuentra una compañera cómplice de su homosexualidad, normalizando de esta manera su identidad sexual y sus sentimientos amorosos. En "A la naturaleza," frente a los hombres que la desdeñan, el poeta decide contemplarla y participar de ella porque es el origen de la felicidad: "Es eso lo que siento / cuando vengo a sentarme en tus ribazos / y coloco mi mano sobre el musgo / de tu jovial mirada" (67). En el entorno natural es donde el poeta encuentra la paz, alejado de los conflictos y las miserias de la sociedad. En "La jornada campestre," Gil-Albert expresa que en el campo puede olvidar el dolor de la guerra y rememorar momentos felices. La naturaleza le hace recordar que todavía está vivo y que existe armonía y belleza en las "halagadoras formas de la vida" (14).[10]

En *Las ilusiones*, la naturaleza también le sirve a Gil-Albert para conferir continuidad a su vida, ya que relaciona elementos del paisaje mexicano con experiencias positivas de su pasado. Por ejemplo, en "Los viñedos" el poeta parte de su presente en México para rememorar los campos de uva de su juventud y conectarlos con Baco o Dioniso, el dios del vino. Los viñedos simbolizan el ocio, el disfrute de la vida y de los placeres carnales. No es casual que la portada de *Las ilusiones* incluya una imagen titulada "Dioniso navegando sobre un mar de dulzura," en la que se ve al dios en una barca con abundantes racimos de uva sobresaliendo por encima de las velas.[11] Con esta imagen Gil-Albert establece el tono optimista y epicúreo que domina el poemario. Además, al participar del ambiente natural donde existen señales de las deidades clásicas, el propio poeta pasa a formar parte de ese mundo superior al de los humanos y puede sentir que los problemas cotidianos son irrelevantes.

Las flores y el agua son otros elementos de la naturaleza que el poeta gusta de contemplar. En la serie "Sobre unos lirios," estas flores le ofrecen compañía y le recuerdan tiempos alegres: "vuestra presencia ha sido en estos días / como el sueño de mi juventud" (41). En el poema "Las lilas," las flores simbolizan también la fertilidad y la continuidad de la vida: "La variedad de su balanceo / y su inagotable florecer / me consolaba" (43). Incluso le ofrecen estabilidad en la incertidumbre del exilio: "cada racimo de su despertar / era para mí un retoño de seguridades" (43–44). En referencia al agua, en "Fuentes de la constancia," su contemplación y sonido suponen para él un medio para entender la vida y alcanzar "un misterioso fondo originario" (102). Gil-Albert considera que para reconectar con el agua primigenia, con lo que realmente es la fuerza vital, el hombre debe recurrir al amor o al recogimiento: "para amar a algún ser, o estar soñando / con un rumor confuso y delicioso, / como al borde de un agua inesperada, / que no es más que la vida, allí fluyendo" (103).[12]

Uno de los aspectos de la naturaleza más presentes en *Las ilusiones* es el de su constante cambio y renovación, lo cual le sirve a Gil-Albert para mantener una actitud positiva en las circunstancias difíciles del exilio. Lo mismo que la naturaleza se transforma y renace, la vida del hombre puede resurgir tras una etapa de desolación. Esta idea se aprecia en "Las estaciones," donde el poeta conecta la primavera con el renacimiento y la felicidad: "¿Quién no recuerda el tiempo en que aparece / la oscura violeta entre el follaje / apretado cual nudo que desata / la dulce vida?" (116). En otros poemas como "La primavera" presenta esta estación como "el verde despertar [...] / como el claro destello de la vida" (129). En esta composición el poeta desarrolla la posibilidad de la reencarnación después de la muerte por medio de la personificación de la primavera en la figura mitológica de Perséfone, quien fue raptada por Hades, el dios de los muertos. Aunque al principio la madre de Perséfone, Deméter, busca sin éxito una respuesta de su hija desaparecida en el inframundo, finalmente, por medio de Zeus, Perséfone logra retornar temporalmente a la tierra todos los años, renovando así la naturaleza. De manera análoga, Gil-Albert da a entender que la muerte es necesaria para el estallido de la vida y que los momentos de tristeza por su exilio serán sustituidos por la felicidad en el futuro.

Además de confortarle anímicamente, en *Las ilusiones* la naturaleza desempeña una función fundamental para fomentar y normalizar la condición homosexual de Gil-Albert. El poeta halla en la naturaleza un ente que comprende, acepta y protege su homosexualidad. Como manifiesta Francisco Caudet, la naturaleza se torna en compañera y cómplice del amor ("Gil-Albert" 30). Así, el poeta ve en diversos elementos naturales señales de su pasión. Por ejemplo, en "La rosa," el yo poético se compara con un pájaro ciego cautivado por una flor: "La imagen del amor como una rosa / abre sus encendidas ilusiones" (30). De manera semejante, en "La lluvia" el amor como fuerza arrebatadora se representa en el agua que procede de las nubes: "¡Denso amor que desciendes de los montes, / como un desgarrador aliento negro! / Comprendo tu ansiedad y tu osadía" (33).

En otras ocasiones Gil-Albert establece en *Las ilusiones* una clara identificación entre la naturaleza y el amado.[13] En la serie "Sobre unos lirios," estas flores se describen como "mancebos como príncipes" y se equiparan al amado (39). Además, el olor que desprenden se compara con "la respiración de un amigo" (40). En "La higuera," este árbol se termina confundiendo con el propio amado: "cabellos tan frescos como los pámpanos, / entre cuyo follaje tentador / crece el higo [...] / y entre sus labios maduros / busca el poeta el sabor de lo irremediable" (45). En estos versos las hojas de la higuera se identifican con el pelo del amado y el higo con sus labios. El sol es otro de los símbolos más recurrentes de Gil-Albert para referirse al amado. Así, en "El convaleciente" el sol representa al amor, el cual le ayuda al poeta a recuperarse del dolor pasado durante la guerra: "un sol tierno y jubiloso / que con su cálido tintineo / trata de hacerme olvidar los viejos desengaños" (87). En "Himno al sol," el astro aparece como el amante del poeta que posa su llameante cabellera sobre él: "Arden tus sienes sobre el pecho amargo, / suave tibieza embarga mi alegría" (64).[14]

Durante su contacto con la naturaleza, el poeta también reflexiona sobre su condición homosexual, naturalizándola al mostrarla como parte del mundo. Caudet señala acertadamente que en *Las ilusiones* Gil-Albert proclama y afirma su homosexualidad ("Gil-Albert" 29). En su ensayo sobre la homosexualidad titulado *Heraclés* (escrito en 1955, pero publicado en 1975), el autor defiende la idea de que la homosexualidad no es un vicio, sino un estado con el que se nace, "una manera sustancial de ser hombre" (45). Por eso en el poema "Los caballos," el comportamiento libre de estos animales se conecta con la identidad homosexual. Se describe a los caballos como "victoriosas criaturas" (91), poseedores de la belleza, dueños de "un encanto misterioso" (92) y rebeldes: "¡Bellos seres / del brío y la indolencia soberana!" (92). Los hombres desean domar los caballos como intentan censurar a los homosexuales porque les "espanta / esa gran libertad" (92).

En "La primera tentación de la serpiente," Gil-Albert también naturaliza al homosexual al establecer un mito sobre su creación. Cuando Dios hizo al hombre, éste, al hallarse solo por los bosques, "cayó enamorado de sí mismo" (100) porque la serpiente le proyectaba su imagen. Para salvarle de esta situación, Dios creó a la mujer, "mas no pudo / borrar de algunos hijos de los hombres / aquella inclinación estremecida" (101). De esta manera, el homosexual es aquel hombre originario que se enamoró de su doble, es decir, de otro hombre, "aquel amante / igual a nuestro rostro en el espejo" (101). A través de este relato mitológico, Gil-Albert busca prestigiar la identidad homosexual, sentirse parte de una tradición clásica y así conferir sentido a su existencia durante el exilio. Como apunta Brines, los mitos le sirven a Gil-Albert para afirmar la vida frente al paso del tiempo ("Vigencia" 94).

En el poema "Himno a la mujer," Gil-Albert ofrece una visión más personal de la homosexualidad, mostrándose orgulloso de su condición y considerándola como un destino que forma parte de la naturaleza: "un jovial arcano entre cipreses / por el que tengo que cumplirme solo, / perderme, angustiarme como ninguno, / coronado por un signo de austero laurel" (47). Aunque el poeta se lamenta de la soledad que implica ser homosexual—"un chispazo, un ave singular, / eso soy entre tantos que se apoyan unidos" (47)—proclama que el hombre homosexual que se niega a entrar en el papel procreador de la especie se sitúa en un nivel más alto de lo terrenal: "y por eso tengo el aire de los que no pisan la tierra, / porque una vieja potencia subyugadora / me tiene detenido en su orbe" (48). En *Tobeyo* Gil-Albert desarrolla esta idea y manifiesta que debido a su aislamiento los homosexuales pueden dedicarse plenamente al ámbito del espíritu, representando en la sociedad el papel del artista (60–61).[15]

El ocio creativo: la masculinidad sagrada del poeta

Además de disfrutar de la naturaleza, Gil-Albert dedica su tiempo libre en el exilio a la creación poética. La escritura durante el destierro le sirve para reafirmar su identidad y su masculinidad, sentirse vivo y más válido, especialmente debido a la concepción que tiene del poeta como un ser escogido por los dioses. Desde esta perspectiva, la labor del poeta y la realidad del homosexual son muy semejantes, ya que ambos son seres especiales con gracias divinas y capacidades estéticas que sufren por la soledad que padecen debido a su singularidad.

El exilio y el ocio provocan que en Gil-Albert surja de nuevo la vena poética, su potencial artístico. Es lo que Rovira denomina "ocio creador" (*Juan Gil-Albert* [1991] 46). Jean-Loup Roche confirma al respecto que algunos exiliados como artistas y científicos consiguen beneficiarse de su experiencia del destierro al crear o producir más obras (230–31). Edward Said también señala que el exilio puede vivirse de una manera positiva y fructífera porque posibilita originalidad de pensamiento (186). Gil-Albert siguió esta tendencia y, como indica Aznar Soler, el comienzo de su exilio en la casa de campo de Poitiers supuso su reencuentro con la poesía ("Las colaboraciones" 22). En "A la poesía," una de las composiciones más importantes de *Las ilusiones*, el poeta confirma que el destierro desarrolló su potencial creativo: "Al fin, rendida entre mis suaves brazos, / me has concedido el don de tus deseos, / ¡Oh virgen maternal [...]!" (81). El descanso contemplativo es lo que incita la germinación de sus impulsos líricos: "Así tú aprovechando del descuido / de mi ocio te entraste hasta mis labios / sin que yo lo supiera" (82).

La escritura poética resulta terapéutica para Gil-Albert porque le confiere un sentido a su vida. Así lo expresa en diversas composiciones de *Las ilusiones*, como en "La higuera": "mis alas son las palabras / y sin ellas caigo desvanecido en un torpe sueño" (45). La poesía también aumenta su autoestima porque es una señal de su superioridad sobre el hombre común. En "El nacimiento del poeta," Gil-Albert declara que son los dioses los que escogen al poeta y lo marcan con un destino único y difícil ya desde su concepción. En palabras de Brines, Gil-Albert "se ve a sí mismo como perteneciente a una estirpe mítica, antigua y prodigiosa, de la que él es elegido e involuntario transmisor" ("Vigencia" 92).

Al estar en contacto con la divinidad, la masculinidad del poeta se reviste de un carácter venerable. Este aspecto se aprecia en el poema "El oráculo," donde Gil-Albert expresa su visión más elevada sobre la figura del poeta vate al indicar que "en él reposan los secretos / de antiguos soles" y que "sagrado es el poeta / y sagrada su boca" (126). Así, aquel que se atreva a herir físicamente a un poeta padecerá el castigo de los dioses: "Mas cuando al poeta / osan con la impudicia de su mano / tocar dejando el rastro de su huella, / ¿no oís cómo del fondo de los cielos / se escucha el torvo acento de la ira?" (126). Es posible que aquí Gil-Albert esté asegurando que el poeta debe ser intocable porque está anticipando su regreso a España y desea pensar que como creador poético, es decir, como un ser superior, no debería recibir castigo ni represión ninguna por parte del gobierno franquista.

Además de conectar con los dioses, la poesía le permite relacionarse con los poetas de la Grecia clásica y atemperar así su soledad. En "A la poesía," Gil-Albert manifiesta que sus poemas encierran resonancias clásicas: "en mi leve saliva depositas / la miel en que renace como un soplo / la antigüedad" (82). En otros poemas el autor busca la inspiración en poetas antiguos que le sirvan como maestros y guías. En "Oda a Píndaro," Gil-Albert le pide ser iniciado "en los festivos cantos fraternales" (90), mientras que en "A Anacreonte," se siente conectado con el poeta griego, no sólo en su manera de pensar, sino también en su amor por los jóvenes. A través de la creación poética, el autor se vincula con una tradición de hombres ilustres, con una raza de varones con los que conforma una fraternidad de tipo sagrado: "Donde crece / una rosa enlazada entre las yedras, / donde un joven poeta se dispone / a verter sobre el mundo su risueña / canción de amor, tú flotas silencioso" (80). Su exilio no consiste ya en una experiencia individual y desoladora porque debido a su sensibilidad poética se siente acompañado y comprendido por toda una plétora de poetas clásicos.

A pesar del carácter elitista de los poetas, Gil-Albert subraya que realizan una función social consistente en transmitir felicidad a las personas. En "A la poesía" se indica que el poeta puede generar alegría con sus versos a pesar de sus propios sufrimientos: "¿Cómo el rayo / que aniquila la vida puede a veces / entreabrir en nosotros ese verde / suspiro en que se escapan las canciones / halagadoras?" (83). La poesía es, por tanto, sinónimo de esperanza: "a través del poeta se contempla / la faz de la ilusión" (83). Consecuentemente, el poeta realiza una importante labor en la sociedad, la de brindar "esa extraña claridad que flota / tras la ruin tormenta" (83). La misma idea ofrece Gil-Albert en "Canto a la felicidad," cuyos últimos versos rezan: "un ser puede / con sólo abrir sus labios encantados, / hacer brotar de sí la dicha ajena" (136). Para

Gil-Albert, el poeta también se encarga de dar a conocer al mundo realidades profundas. En "Los mitos," proclama orgulloso que a través de sus versos es capaz de recrear leyendas para los lectores: "Una aurora / puedo mecer en vuestros corazones / despertando la rosa en las mejillas / de aquellos hechos" (118).

Ahora bien, la importante labor que realiza el poeta tiene como contrapartida su propio sufrimiento. En "El nacimiento del poeta" se indica que el ser poeta es un designio laborioso, una carga pesada, "ese rayo vengativo / de la divinidad" (88). En "La canción" Gil-Albert también señala que los poemas que escribe el poeta sirven para alumbrar a la humanidad, pero que éste debe pagar un alto precio al crearlos, ya que tras generar lumbre, "una nube de cenizas ciega sus ojos" (117). El autor parece lamentarse de que la gente no se percate del dolor y del gran esfuerzo que supone componer versos.

El ocio del amor: la masculinidad tradicional del amado

El tercer componente del ocio de Gil-Albert durante el exilio fue el disfrute del amor. Curiosamente, en el poema "Himno al ocio" se describe el ocio como un joven del que se enamora el poeta (12). De esta manera, para Gil-Albert el ocio se halla indisolublemente asociado con el placer y el amor. El exilio le permite gozar del amor de una manera más libre que en España. Como indica Romà Seguí i Francès, en México puede vivir su relación con Tobeyo con "una normalidad que contrasta con la represión franquista" (101). El caso de Gil-Albert no fue el único, de acuerdo a Salvador Moreno, quien apunta que numerosos exiliados jóvenes disfrutaron en México de aventuras amorosas: "aquellos amores que todos, jóvenes como éramos, vivíamos (Gaya, Cernuda, Prados, Altolaguirre, Gil-Albert, yo mismo y tantos amigos más, incluso Bergamín, que por entonces vivía su segunda juventud)" (331). De esta manera, el exilio en México le posibilitó a Gil-Albert la vivencia de un amor pleno y "un sincero abandono de sí mismo" (333).

Al liberarse de las constricciones sociales a las que se encontraba sometido por su posición social y familiar en España, en el destierro Gil-Albert abraza su homosexualidad de una forma más abierta. Como se indica en *Tobeyo*, es en México donde mantiene por primera vez una relación amorosa seria: "Tobeyo había motivado la erupción de una lava que estaba esperando, de tiempo, su proyección efusiva" (52). En este sentido, se puede decir que el exilio mexicano le despierta a Gil-Albert al amor. El poeta mantiene con Tobeyo una de las relaciones más importantes de su vida. En opinión de Juan Godoy, no volvió a vivir un amor como ése (58). Su relevancia se aprecia en el mero hecho de escribir *Tobeyo o del amor* muchos años después de regresar de México y no publicarlo hasta 1990, cuatro años antes de su muerte. Además, diversos poemas que compone tras retornar a España tienen a Tobeyo como protagonista, como "Canto a la noche," "La exaltación," "Al joven Tobeyo," "Los muchachos," "El barman," "Nube flotante (Méjico)" y varios sonetos de *Concertar es amor* (1951).

Para Gil-Albert, el amado adquiere rasgos divinos que exigen su adoración. Su entrega a Tobeyo y la vivencia del amor le hacen más llevaderos los problemas o preocupaciones asociados con el destierro. La divinización del amado no implica un descrédito o humillación para él porque sigue la concepción clásica del amor. Él, como poeta, tocado por la gracia divina, se enamora de otro dios, como sucedía en la mitología clásica. En *Las ilusiones* se aprecia esta visión del amado en diversos poemas. En "Los idólatras," aunque advierte del peligro del amor apasionado, describe a Tobeyo como una estatua, como "el ídolo amado" (30), mientras que en "La rosa" menciona su "divino rostro" (31). En *Tobeyo* también se encuentra la misma identificación entre el amado y un dios. Desde el momento en que Gil-Albert le entrega a Tobeyo una nota escrita en su bar, se le describe de esa manera: "Aún existen semi-dioses sobre la tierra" (83).[16]

Esta conexión del amado con los dioses se debe a la concepción del amor que defiende el poeta: "La constancia que hicieron los antiguos de que en el amor resplandecía una divinidad toma aquí su cuerpo real, carnal. En el ser amado se traduce, de la cabeza a los pies, el extracto de un dios" (*Heraclés* 124). La consideración del sol como un dios provoca que Gil-Albert a menudo describa a Tobeyo con imágenes luminosas. En *Tobeyo* se señala que "él vive con elevación" (108) y que su presencia conlleva "resplandor" (109). También destacan al respecto varios poemas de *Concertar es amor*: en el Soneto XXV se indica que Tobeyo vive en "la luz de esas alturas" (*Obra poética* II 104), en el Soneto XXVII se dice que el sol le envía su rostro (106) y en el soneto siguiente se menciona "el fuego consumido" de su raza (107).

Parte de la atracción irresistible que Gil-Albert siente por Tobeyo radica en su belleza física. En *Tobeyo* se le retrata como a uno de los jóvenes de la Grecia clásica de los que se enamoraban los dioses. Cuando Gil-Albert le conoció, tenía diecinueve años, "entre el adolescente y el hombre" (28). Hay varias descripciones de Tobeyo a lo largo del libro y en todas ellas se resalta su atractivo físico, que le hace sobresalir sobre sus compatriotas: "Era típicamente mexicano pero, no cabía duda, con algo de excepcional; color de tez, negrura de cabello, prominencia carnal de los labios, caracteres todos concomitantes del país, pero la disposición particularmente grata con que esos elementos se habían singularizado en aquel rostro desconocido, conquistaba en el acto" (29). Aquí se aprecia la orientalización del joven, del que se resaltan con cierto desdén sus rasgos raciales, pero también se indica cómo esas características configuran en su caso una belleza singular que provoca la atracción irremisible de Gil-Albert.

La otredad racial que representa Tobeyo para Gil-Albert influye sobremanera en su enamoramiento. Al igual que el poeta se deja deslumbrar por el paisaje y las costumbres de México, le atraen el físico y la personalidad de Tobeyo, diferentes a lo que hasta entonces él estaba acostumbrado. De hecho, se establece una identificación plena entre el joven y su país, simbolizada en la correspondencia entre el título del libro, *Tobeyo o del amor*, y su subtítulo, *Homenaje a México*. No es casual que se equipare al joven con Quetzalcoatl, uno de los dioses de México. La visión de México como un paraíso va acompañada de la idealización de Tobeyo: "Claudio estaba ya, con respecto a México, en una situación de catecúmeno. El encuentro con Tobeyo se había producido. Y con él esa atracción absorbente y descomunal, a la que desde el primer momento se vio arrastrado" (41).[17]

Ahora bien, cuando escribe el libro años después y revisa su pasado, Gil-Albert considera que el enamoramiento que sentía por Tobeyo y por México resultaba peligroso: "Claudio, ante todo aquello, se embriagaba más y más aunque no de vino, sino de un licor menos recomendable, el contenido de algún filtro oriental. Lo que nos ocurría en México, cosas impensadas, era que nos encontrábamos en Oriente" (26–27). En otras de sus obras el poeta reitera la imagen negativa de esa seducción que sentía por Tobeyo y su país por considerarla demasiado obsesiva. En el poema "Nuble flotante (Méjico)" lo expresa así: "Verte fue sumirme / en la negra emboscada lujuriante / que tu país urdió" (*Obra poética* III 174). La misma idea manifiesta en *Los días están contados*: "Me sentí arrastrado, mecido, dejado llevar, seducido, cautivado" (136). Llega a hablar de una "fascinación oriental" (136), como si hubiera sido atrapado contra su voluntad o en cierto modo engañado. Estas opiniones negativas que Gil-Albert ofrece sobre su relación con Tobeyo se pueden explicar no sólo por el tiempo transcurrido, el cual le sirve para cuestionar sus vivencias pasadas, sino también por la asimilación de estereotipos imperialistas que le llevan a orientalizar a México y culpar al ambiente del país de su obsesión amorosa.

El autor también se siente atraído por Tobeyo porque personifica numerosos rasgos de la masculinidad tradicional, ya que estaba casado, tenía una hija y vivía con una mujer.[18] Gil-Albert apunta que Tobeyo no era homosexual (Villena 50), dando a entender que, al igual que lo que sucedía en la Grecia clásica, aunque realizara actos homosexuales, no asumía una identidad homosexual. De acuerdo a Lionel Cantú, la bisexualidad es un hecho habitual en México (74), por la que la identidad sexual del hombre no está determinada por el sexo biológico de su compañero sexual, sino por los papeles sexuales de activo (el que penetra) y pasivo (el penetrado) (79). Así, como explican Matthew Gutmann y Mara Viveros Vigoya, al hombre que realiza un papel "activo" en las relaciones con otros hombres no necesariamente se le califica como homosexual (121). Cantú advierte que esta realidad de las prácticas homosexuales puede usarse para estigmatizar la cultura mexicana o verla como exótica frente a la europea y estadounidense, cuando en realidad en Europa y Estados Unidos también hay numerosos casos similares (80).[19]

La masculinidad viril que personifica Tobeyo resulta especialmente atractiva para Gil-Albert, ya que tiende a resaltar que el homosexual no tiene por qué ser femenino. Como indica Juan Antonio González-Iglesias en el prólogo a *Heraclés*, al acogerse al mito que da título al libro, "Gil-Albert está rechazando el afeminamiento que muchas veces acompaña a la cultura homosexual" (15). Alfredo Martínez-Expósito también señala que toda la obra de Gil-Albert se enmarca dentro de la tradición del amor griego o socrático, el cual entiende la homosexualidad como "un compromiso vital entre hombres educados y viriles" (*Escrituras torcidas* 13). Para Gil-Albert, el acto de aceptar la propia homosexualidad ya implica una señal de masculinidad: "Decir: yo soy, es el primer acto de virilidad personal y de pensamiento" (*Heraclés* 50). Posteriormente lo expresa claramente: "No nos parece, pues, el afeminamiento un distintivo indispensable de la homosexualidad" (69).

El autor considera que la relación homosexual consiste en una unión entre dos hombres en la que se excluye lo femenino: "el amor sexual entre hombres no tiene nada que ver con la mujer y responde, precisamente, al deseo, bien manifiesto, de prescindir de ella" (71). Al eliminar todo rasgo femenino de la homosexualidad, Gil-Albert busca dar prestigio a esta identidad sexual que en el imaginario colectivo se sigue identificando con la feminidad de forma peyorativa. Sin embargo, su rechazo de la feminidad en los homosexuales y su defensa de una separación nítida y firme entre los dos sexos reproduce la homofobia social que él mismo parece haber internalizado. La posición del poeta no resulta del todo extraña, ya que, como señala Kittiwut Taywaditep, desde la primera mitad del siglo XX ha habido homosexuales que se han mostrado en contra de los homosexuales afeminados porque éstos suponían una disrupción de los valores de decoro de la clase media (8). Posteriormente, a partir de la década de 1970 ha aumentado en la comunidad gay la oposición a los homosexuales femeninos bajo el argumento de que los homosexuales que se comportan como mujeres dañan su reputación y su lucha por los derechos a la igualdad (Nardi 5).

Además de la virilidad, Tobeyo posee otras cualidades típicas de la masculinidad tradicional, como la no expresión de sentimientos. Stephen Whitehead confirma que muchos hombres rechazan mostrar públicamente sus sentimientos por miedo a parecer vulnerables, lo que él denomina "analfabetismo emocional" (156–57). Víctor Seidler indica al respecto que los hombres crecen aprendiendo a ser fuertes y autosuficientes, lo que provoca que menosprecien sus necesidades emocionales y tengan dificultades para responder a las de otras personas (*Rediscovering* 160). Tobeyo sigue este paradigma, ya que se dice que no solía manifestar sus sentimientos y prefería permanecer en silencio cuando estaba con Gil-Albert: "Tobeyo había dicho una vez: Cuando estamos callados nos entendemos más" (105). Al despedirse del poeta cuando éste parte para Sudamérica tampoco es capaz de expresarle su amor: "¿Nos veremos? Sin osar darle un beso" (179–80).

La incapacidad de Tobeyo de mostrar sus sentimientos se aprecia asimismo durante sus relaciones sexuales, marcadas por la ausencia de palabras: "Todo se expresaba en el silencio dentro de una gran parquedad de recursos. Tobeyo, inmóvil, parecía concentrarse en su molde estatuario como una piedra cargada de virtudes ígneas. [...] era la ósmosis amorosa, verificada dentro de una economía severa de medios expeditivos, en beneficio de la intensidad" (104). Este mutismo puede deberse a su falta de costumbre a las relaciones homosexuales, pero también puede ser una señal de sus dificultades para manifestar sus emociones.

La diferencia de clase social y de edad entre Gil-Albert y Tobeyo posibilita que su relación se asemeje a la del maestro y discípulo de la antigüedad griega. El poeta considera que ése constituye el modelo ideal de relación homosexual: el hombre mayor se convierte en educador del joven después de que éste le haya seducido voluntaria o involuntariamente (*Heraclés* 97). Desde la perspectiva de Gil-Albert, en esta relación cada uno de los hombres se está buscando a sí mismo: el mayor persigue nostálgicamente su pasado, mientras que el joven se halla anheloso de su porvenir. De ahí proviene la atracción existente entre ellos: "este contraste atractivo entre juventud y madurez, entre belleza y talento, constituye en la esfera del eros viril [...] su motivación más típica" (98).[20] En ningún momento el autor reflexiona sobre la desigualdad de poder o el abuso del mismo que pueden implicar la diferencia de edad y la distinta clase social de los dos amantes.

En su relación con Tobeyo, Gil-Albert sigue este modelo de maestro-educando, ya que se encarga de enseñarle la cultura clásica: "le hablaba de lo que leía y lo introducía en aquel mundo helénico antes de Cristo [...] Tobeyo escuchaba, y en ocasiones, aunque rara vez, hacía preguntas" (*Tobeyo* 100). En otras situaciones aumenta sus conocimientos musicales: "le acostumbró a Tobeyo a escuchar a Chopin y le habló de su música" (109).[21] Este desequilibrio de poderes entre Gil-Albert y su amado se llega a comparar al del conquistador español y el indígena conquistado cuando Tobeyo le pregunta al poeta si él es su Bernardino de Sahagún (102). Al hacer referencia al fraile español, aunque éste valorara la cultura náhuatl, se establece una analogía de tipo imperialista que puede dar a entender las desigualdades entre ellos.[22] En sus relaciones posteriores, Gil-Albert continúa este modelo clásico basado en la diferencia de edad y de conocimientos. El poema "Los muchachos" resulta significativo al respecto, ya que el poeta menciona a los jóvenes heterosexuales que amó, los cuales tenían "muchachas e inquietudes" (*Obra poética* II 354) pero apreciaban su sabiduría: "veníais a buscar en mi clemencia / el resplandor difuso de mi sombra / rodeada de sol como un gran árbol" (355).

El amor a Tobeyo resulta ocioso no sólo porque entretiene la mente del poeta, sino también porque dedica tiempo a divertirse con él. Por ejemplo, suelen ir a la piscina, donde Gil-Albert se sienta en una hamaca a leer libros mientras asiste "a las evoluciones de Tobeyo, que nadaba bien y gustaba de lucirse sobre el trampolín" (100). En otras ocasiones se tienden sobre la cama del poeta, "con el balcón entornado a la hora de la siesta" (101). En *Heraclés*, Gil-Albert indica precisamente que disfrutar del ocio juntos, incluyendo el diálogo platónico, es el estado más típico de la relación homosexual entre un hombre joven y uno mayor: "viven y prosperan, a sus anchas, los dos amigos. Holgándose en unas vacaciones en las que no se pierde el tiempo, más bien se demora, dialécticamente, sobre el abismo" (137).

Además de los momentos felices, a veces Gil-Albert se enfrenta a las ausencias inesperadas de Tobeyo, ante lo cual termina por aceptar que el amor homosexual incluye, junto al deleite, la "tristeza negra" (107). El autor considera que los periodos de desconsuelo en las relaciones homosexuales se deben al hecho de que no están legisladas y existe, por tanto, más libertad de movimientos. En su opinión, esto provoca, en contrapartida, que el amor homosexual resulte más verdadero: "por estas características genuinas, que le hacen, por un lado tan auténtico y por otro tan efímero, este amor suyo por Tobeyo encarnaba el Amor en su condición más perentoria y más inevitable" (107). Es decir, para Gil-Albert el amor entre hombres es efímero y perecedero, pero más vehemente que el heterosexual mientras dura. Así lo indica en *Heraclés*: "El amor homosexual nace y muere en el estricto ámbito del eros pasional" (130).

La efusión de las relaciones homosexuales se debe en parte a su clandestinidad, una realidad que Gil-Albert defiende porque así éstas adquieren un carácter prestigioso del que carecen las relaciones heterosexuales y se "imprime a la vida toda un color radiante" (*Tobeyo* 58). Por este motivo, Carmen Peña Ardid indica que el poeta considera el amor homosexual como una forma superior de amor, en cierto sentido aristocrática (24). Esto explica que para Gil-Albert sea un error el que el homosexual intente dar a su relación un sentido vitalicio, ya que entonces estaría eliminando su carácter auténtico de "un eros intransigente y enteramente despreocupado por su porvenir" (*Heraclés* 130). En su opinión, el hombre homosexual no forma pareja, sino que a lo sumo su amor dará pie a una camaradería espiritual (*Tobeyo* 60). Consecuentemente, Gil-Albert se mostraba contrario al matrimonio homosexual: "eso no es la esencia de la relación homosexual, que tiene que estar unida a una gran libertad, creo yo, que es lo que, al mismo tiempo, hace una relación tan deficiente en un sentido, tan insegura" (Villena 66).

Se podría argüir que Gil-Albert crea esta teoría sobre el amor homosexual para justificar sus fracasos sentimentales y la dificultad de que las relaciones homosexuales prosperen en la heteronormatividad. En este sentido, se le podría criticar por negar de entrada que el amor entre hombres pueda ser duradero y por obviar que una de las causas principales de que no lo sea es la homofobia existente en la sociedad. En cualquier caso, creo que no se debe juzgar la visión homosexual del poeta desde la óptica contemporánea, sino comprender el momento histórico desde el que escribe. Al crecer en una cultura que denigra la homosexualidad, Gil-Albert termina por reproducir ideas homófobas, como el rechazo a la feminidad en los homosexuales y la oposición al matrimonio homosexual. Sin embargo, el autor recurrió al modelo de homosexualidad de la antigüedad clásica para hallar en él un paradigma prestigioso que apoyara su identidad sexual. De hecho, al señalar que las relaciones homosexuales son superiores y más genuinas que las heterosexuales, Gil-Albert está atacando la heteronormatividad y la sociedad burguesa. Era posible que esta teoría sobre el amor homosexual le permitiera enfrentarse a la vida de una manera más optimista, sin miedo a que sus relaciones sentimentales terminaran.

Precisamente, la relación de Gil-Albert con Tobeyo se va deteriorando hasta llegar a su ruptura. Los dos poemas con los que se cierra *Las ilusiones* revelan cómo el poeta admite por su parte el fin de este amor. En "El indiferente," se enfrenta a su situación con estoicismo, con relativa paz debido a la actitud de apatía que ha decidido adoptar. Así, contempla ociosamente el mundo: "Veo cómo surgen / bajo el sol las primicias de los tiempos, / las vastas soledades perfumadas / por algún delicado árbol brumoso / y las felices vidas de los hombres" (140). En el último poema del libro, "Himno a la castidad," el poeta encara el desamor aceptándolo con una mezcla de desazón y de entusiasmo (142). A pesar de la resignación que revela aquí Gil-Albert, no cabe duda de que el fracaso de su relación amorosa, junto con el aumento de su sensación de extrañeza en México y la nostalgia por su patria coadyuvaron a que el exilio dejara de ser para él un paraíso del ocio.

Las desilusiones del exilio: de la nostalgia al retorno

Tras una etapa de optimismo, Gil-Albert empieza a vivir el exilio como una experiencia dolorosa. Este cambio de actitud no tiene por qué resultar sorprendente, ya que un exiliado puede presentar distintas fases anímicas durante su destierro y comenzar a padecer una crisis de nostalgia por su país tras hallarse varios años alejado de él. Resulta aplicable a este caso lo que León y Rebeca Grinberg apuntan en referencia a la emigración: la posibilidad de que exista un periodo de latencia entre el hecho traumático del abandono de la patria y la aparición de sus efectos en el individuo (12). Esta podría ser la situación de Gil-Albert, quien ante el miedo de perder de manera definitiva sus lazos familiares e identitarios, tomó la decisión de regresar a España. Al estar sin familia en México, es posible que sintiera una mayor soledad que otros exiliados que se hallaban allí con sus esposos/as e hijos.

Una de las razones por las que Gil-Albert vuelve a su país es por la sensación de extrañeza que experimenta en México. María Paz Moreno indica que el poeta retorna a España motivado por la ruptura con Tobeyo y porque "se siente totalmente desarraigado en el continente americano" (42). En "A México," de *Las ilusiones*, el poeta revela que tras un periodo de felicidad en el país americano, le embarga ahora la pesadumbre y el pesimismo. Así, describe México como un "penumbroso país," con "anchas tierras / sin promisión" y "seres de retadora indiferencia" (97). La nación de acogida ya no se presenta como un lugar apacible. En *Tobeyo* Gil-Albert también expresa la sensación de extrañeza que experimentaba en el exilio:

> Sentirse en este continente desconocido, habitante de un país extraño, en unas condiciones azarosas, desarraigado de todo lo que hasta entonces, tierra, familia, ambiente, estancia, había constituido para él, durante treinta años, nutrimiento y amenidad le trastornaba, por completo, su mundo, y si bien le ofrecía la posibilidad de extender sus experiencias, la situación era para él tan nueva, tan tentadora por lo demás, y tan penumbrosa, que no podía sino originar bajo sus pies una sensación, al andar, como de abismo velado, de peligro oculto. (51)

Aunque el paisaje mexicano deslumbra al poeta, al mismo tiempo le produce desconfianza: "Méjico es un país hermosísimo, pero en cuya vegetación yo no pude sentirme nunca más que un extranjero" (Millas 36). Uno de los episodios donde más claramente se aprecia la sensación de alienación que padece Gil-Albert en México es el de su detención por parte de la policía una madrugada que camina solo por la calle sin portar sus documentos de identificación. Esa situación le hace sentirse "como si acabara de librarse de una pesadilla, o le hubieran ofrecido otra vez, como en el campo de concentración, una agua gorda, en una lata de basuras" (92). Gil-Albert también menciona la desconfianza de la gente del país hacia el exiliado, al que consideran "un entrometido, un ajeno que sólo viene a prosperar, o a deleitarse, ilícitamente y por eso también aquellos demonios de los policías parecían haberle avisado" (97).

Estas experiencias alienadoras seguramente avivaron en Gil-Albert la nostalgia por su tierra, la cual se revela en la segunda parte de *Las ilusiones*. En el poema "El recuerdo," se aprecia la tristeza que provoca la añoranza de España: "Color y tibieza tuya, hermosa tierra madre, / manzana rosa cuyo sabor melancólico / acompaña al viajero de los mares / como el hogar perdido fulgura para nosotros en medio de la intemperie" (57). Semejantes sentimientos se manifiestan en "A las hierbas de España," en el que Gil-Albert se imagina las colinas y los campos de su país. Para el poeta, los que tienen la oportunidad de disfrutar del paisaje y del espacio españoles son bienaventurados: "Felices los que pueden todavía / errar entre tus lumbres, como ungiendo / sus pies con el aroma que despiden / vuestras sabrosas hojas y lanzando / a los ámbitos gritos de tristeza, / llorar puedan al menos acogidos / en los frescos ramajes maternales" (110). Gil-Albert es consciente del dolor que padecen los españoles bajo la dictadura franquista, pero cree que el hecho de hallarse en su país hace su sufrimiento más llevadero porque no se sienten extraños. Él, en cambio, no pertenece al lugar que habita y la gente que le rodea no es capaz de comprenderle: "mas ¡ay!, ¿quién puede aquí al oír mis cantos / palpitar con un son desconocido?" (110).

En la sección significativamente titulada "El tiempo que se cumple" de *El existir medita su corriente*, escrita entre 1946 y 1947, Gil-Albert expresa que su etapa del exilio está llegando a su fin y que ahora necesita retornar a su país. En el único poema que configura esta sección, "El olor de la tierra," manifiesta que percibe la llamada de España: "Este olor conocido nos rescata / de la insípida niebla, nos consuela / cual antigua amistad y nos reprocha / de nuestro alejamiento" (*Obra poética* II 36). La patria está reclamando al poeta: "virginal me estremezco / a tu oscura llamada, / cual si escuchara el ritmo / de un mortal corazón" (36). El poeta siente amor y odio hacia su nación y es consciente de que su retorno puede ser complicado: "quererte y no quererte, / hosco regazo abierto" (37). Volver a España supondrá numerosas dificultades, pero permanecer en el exilio también le genera una angustia infinita: "Muerte tendida abajo, / muerte volando arriba" (38).

Otro aspecto de la nostalgia de Gil-Albert consiste en su recuerdo del campo español y en concreto de sus hombres, de los que exalta su masculinidad. En *Las ilusiones* el poeta sitúa en España su masculinidad ideal y parece echar de menos en el exilio la virilidad de sus compatriotas. En esta idealización de los varones tradicionales se halla una clara atracción erótica por parte de Gil-Albert. Así, en "Los pastores" evoca a los hombres del campo de su adolescencia y revela el deseo sexual que sentía hacia ellos: "iba a los montes / [...] creyendo que del sol de los collados / iba a surgir aquel que resplandece / entre frescos balidos matinales" (63). En "Lamento de un joven arador," el poeta asimismo sublima la masculinidad de un viejo labrador español, "como esos genios que más tarde he visto / en un vaso pintado" (107). Frente a este pasado idílico de masculinidades recias, el presente del exilio mexicano en el que se encuentra sumido Gil-Albert se describe de manera negativa, como si la virilidad originaria se hubiera corrompido: "Heme aquí entre el hollín de las ciudades, / la lividez, la envidia y el acento / lúgubre de una lucha despiadada, / sombra de aquel instante que destella" (107).

La masculinidad tradicional de España también se recuerda de manera nostálgica en "A un carretero que cantaba," en el que el poeta caracteriza como "viril gemido" la voz de un hombre que tiraba de un carro por la calle, comparándole con "un dios dolorido" (111). Desde su exilio, el poeta echa de menos la templanza que sentía en el alma al escuchar esa voz "hundido en el regazo / de una maravillosa pena oscura" (112). A la composición de este poema se refiere Gil-Albert en *Crónica general*, señalando que al regresar a México desde Argentina, "poseedor de horas infinitas para mirar," escribió unas páginas sobre un arriero al que escuchaba de niño "en busca de un asidero que nos reafirme" (241). De esta manera, la evocación de los hombres tradicionales de España le servía de linimento en el exilio y de sustento de su españolidad.

En *Tobeyo* la situación más significativa del triste destino del exiliado se produce con la muerte de Critias en México—nombre ficticio para el arquitecto y pintor Mariano Orgaz. El fallecimiento de su amigo lejos de España le afecta grandemente al poeta y le hace darse cuenta de que necesita volver a su país porque no quiere terminar siendo enterrado en tierra extranjera, condenado al olvido: "el país elegido entre tantos, por una de esas debilidades humanas que confieren carácter propio a la sensibilización de ciertas criaturas, fue su tumba. En cierto modo lo malogró. Pero en su seno duerme ignorado de los que, en torno suyo, visitan a sus muertos" (139). En *Memorabilia* Gil-Albert explica la lección que aprendió de la muerte de su amigo: "Supimos que el destierro no era una mampara protectora y que, en su transcurso, [...] uno podía, como en la vida normal, morirse" (149). La posibilidad de fallecer en un país extranjero lejos de todo lo amado y conocido se convirtió en una pesadilla obsesiva para muchos exiliados y para sus familiares y amigos.[23]

Además de la nostalgia, otro motivo que le empuja a Gil-Albert a retornar a España son sus compromisos personales. De la Peña considera que el poeta regresó por la desazón que sentía por los familiares que envejecían o nacían alejados de él (61). La relación con su madre era especialmente importante para él, ya que estaba muy ligado a ella. Así lo indica Sánchez Barbudo: "la madre fue siempre el centro de su vida" (63–64). Grinberg y Grinberg conectan precisamente la experiencia del exilio como separación traumática con la de la pérdida de la protección materna (13). En su opinión, si el exiliado no es capaz de crear un lugar y periodo de transición entre la madre patria y el nuevo país, sufrirá una ruptura similar a la del niño que padece la prolongada ausencia del amor materno (14).[24]

Gil-Albert también pudo regresar a España porque no se sentía bien integrado dentro de la comunidad de los exiliados republicanos. Rovira indica que el poeta se diferenció de los otros desterrados al participar activamente en las revistas mexicanas en vez de permanecer "en los círculos atenazados por una supervivencia basada en su propia identidad de exiliados" (*Juan Gil-Albert* [2007] 57). Tomás Segovia confirma este hecho al apuntar que Gil-Albert, junto a intelectuales como Luis Cernuda, María Zambrano y Concha de Albornoz, formaban un grupo aparte dentro del exilio porque "no se rozaban mucho con los León Felipe, los Max Aub y otras figuras conspicuas del destierro español" (cit. López García 488). Rovira asevera que al final de su exilio el poeta "iba por libre" y ofrecía "opiniones que estaban en el límite de lo aceptado por sus compañeros" (*Juan Gil-Albert* [2007] 56).

Era posible que Gil-Albert estuviera pensando en regresar a España durante un tiempo. En *Tobeyo* se indica que cuando volvió a México en 1945 ya estaba cavilando seriamente retornar a su país: "llegado de Sudamérica y con un pie ya en el avión que lo devolvería a España" (139). En *Los días están contados*, en cambio, Gil-Albert manifiesta que su decisión de volver a España fue precipitada: "mientras desfilaban resplandecientes las nubes luminosas, me dije: por todos los caminos se puede ir lejos, y el que se me presenta ahora, como más necesario, es regresar, regresar al punto mismo de donde vine, para darme cuenta exacta, no tanto del camino recorrido como del que me falta por recorrer, sólo que hacia dentro" (137–38). En una entrevista con Luis Antonio de Villena, el poeta explica que en ese momento sintió "la impresión absoluta de que el tiempo de América había terminado" (51). Se aprecia aquí su necesidad de reconectar con su tierra para volver a sentirse arraigado. Es factible que Gil-Albert tomara súbitamente la determinación de abandonar su exilio, pero parece que había reflexionado sobre ello con bastante anterioridad.

En *Crónica general*, Gil-Albert relata que, al regresar a España en 1947, sentía una gran satisfacción por volver a su país y enraizarse de nuevo al contemplar la inmutabilidad del paisaje de Játiva

(245). En *Drama patrio* el autor también manifiesta que no se arrepintió de retornar a España: "Hace dieciocho años que pisé, de nuevo, tierra española. Regresé del exilio, a mi antigua casa. Y me confirmo hoy en mi decisión, que no todos, entonces, aprobaron y que algunos, incluso, censuraron con acritud" (*Memorabilia* 204). Efectivamente, Gil-Albert fue duramente criticado por la mayoría de los exiliados republicanos, que consideraron su retorno como una traición a sus ideales y una claudicación ante la dictadura franquista (Aznar Soler, "El polémico regreso" 36).[25]

El regreso a la España franquista supuso para el poeta el ostracismo y el olvido al permanecer ajeno a los medios sociales y culturales del franquismo, pero como contrapartida, pudo dedicarse al ocio y a la escritura. En una entrevista reconoce que al volver a España sabía que empezaba para él una época de silencio absoluto, pero que ese silencio y esa privacidad le permitieron desarrollar ampliamente su obra (Villena 52). Podría resultar llamativo que un hombre homosexual decidiera regresar a un país con una dictadura ultracatólica y homófoba, pero es posible que para Gil-Albert fuera habitual vivir discretamente su homosexualidad, por lo que el exilio interior que le esperaba en España no le resultaba seguramente tan nuevo. Sin querer minusvalorar la incomunicación y el aislamiento que sufrió a su vuelta, su individualismo, el ocio como estilo de vida y su condición sexual le habían acostumbrado a la soledad, la marginación y la independencia.

Gil-Albert vivió su exilio de una manera diferente a la mayoría de los desterrados debido a su personalidad positiva y a su visión clásica del mundo. El exilio le ofreció la posibilidad de reconectar con la vida, reflexionar sobre el mundo para comprender que lo importante no eran las posesiones, sentir armonía con la naturaleza para alcanzar la paz espiritual, reencontrar la inspiración poética y tener tiempo para componer poesía, vivir su homosexualidad de manera más libre y disfrutar de la relación amorosa más significativa de su vida. Todos estos comportamientos se pueden agrupar en el concepto de ocio que el poeta abraza durante su destierro y que mantendrá durante el resto de su vida. El ocio supone para Gil-Albert una actitud optimista desde la que puede contrarrestar la desolación causada por la Guerra Civil y el alejamiento de su país y seres amados. Se convierte, por tanto, en una táctica de supervivencia para evitar su derrumbe emocional en el exilio.

La masculinidad ociosa que representa el poeta adquiere un aura de prestigio que mitiga la visión negativa que padecen los hombres desocupados en la sociedad actual. Frente a las posibles críticas por disfrutar plácidamente de la vida, Gil-Albert crea una imagen elevada del hombre ocioso al seguir los parámetros de la antigüedad clásica y hallar en los poetas griegos y su mitología modelos por los que regir su existencia. De esta manera, al encontrarse en el campo, el poeta siente una unión especial con la naturaleza, a la que considera una amiga comprensiva a través de la cual puede conectar con su país. Los ciclos vitales de la naturaleza le permiten relativizar su dolor y sentir que forma parte de un cosmos y de una tradición ancestral. De forma similar, Gil-Albert relaciona su actividad poética con la de los creadores clásicos, creyéndose miembro de una fraternidad de hombres intelectuales que comprenden su estado de ánimo y manera de pensar. Además, eleva su quehacer artístico al describirlo como producto de una minoría selecta que ha sido escogida por los dioses. En el ámbito del amor, la relación que mantiene con Tobeyo asimismo adquiere un tono de prestigio al imitar la del maestro y el discípulo de la Grecia clásica. Esta visión del ocio clásico no sólo genera optimismo y autoestima en el poeta, sino también una aceptación y revalorización de su homosexualidad.

Sin embargo, tras unos años de felicidad, el exilio va adquiriendo en Gil-Albert un tono de progresiva desolación. Múltiples realidades convergieron para provocar el retorno del poeta a España, desde la ruptura de su relación amorosa y la sensación de extrañamiento en México hasta la nostalgia de su tierra natal, los lazos familiares, su falta de activismo político y la anticipación asumida de su futuro ostracismo bajo el régimen franquista. En diversas declaraciones Gil-Albert proclamó que nunca se arrepintió de haber regresado a España y que en el exilio se había dejado imbuir excesivamente por los encantos de México, pero no cabe duda de que los años que pasó en el destierro le marcaron profundamente y le permitieron aceptar con orgullo su homosexualidad y el ocio como estilo de vida.

Capítulo cuatro

El hombre fantasmal:

Francisco Ayala y Max Aub

Diversos críticos han señalado que el exilio gira en torno al regreso a la nación. Adolfo Sánchez Vázquez escribe que todo exilio "se cifra y descifra en una palabra que martillea los oídos y acaba por tener una resonancia mágica: 'la vuelta'" ("El doble" 5). Nigel Dennis comparte similar opinión: "Todo exilio supone una vuelta: deseada, frustrada, aplazada o realizada. Podría decirse que el concepto mismo de 'vuelta' es inseparable de la experiencia del exilio: éste determina a aquélla de modo ineludible" (163). El hombre exiliado no sólo puede experimentar una crisis de su masculinidad mientras permanece en el país de acogida, sino que también puede enfrentarse a una desestabilización de su identidad masculina cuando decide regresar a su patria. Si durante el exilio puede sentirse emasculado porque se le ha expulsado del país, ha perdido la guerra, ha disminuido en muchos casos su valoración social y profesional, ha visto rotos lazos familiares y personales, se le ha arrancado de sus espacios conocidos y se le considera extranjero en la sociedad en la que vive, al volver a su país se suelen reiterar numerosas de estas sensaciones, ya que se percata de que muchas personas no saben quién es, no valoran el trabajo que ha realizado en el extranjero y los cuantiosos cambios acaecidos en su ausencia provocan que él tampoco sea capaz de reconocer su país natal.

En el relato largo "El regreso" (1948), de Francisco Ayala—perteneciente a su libro *La cabeza del cordero* (1949)—, y en la obra de teatro *La vuelta: 1964*, de Max Aub—publicada en su volumen *Las vueltas* (1965)—se aprecian las consecuencias que el retorno a España produce en la masculinidad de los exiliados. En ambas obras, durante su regreso a España, el protagonista se tiene que enfrentar a un país desconocido en el que las personas le rechazan o bien no muestran ningún interés por él. El resultado final es la marcha del país en el que no es posible rehacer la vida satisfactoriamente, una marcha voluntaria en el caso del narrador protagonista de Ayala y una expulsión ordenada por las autoridades franquistas en el personaje de Aub, Rodrigo Muñoz. A pesar de las diferencias significativas en el modo en que abandonan España, ambos protagonistas manifiestan similares sensaciones de desarraigo y alienación durante su estancia allí.

Mi argumento principal es que los dos personajes regresan a España con la esperanza de recuperar la masculinidad perdida en el exilio y completar su sentido de identidad para sentirse hombres de nuevo. La vuelta a su país implica una feminización de ambos protagonistas, ya que el narrador de Ayala reacciona con miedo y sensación de ser perseguido, mientras que el regreso de Rodrigo es considerado por sus amigos como una señal de cobardía y un sometimiento a la dictadura franquista. Ante esta situación, los dos reaccionan de una manera hipermasculina, mostrando su orgullo y dignidad, sobre todo por medio de la conquista sexual de una mujer que simboliza a España. Aunque ambos personajes obtienen resultados diferentes al respecto, los dos se sienten alienados por los cambios producidos en su país y por el olvido al que han sido relegados. Ambos protagonistas presentan un carácter fantasmal porque son figuras del pasado que retornan con el objetivo inalcanzable de recuperar su identidad y su espacio en la nación. Su invisibilidad ante sus compatriotas y su incapacidad para reconocer su país permiten calificar su masculinidad como fantasmal. Al ser personas que no existen en y para España, no son reconocidos como hombres.

"El regreso" relata en primera persona la historia de un hombre de treinta y seis años—del que desconocemos su nombre—que lleva casi una década en el exilio y decide regresar a Galicia de manera repentina, tras un altercado con su novia argentina, Mariana. En Santiago se reencuentra con su tía, quien desea que él se haga cargo del establecimiento familiar. La tía le revela al protagonista que durante la guerra un amigo de la infancia, Manuel Abeledo, acudió a la tienda con un grupo de soldados sublevados a detenerle. A partir de ese momento el protagonista vive obsesionado con Abeledo y, tras una etapa de miedo, decide buscarlo por toda la ciudad. Tras múltiples reflexiones, llega a la conclusión de que Abeledo quería matarle porque él se negó a ser novio de su hermana, María Jesús. En un burdel encuentra precisamente a María Jesús ejerciendo la prostitución, quien le informa de que Abeledo fue asesinado durante la guerra. Tras visitar las tumbas de su tío y de Abeledo en el cementerio, el protagonista decide regresar a Buenos Aires.

La vuelta: 1964 se desarrolla en un café de Madrid, en el que diversos personajes dialogan con Rodrigo Muñoz, un escritor exiliado de sesenta y dos años que ha regresado a España hace unos días. El protagonista es hermano del narrador que transcribe la obra; de ahí que se introduzcan sus intervenciones con el nombre de "Mi hermano." Rodrigo habla con Mariana, una antigua novia, que le reprocha su falta de contacto durante su exilio pero accede a acostarse con él en el plazo de una semana. Melchor, un amigo que ahora colabora con el régimen franquista, critica el aire de superioridad de los exiliados y le advierte a Rodrigo de que tendrá que permanecer en silencio. Dos jóvenes del café, Luis y Héctor, se enfrentan abiertamente a Rodrigo y le recriminan que España ha progresado sin los exiliados. Frente a estos personajes, Enrique y Carlos manifiestan su admiración hacia el escritor. La obra se cierra con la llegada de la esposa de Rodrigo, Juana, quien trae un documento en el que les obligan a abandonar el país en veinticuatro horas.

El retorno es un tema repetido en toda literatura del exilio. Aznar Soler señala su omnipresencia en los distintos géneros literarios que cultivaron los exiliados republicanos ("Le retour" 58–59). A pesar de ello, el regreso de los exiliados ha recibido menor atención académica que el estudio de su exilio.[1] El motivo principal es su individualidad y la multiplicidad de vivencias del exilio y de motivos para regresar, es decir, la dificultad de sistematizar dicho fenómeno. Así lo indica Teresa Fèrriz Roure siguiendo a Paulino Masip: "Si la salida al exilio se había configurado como un fenómeno colectivo [...] la vuelta 'se trata de una acción individual, que llega a ser colectiva por la coincidencia'" (55). Rose Duroux señala al respecto que entre el primer retorno de los intelectuales, el de Juan Gil-Albert en 1947, y el último, el de María Zambrano en 1984, "se observan todos los casos y facetas: ida y vuelta, media vuelta, emigración circular, largo desvío..." (130–31).

Entre los factores que influyeron en la vuelta de los exiliados se hallan el tiempo transcurrido, los cambios ocurridos en España, la politización del exiliado y su adaptación al país de acogida, es decir, las "nuevas raíces" de las que habla Sánchez Vázquez en su famoso ensayo "Fin del exilio y exilio sin fin" (*Del exilio* 37). Respecto a su vida en el nuevo país, Inmaculada Cordero Olivero señala que para los exiliados en México el regreso a España no les podía garantizar una situación social, profesional y económica parecida a la que gozaban en el país americano (147). Cordero Olivero y Encarnación Lemus López indican que el regreso dependía también de la variable de género, ya que para las mujeres, "la presencia de Franco no parecía constituir el problema de conciencia que representaba para los hombres y, al tiempo, su temor a la represión por parte del Régimen era menor" (244). En cambio, los hombres, aunque en líneas generales padecían una mayor nostalgia, se negaban a regresar a España mientras estuviera Franco en el poder debido a su compromiso ideológico.[2] Esto no implica, empero, que las mujeres no tuvieran una fidelidad política, sino que fueron más capaces de pasarla por alto para poder viajar y adaptarse a su regreso a España.

A partir de los años cincuenta fue común que desde España se invitara a los exiliados a regresar. Es lo que Sánchez Vázquez denominó de manera crítica "cantos de sirena" porque implicaban el "olvido, la renuncia o la claudicación" (*Del exilio* 32). Diversas revistas españolas, especialmente *Ínsula*, *Índice* y la revista de Camilo José Cela, *Papeles de Son Armandans*, comenzaron a publicar escritos de los exiliados y estudios acerca de ellos. Estos contactos se van a expresar a través de la metáfora de "el puente," el cual va a dar nombre a partir de 1963 a una colección de la editorial Edhasa—dirigida por Guillermo de Torre—en la que publicaron escritores exiliados. Diversos intelectuales también utilizarán esta metáfora en sus ensayos para referirse al diálogo entre España y el exilio. Así, frente a Ayala y José Luis Aranguren, que alentaban la necesidad de comunicación entre las dos orillas del Atlántico, Ramón J. Sender declaraba en un artículo titulado "El puente imposible" que ese puente era de niebla porque el exiliado no podía regresar a una España sin libertad ni democracia (Aznar Soler, "El puente imposible" 292).[3]

Al sentir que encarnaban los valores republicanos, los dirigentes exiliados reprochaban enérgicamente los retornos a España, considerándolos como una claudicación ante el régimen franquista (Sáinz, "A vueltas" 203). El discurso oficial del exilio republicano insistía en que sólo se podría volver cuando hubiera desaparecido la dictadura (Fèrriz Roure 54). Así, Aub y Sender criticaron duramente a algunos de los intelectuales que retornaron a España en los años cuarenta y cincuenta—como Bergamín, Ortega y Gasset y Jarnés—, tachándoles de débiles y carentes de lealtad a sus compañeros exiliados.[4] Ahora bien, a medida que avanza la década de los sesenta, la opinión negativa de los exiliados sobre el retorno se va atenuando—además, les resulta menos complicada su vuelta, ya que en 1965 se decreta un indulto general y en 1969 se declaran prescritos todos los delitos de la Guerra Civil (Cordero Olivero 143)—y comienzan a reconocer que los que permanecieron en España tras la guerra pudieron sufrir tanto o más que ellos. El personaje de Mariana en *La vuelta: 1964* expresa admirablemente la evolución de los exiliados respecto al retorno:

> ¡Cómo han debido cambiar vuestras ideas acerca del regreso! En 1945, a rebato, a fondo, sobre caballos blancos, cargando, no dejando hueso sano del enemigo; en 1948, dispuestos al diálogo, al perdón, la mano tendida, generosa. En 1950, de igual a igual y, desde entonces, cada vez más pequeños, hasta tocar, vencidos, a la puerta: ¿Dan su permiso? A menos que añadáis: —Ave María Purísima. (57)

Como se aprecia en esta intervención, el cambio de actitud de los exiliados en referencia a España no siempre fue recibido de manera positiva por parte de la resistencia del interior. En lo que coinciden la mayoría de los exiliados es en las dificultades que experimentaron a su vuelta. Como expresa Aznar Soler, casi todos ellos se enfrentaron a una vivencia traumática ("Le retour" 54). Así, a finales de los cuarenta Gil-Albert sufrió el aislamiento y el silencio (Blanco Aguinaga, "La cuestión" 452), mientras que otros padecieron la indiferencia y el olvido, se sentían desarraigados en un país que no reconocían debido a la expansión del consumo y del turismo que se dio en los años sesenta—por ejemplo, Champourcin—, volvieron a su país de acogida—como le sucedió a Sender tras sus tres visitas a España (Domínguez Lasierra 234)—, o tuvieron altercados con el régimen franquista, lo que les abocó a un nuevo exilio—como le aconteció a Bergamín.

Ayala regresó por primera vez a España en 1960 y aunque la realidad de la que fue testigo durante su viaje no le resultó del todo placentera, siguió regresando asiduamente durante sus vacaciones hasta su retorno definitivo en 1976. Ayala supo adaptarse con relativa facilidad y no tuvo problemas graves con el régimen franquista debido a su discreción. En sus memorias relata que su intención era la de no provocar escándalos: "Pero cuando yo, por fin, me decidí a volver a España, no venía para ser visto; venía para ver [...], en la actitud de un observador silencioso" (*Recuerdos* 496). Sin embargo, también manifiesta en una entrevista que su actitud nunca supuso una claudicación de sus ideas ni la autocensura o el disimulo de su pensamiento (*Confrontaciones* 68). En cambio, Max Aub tuvo mayores dificultades con el franquismo debido a su personalidad más espontánea y fogosa (Soldevila Durante, "Introducción" 12). De esta manera, le fue denegado el visado de visitante en varias ocasiones hasta que finalmente pudo regresar en agosto de 1969 por un plazo de algo más de dos meses, fruto de los cuales escribió su diario *La gallina ciega* (1971). En 1972 realizó un segundo viaje a España, tras el cual murió en México al poco tiempo.

Aub y Ayala mantuvieron una sincera amistad a lo largo de los años. Se conocieron antes de la Guerra Civil, en la tertulia de la *Revista de Occidente* (Soldevila Durante, "Introducción" 8). Aub menciona a Ayala en *La vuelta: 1964*,[5] mientras que Ayala habla de Aub en varias ocasiones en sus memorias.[6] El epistolario entre ellos también demuestra que se enviaban sus libros respectivos, los cuales leían y comentaban. Ayala incluso le dio consejos a Aub sobre su futuro retorno a España en una carta del 25 de mayo de 1968:

> Respecto del anuncio de tu venida, sobre la que me pides opinión, te diré que, desde luego, debes venir. Te encontrarás con un país desconocido desde todos los puntos de vista, digámoslo así, espiritual. El único problema que vas a tener es el de orientarte en esta complicada selva y no dejarte coger en ninguna de las muchas y diversas trampas que la mentalidad chinesca aquí desarrollada tiende a los inocentes. (*Epistolario* 165)

Un año más tarde, en una charla en Wesleyan University, Ayala ofrece similares ideas sobre los exiliados que regresan a España, advirtiendo de "la tentación y el peligro de dejarse utilizar" para fines de carácter político (*Confrontaciones* 235). Para el régimen franquista el retorno de exiliados que se adhiriera a su ideología suponía sin lugar a dudas una prueba de su valía. Antonio Cazorla Sánchez señala al respecto que el franquismo utilizó de manera interesada el regreso de los exiliados como prueba de la "paz" de España y del triunfo de Franco (40). Manuel Abellán llega a afirmar que la publicación de las obras de los escritores del exilio en España "fue considerada reconquista" por parte del régimen franquista (26). Además, como indica Jordi Gracia, el franquismo fue desde los años cincuenta algo más permisivo con los exiliados porque pretendía limpiar su propia imagen y satisfacer a intelectuales y sectores universitarios (139–41).

Ayala le pronosticaba a Aub que España le iba a resultar un país desconocido, como así le sucedió. El propio Aub ya lo anticipaba en *Las vueltas*, como hizo igualmente Ayala en "El regreso." Es importante destacar que estas obras constituyen los retornos imaginarios de los autores, ya que las escribieron antes de que regresaran a España. A pesar de ello, la realidad posterior vino a confirmar lo que habían creado en la fantasía. Esta coincidencia se aprecia sobremanera en *La gallina ciega*, diario del retorno de Aub en el que se recogen ideas muy parecidas a las que aparecen en *La vuelta: 1964*. Además de las similitudes en cuanto a las opiniones transmitidas, en el diario se incluye una escena en un café que recuerda al de *La vuelta*: "Café moderno. Al fondo, a la izquierda, [...] la tertulia de Luys Santamarina, José Jurado Morales, unos viejos [...] y otros cinco o seis, ya sin nombre; cuatro poetas jovenzuelos llegan de dos en dos [...]. Me presentan a los jóvenes. Ninguna reacción, jamás oyeron el santo de mi apellido. El propio Luys no ha tenido interés en leer lo mío publicado aquí, ni Jurado" (127).

En busca de la masculinidad perdida

En las obras de Ayala y Aub los protagonistas son plenamente conscientes de su masculinidad y de que ésta depende mayormente de la opinión que los demás tengan de ellos. El protagonista de Ayala y Rodrigo retornan a España para reconquistar su masculinidad perdida y lograr la aprobación de los otros hombres. Como arguye Michael Kimmel, los hombres están constantemente bajo el escrutinio de los otros hombres: "Other men watch us, rank us, grant our acceptance into the realm of manhood. Manhood is demonstrated for other men's approval" ("Masculinity" 128). El exiliado que retorna desea, por tanto, eliminar cualquier vestigio de duda sobre su masculinidad al haber sido expulsado de la nación. Esto se aprecia en los motivos que ofrecen los protagonistas de las obras para regresar.

El personaje de "El regreso" apunta a diversas causas que provocan su vuelta a España. Por un lado, siente nostalgia por su tierra: "Hay quienes se burlan de la morriña gallega; yo no lo sé, mas sospecho que toda persona bien nacida ha de sentir por su país ese algo que aprieta la garganta y trae lágrimas a los ojos con su memoria" (139–40). Además, Buenos Aires le resulta cada vez más desagradable para vivir porque se aburre y la constante lluvia le parece cansina. Por otro lado, retorna a España para cumplir con sus obligaciones familiares, es decir, motivado por los valores de la masculinidad cívica. Su tía desea que sea él quien se encargue de continuar el negocio familiar tras la muerte de su tío, ya que le consideraban como a un hijo. Como hombre, el protagonista se siente responsable de proseguir la tradición de su familia y ayudar a su tía: "hacía falta un hombre al frente del negocio. Muerto mi pobre tío, ¿quién sino yo?" (140).

Ahora bien, el detonante que impulsa su partida es un episodio con su novia argentina: "le había pedido yo mate por distraer el aburrimiento, y ella se levantó a prepararlo con brusca impaciencia. Cuando me lo trajo y se acercó a dármelo, voy y le meto la mano por debajo de las ropas. ¡Salí, estúpido!, grita, y me vuelca encima el mate hirviendo... Que me aguantara, que mía había sido la culpa, que ésas no eran bromas" (138). El protagonista no reacciona de manera violenta, "como hubiera sido lo propio" (138), sino que permanece tranquilo en su silla, envuelto por la tristeza. No cabe duda de que desde su óptica misógina, el comportamiento de los hombres y el de las mujeres deben estar claramente diferenciados y el hombre debe ser el jefe de la casa mientras que la mujer tiene que respetar sus mandatos. Por este motivo, el hecho de que su novia le tire el mate supone una seria afrenta a su masculinidad. Además, Mariana no se comporta de una manera sumisa o receptiva cuando él la toca sexualmente y tampoco parece agradarle que él le dé órdenes, ya que se indica que fue a preparar el mate "con brusca impaciencia." En definitiva, la actitud de Mariana no se adecúa al modelo de mujer que el protagonista busca, ya que desestabiliza las divisiones tradicionales de género. En este caso se corrobora la teoría de Stephen Whitehead y Frank Barrett de que el dualismo de género ofrece la ilusión de orden y naturalidad y, por tanto, confiere un sentido de seguridad (12). Por el contrario, la emasculación causada por Mariana provoca que el protagonista regrese a España para recuperar su sentido de valía y con él su masculinidad.

En *La vuelta: 1964* no se explicitan tan detalladamente los motivos del retorno, pero hay claros indicios de que Rodrigo vuelve para recibir el reconocimiento de otros escritores y con él aumentar su autoestima y su ego masculino.[7] El ser valorado y admirado por los demás asegura la masculinidad del hombre, confiriéndole al mismo tiempo poder. Un escritor reconocido disfruta de poder mediático y de influencia sobre los demás. Kimmel identifica precisamente la masculinidad hegemónica con el poder: "The hegemonic definition of manhood is a man *in* power, a man *with* power, and a man *of* power" ("Masculinity" 125). Cuando Melchor le recrimina a Rodrigo: "Te figurabas que tu regreso habría de armar cierto revuelo...," éste confiesa que guardaba ilusiones de ser reconocido: "Entre vosotros, quizá" (72). Más adelante Melchor le acusa de querer la fama literaria para lograr la "inmortalidad personal." Aunque Rodrigo no lo confirma, parece que uno de sus objetivos al volver a España era reconquistar su puesto literario. Para Aub también resultaba indispensable que sus obras llegaran al público español. Ésta es solo una de las numerosas semejanzas entre ambos, lo que ha llevado a varios críticos a indicar que Rodrigo es claramente el alter ego de su autor (Borrás 77; Sáinz, "Max Aub" 207; Monleón 91).

Cuando Aub regresó a España, lo hizo para recabar datos para escribir un libro sobre Luis Buñuel, pero también buscaba afianzar su fama como escritor y su autoestima como hombre. Él imaginaba que la publicación de varias de sus obras en España le acarrearía el reconocimiento en su país. Por eso, en una carta del 16 de agosto de 1968 dirigida a Ayala se muestra ufano sobre su presencia en el mercado literario español: "En cuanto a reaparecer en el ruedo ibérico, ya lo he hecho y he toreado unas cuantas corridas y aún tengo contratadas algunas más para este año. ¿No me viste?" (*Epistolario* 168). El hecho de que Aub utilice aquí la alegoría de los toros no resulta baladí. El autor se identifica con un torero, mientras que la sociedad española es el toro, el acto de torear es la escritura y las corridas son sus obras publicadas. De esta manera, desde su perspectiva, el exiliado consigue vencer a la España franquista y mostrar una masculinidad dominante por medio de su presencia literaria. Por eso en *La gallina ciega* Aub revela su desilusión cuando se percata del desconocimiento de su literatura en España.

Feminización del retornado

A pesar de que ambos protagonistas regresan a España con esperanzas de recobrar su valía como hombres o alcanzar mayores cotas de masculinidad, el mero hecho del retorno puede cuestionar su virilidad, ya que al volver mientras Franco sigue en el poder, su estancia en España puede considerarse como una rendición de sus ideales republicanos y un triunfo de Franco sobre ellos. En consecuencia, ellos adquirirían una imagen de vencidos o débiles, lo que en opinión de Victor Seidler, resulta contrario a la masculinidad: "We often remain fearful of weakness. We do not like being considered 'weak.' [...] A weak man is not a man at all" (*Man Enough* 190).

El protagonista de Ayala decide regresar porque su vida ya no correría peligro y no sería objeto de represiones ni castigos: "como mis pasos, después, en América, habían sido silenciosos, y mi vida oscura; en fin, como, dada mi insignificancia, ni mi muerte se hubiera notado ni se habría notado mayormente mi ausencia, entendí poder arriesgarme [...] y volver a mi tierra" ("El regreso" 139). Por tanto, no siente remordimientos de carácter político para retornar ni desea integrarse en España para reanudar la lucha antifranquista en la que participó como capitán durante la guerra. En realidad, parece haber perdido sus convicciones políticas, o al menos éstas se han atemperado considerablemente. El hecho de que se asegure de la ausencia de represiones en España podría ser visto como una señal de cobardía o de falta de valentía para luchar contra el franquismo.

El protagonista de "El regreso" muestra fisuras en su masculinidad sobre todo al comienzo de su vuelta a España, cuando siente miedo porque piensa que la gente le está observando y Abeledo le está buscando. Aunque se decidió a volver porque pensaba que ya no iba a sufrir castigos de carácter político, una vez en España afloran sus temores, incentivados por las historias de horrores que le habían contado los exiliados que llegaban a Buenos Aires. A pesar de que el protagonista era consciente de las exageraciones de esos relatos, no cabe duda de que afectaron su ánimo: "aunque [...] los sucesos que referían eran exagerados, [...] ¡la décima parte de todo aquello bastaba para ponerle los pelos de punta al más templado!" (136). Mariana, en cambio, no se cree esas historias de los exiliados, lo que enfada al protagonista. Su escepticismo implica, en cierto sentido, un menosprecio del miedo de su novio y un cuestionamiento de su virilidad. De nuevo se aprecia cómo Mariana no adopta una actitud sumisa respecto al protagonista, lo que justifica para él abandonarla posteriormente.

Al regresar a España, el protagonista revela su miedo al sentir que le están persiguiendo:

> me pareció estar soñando de nuevo esta pesadilla que, tiempo atrás, en Buenos Aires, me había angustiado tanto: vuelto, quién sabe cómo, a Santiago, alguien me reconocía, o yo sospechaba que me había reconocido, y quería señalarme y hacerme prender, y yo, aunque la situación era todavía ambigua, huía, escapaba, me escabullía por unas y otras callejas [...]; yo, afectando seguridad, aplomo, indiferencia, seguía adelante, mientras que, dentro de mi pecho, el corazón me tundía a puñetazos... (141–42)

El hecho de que en Buenos Aires tuviera esta pesadilla que se reaviva en su retorno a España muestra que su temor era algo traumático. La huida de sus perseguidores y su estado nervioso ofrecen una imagen de cobardía por parte del protagonista. Con la expresión "afectando seguridad, aplomo, indiferencia" se manifiesta que él era consciente de la importancia de la apariencia en la consideración de la masculinidad. Aunque siente miedo, finge no tenerlo para no despertar sospechas, ya que un hombre huyendo llama la atención y al no ser un comportamiento esperado en la sociedad normativa, al mismo tiempo su masculinidad puede ponerse en entredicho.

En otros momentos de la narración el protagonista revela su manía persecutoria. Por ejemplo, cuando se reencuentra en la calle con el barbero y le saluda, teme que le estén buscando: "Miré hacia atrás de reojo y—¡lo que suponía!—comprobé que se había vuelto a mirarme. Trabajo me costó no salir de estampida, mantener mi paso tranquilo" (142). Tras hablar con su tía, el personaje al que más teme es su antiguo amigo: "la idea de que en cualquier momento, apenas pusiera el pie en la calle, podía tropezar con Abeledo, me paralizaba, me aterraba" (147). Con estas confesiones el protagonista ofrece una imagen alejada de la masculinidad normativa, basada en la seguridad y el aplomo.[8] Como explica Timothy Beneke, el hombre prueba su masculinidad al ser capaz de enfrentarse a situaciones de dolor o peligro físico; de lo contrario, corre el riesgo de que se le tache de afeminado (36).

Para contrarrestar esta impresión de cobarde, el protagonista relata su participación en el ejército republicano durante la guerra. Según su propia narración, actuó muy valientemente durante el conflicto bélico, llegando a ser nombrado capitán: "Yo no soy cobarde; en la guerra, expuse mi vida sin vacilar y de todas maneras: alegremente, con exuberante brío, a la cabeza de un grupo de milicianos" (147). Seguidamente insiste en que su comportamiento fue sereno y disciplinado: "estaba dispuesto siempre a dejarme el pellejo por sostener una posición, por defender una cota; y fríamente, con indiferencia estoica, cada vez que, por ejemplo era necesario soportar un bombardeo, [...] animaba a los muchachos" (148). La lucha en la batalla ejemplifica el modelo de masculinidad más valorado durante una guerra, la masculinidad militar, basada en valores como la fuerza física, la agresividad, la homosociabilidad y el estoicismo (Woodward 44). De hecho, una de las creencias comunes en la sociedad heteronormativa es que los varones se convierten en verdaderos hombres después de haber luchado en una batalla (Seidler, *Man Enough* 42).

A pesar de que el protagonista desea probar su valor en la guerra, el lector puede sospechar de que ha adornado o exagerado sus hazañas bélicas para justificar el miedo que muestra al regresar a Santiago. También es posible que su relato de guerra busque contrarrestar las dudas que surgen sobre su partida al exilio, ya que, por un lado, se quedó con el dinero de sus tíos que cobró en Santander y, por otro, parece que se marchó de España abandonando su puesto militar y sólo pensando en sí mismo. En definitiva, existe una clara contraposición entre su supuesto comportamiento heroico durante la guerra y su posterior conducta al irse al exilio y al regresar a España con una actitud miedosa.

En *La vuelta: 1964*, la masculinidad de Rodrigo queda cuestionada porque admite tener que adaptarse al régimen franquista para poder permanecer en España: "Si he vuelto es que he aceptado—por lo menos en parte—amoldarme" (68). Rodrigo retorna con un talante pasivo y de conformidad con las circunstancias. Su masculinidad aparece feminizada mayormente por los reproches que le realizan tanto los liberales o republicanos que permanecieron en el interior como los jóvenes adeptos al franquismo. Mariana se burla de la masculinidad de los exiliados que regresan al calificarlos de "pequeños" y "vencidos" (57). También les recrimina la traición de sus ideales republicanos al señalar que vuelven profiriendo saludos religiosos para ser aceptados por el régimen franquista. Seguidamente, en referencia a Ortega y Gasset, Mariana indica que "volvió, el rabo entre las piernas" (57). Con esta animalización, la masculinidad de los que regresan adquiere cualidades de sumisión y debilidad.

La otra imagen animal que se utiliza para describir a los retornados es la de la gallina. Luis, uno de los jóvenes afectos al régimen, la desarrolla así: "Cuando le veo, a él y a otros—a Espina, a Bergamín—, pienso irremediablemente en las gallinas (*Reacción, Luis la aquieta con un gesto*) que empollaron patos y los ven echarse al agua. (*A mi hermano*) Os ha pasado lo mismo con vuestro futuro. Habéis empollado años y años la idea de una España liberal y republicana y os ha salido a imagen y semejanza de su padre, que es Franco" (91–92). El símbolo de la gallina resulta polisémico en esta intervención. Por un lado, se utiliza para referirse a la cobardía de alguien y por eso, tan pronto como Luis llama "gallinas" a los retornados, los hombres del café se escandalizan, ya que supone un insulto serio a la masculinidad de Rodrigo. Por otro lado, Luis desarrolla una teoría más compleja, la de la gallina que empolla patos, es decir, el hombre que lucha por unos ideales en el exilio y que al final se percata de que no ha logrado los frutos esperados en su país. Los patos simbolizan las nuevas generaciones de españoles que se han olvidado de los principios republicanos. En cualquiera de los casos, el exiliado que vuelve a España queda feminizado.

Aub retoma este símbolo en su diario *La gallina ciega*, en cuya contraportada de la edición mexicana ofrece la siguiente explicación del título:

> ¿A qué se refiere? Goya, sí, pero no al tapiz o su cartón. Ni al juego. Sí a una persona privada de luz, en oscuridad completa sin perder la vista, pero metida dentro de las tinieblas gracias a una venda o pañolón, anublados el juicio y la razón [...]. Sí: España con los ojos vendados, los brazos extendidos, buscando inútilmente a sus compañeros o hijos, dando manotazos al aire, perdida. [...] Tal vez los ciegos seamos sus hijos. Quizá la gallina ciega soy yo y España siempre fue así [...]. Acaso los que empollamos huevos extraños fuimos los que nos fuimos. (Aznar Soler, "Max Aub" 10–11)

El autor afirma que el título no se debe al cuadro homónimo de Goya en el que se representa a varias personas jugando a "la gallina ciega." La diferencia radica en que en el juego, el miembro que lleva una venda en los ojos puede retornar al grupo una vez que haya capturado a otro jugador, mientras que en el caso del exiliado, su vuelta resulta imposible, ya que como indica José María Naharro-Calderón, "su uno se percibe como 'otro'" ("El sí-no" 175). Es interesante el desplazamiento que realiza Aub del símbolo de la gallina, el cual deja de aludir a España para referirse al propio autor y sus compañeros exiliados. Al final de su diario explicita más esta relación: "yo soy la gallina muerta, desplumada, colgada en el mercado común. Uno de esos pollos colgados, desplumados, que me horrorizaban cuando niño" (593–94). De esta manera, la culpa histórica deja de recaer en una España que no es capaz de encontrar a sus hijos pródigos exiliados para pasar a los propios exiliados, quienes no se daban cuenta de los cambios que España estaba experimentando. En este sentido, Aub asume su propia responsabilidad, sin dejar por ello de transmitir una imagen afeminada de su masculinidad.

En cuanto al símbolo de la ceguera, al principio de su diario el autor proclama orgullosamente que no regresa a España, sino que viene a verla: "—Vengo—digo—, no vuelvo. Es decir, vengo a dar una vuelta, a ver, a darme cuenta, y me voy. No vuelvo: volver sería quedarme" (220).[9] Permanecer en el país supondría para él renunciar a sus principios republicanos. Ahora bien, posteriormente reconoce que ese objetivo de ver la realidad española le resulta imposible porque la mira con ojos de su juventud; de ahí su ceguera. En *La gallina ciega* hay numerosas referencias al respecto. Por ejemplo, el autor confiesa que no es capaz de apreciar la realidad: "Todo tiene evidentemente cincuenta años más, medio siglo, como yo. Yo no; lo veo con los ojos de entonces" (186). La ceguera simbólica que padece el autor y que le provoca el extrañamiento se puede interpretar como manifestación de su impotencia masculina.

Además de recibir críticas sobre su retorno, los exiliados que regresan van a enfrentarse a diversos reproches por haber abandonado el país, lo que influye en su autoestima y sentimiento de masculinidad. En el relato de Ayala, aunque el protagonista no interacciona en exceso con otras personas, en la narración que realiza la tía de las penurias que sufrieron durante la posguerra se puede intuir una cierta recriminación por no haberla ayudado: "cuando a ella la dieron de alta en el hospital debió ocuparse sin tardanza de tanta y tanta cosa [...], 'pues te imaginarás, hijo, todo abandonado..., tiempos muy duros, muy duros, sí'" (147). Igualmente, le hace saber que el dinero que él cobró a su nombre les habría servido mucho "en aquellas horas amargas" (145). Más adelante la tía se enfada y le reprende "con una brazada de reproches, reticentes y quejumbrosos" (183).

Rodrigo también debe soportar numerosas críticas de los amigos y compañeros del café, quienes consideran que él se libró de las cuantiosas dificultades que tuvieron que sufrir los que se quedaron en España. Mariana lo expresa así: "Tú regresas ahora. No sabrás nunca lo que fue esto, de 1940 a 1950. Las cárceles llenas. El miedo. El hambre. No poderse mover. No escribir. No poder publicar. Pasé años enteros sin ver a nadie, sin saber de nadie" (64). Mariana considera que los que vivieron bajo la dictadura son los verdaderos exiliados: "Desterrados no lo erais vosotros; desterrados, nosotros" (64).[10] Desde su punto de vista, Rodrigo fue afortunado porque, aunque lejos de su país, pudo disfrutar de la libertad. Rodrigo reconoce con cierto remordimiento que tuvo más suerte que los que permanecieron en España: "No pasé hambre, viví decorosamente..." (59). A esto hay que añadir la falta de comunicación por parte de los exiliados, que, como manifiesta Mariana, no se molestaban en contactar con los del interior: "Cuatro cartas tuyas que no lo eran, en veinte años. Me hubiera gustado saber de todos vosotros, los vivos" (65).

Además de Mariana, otros personajes en la obra de Aub creen que los exiliados tomaron una solución fácil al no tener que enfrentarse a los franquistas desde dentro. Melchor le reprocha a Rodrigo que vivió "como Dios" (76), mientras que Luis le increpa su falta de colaboración en la mejora del país: "Es fácil decir, a cinco mil kilómetros luz, estábamos o debía de ser así o asá [...]. Ustedes abandonaron, se fueron del ring" (86). Para este joven, los exiliados no se han comportado como hombres de la nación y su retorno consiste en una acción oportunista debido a la buena situación del país: "Media vida en el extranjero y ahora que España ha llegado a punto de caramelo, volver para tumbarse a la bartola y chupar del bote" (98).

Hipermasculinidad: honor, homofobia y orgullo

Para contrarrestar el sentimiento de emasculación causado por el miedo o las acusaciones de cobardía, los protagonistas de Ayala y Aub reaccionan de una manera hipermasculina. El protagonista de "El regreso" presenta una actitud desafiante al buscar a Abeledo para enfrentarse a él y rendirle cuentas del episodio acaecido durante la guerra. Si al principio tiene miedo de encontrarle, poco después comienza a buscarle de manera obsesiva. Keith Ellis comenta que la relación del protagonista con Abeledo es muy compleja porque si por un lado, "teme volverle a ver," por otro, desea encontrarse con él para pedirle explicaciones (107). El protagonista posee una concepción tradicional de la masculinidad basada en el honor, lo que le obliga a limpiar su nombre y vengarse de las afrentas buscando al antiguo amigo que quería matarle.[11] Según su razonamiento, la visita que le hizo Abeledo durante la guerra también estaba motivada por una cuestión de honor, ya que pretendía escarmentarle por no querer casarse con su hermana María Jesús.

Así, impulsado por el deseo de reparar el agravio que Abeledo cometió durante la guerra, se imagina un encuentro violento con él: "Ahora sí, ahora el miserable iba a oírme, cara a cara, mano a mano, los dos solos, *de hombre a hombre*, no bien me lo tropezara" (161, énfasis mío). Su futura confrontación llega a describirse en términos taurinos: "si por un lado estaba—¿para qué negarlo?—temeroso, por el otro deseaba, y quizá con mayor vehemencia, enfrentarme ya de una vez con el bicho" (168). Al identificarse con un torero y equiparar a Abeledo con el toro, el protagonista manifiesta su desprecio hacia su antiguo amigo por medio de la animalización y revela que, desde su concepción de la masculinidad, la afrenta al honor se paga con la lucha física e incluso con la muerte. Su actitud de arrogancia hipermasculina se aprecia cuando pasa de sentirse perseguido a ser el perseguidor y se deja ver en todos los lugares de la ciudad en busca de Abeledo. Por ejemplo, acude a la redacción del periódico en el que éste trabajaba, vigila la casa donde vivía y habla con la mujer que ahora la habita. Tras estas pesquisas, el protagonista se siente seguro de sí mismo y, frente a las incertidumbres pasadas, alardea de su entereza y masculinidad al pasar "ante el zapatero pisando fuerte" (173) y dirigirse después a un prostíbulo.

La obsesión del protagonista por encontrar a Abeledo se puede entender como una consecuencia de las exigencias a las que la masculinidad tradicional obliga a los hombres. Ayala parece burlarse de las situaciones ridículas a las que se ven sometidos los hombres debido al honor, en este caso casi un mes de continuas preocupaciones y de búsqueda incesante de una persona que ya estaba muerta. Precisamente sobre este tema el autor escribió un ensayo titulado "El punto de honor castellano," en el que indica lo absurdo de este concepto de masculinidad típico de la sociedad española del siglo XVII: "el espectro de la honra siempre amenazada tenía que corromper la paz interna de los españoles, haciéndolos vivir con el alma en un hilo" (953). Ayala conecta claramente el honor con la masculinidad al indicar que el hombre "debe vengar el agravio. Si no lo hiciera, su prestigio quedaría destruido, su nombre por los suelos, su hombría en entredicho" (942). El último relato de *La cabeza del cordero*, "La vida por la opinión," también trata el tema del honor de manera cómica, lo que muestra el interés que tenía Ayala por las cuestiones relacionadas con la masculinidad.[12]

La fijación del protagonista por Abeledo permite incluso pensar en una atracción sexual u homoerótica.[13] Por un lado, cuando ambos eran adolescentes y se hallaban en el seminario, Abeledo escribe un soneto erótico dedicado a una aldeana que el protagonista le ayuda a corregir y a pasarlo a limpio. Este episodio encierra unas claras connotaciones sexuales. Así se describe la escritura del soneto por parte de Abeledo: "Tanto le había excitado a él ese meneo [de caderas de la aldeana] que, entre otras cosas, le dio por ponerse a menear la pluma hasta que segregó un soneto" (148). Seguidamente, el narrador protagonista dice: "me habían sorprendido con las manos en la masa; pluma en ristre me quedé, y con la boca abierta" (148–49). El simbolismo fálico de la pluma y el uso del verbo "menear" sugieren prácticas masturbatorias compartidas entre el protagonista y Abeledo, por otro lado, relativamente comunes en la adolescencia.

El segundo dato que manifiesta una problemática atracción sexual hacia Abeledo es la similitud física entre él y su hermana María Jesús. El protagonista rechaza ser novio de María Jesús por su sorprendente semejanza a su hermano:

> en cuanto me esforzaba por mirarla con ojos pecaminosos, ya estaba ahí el asco, la repulsión. La causa de ese asco no se me escapa [...]. Era [...] su excesivo parecido con el hermano [...]. En una palabra: que me recordaba al Abeledo en cada facción; y ¿cómo hubiera podido yo tocarla sin pensar de inmediato en Abeledo González? Se me hubieran bajado los humos; ¡hombre!, me hubiera venido la idea de que me estaba acostando con él... (159–60)

Esta confesión del protagonista revela su miedo a un posible deseo homoerótico hacia Abeledo y, en general, su miedo a la homosexualidad. Daniel Gulstad apunta que el protagonista reprime su atracción hacia su amigo adoptando una actitud de "supermacho" respecto a las mujeres, pero niega que exista una latente homosexualidad en él, sino sentimientos como resultado de la intimidad que compartieron durante sus años adolescentes (5). En mi opinión, sí es perfectamente plausible interpretar la actitud hipermasculina del protagonista como una estrategia para reprimir sus deseos homosexuales y para que la sociedad no cuestione su sexualidad. Éstas son precisamente las razones que provocan la homofobia de acuerdo a Beneke. Según este investigador, la homofobia se debe a la ansiedad de los hombres heterosexuales respecto a sus fantasías y sentimientos homoeróticos, sean estos posibles o reales (146).

En *La vuelta: 1964* de Aub hallamos también homofobia, en este caso en forma de burlas hacia el personaje de Héctor. Su descripción en el *dramatis personae* al comienzo de la obra equipara la feminidad en el hombre con la maldad: "No tiene edad ni sexo, lo que lo hace más femenino y retorcido que cualquiera. Va, viene, vuelve, se revuelve, menudo y desmelenado. Su mano en la crencha, continuamente" (55). Para el autor, la homosexualidad parece implicar un error de la naturaleza, ya que le niega a Héctor pertenecer a uno de los sexos. En la conversación en el café, diversos personajes ridiculizan su homosexualidad. Por ejemplo, cuando Ramón dice: "Ahora el gran problema será limitar los nacimientos," Javier responde: "Cosa que a Héctor le tiene sin cuidado" (104).

El rechazo a la homosexualidad se repite en *La gallina ciega*, donde Aub se burla de varios personajes homosexuales. Así describe a un hombre adepto al franquismo: "Alto, cano, bien vestido. Hasta cierto punto hermoso si no lo estropeara una voz de pito.

[...] Terrible obstáculo: tener órgano de lo que no se es" (389). Para Aub, por tanto, el homosexual no es biológicamente un hombre y carece de masculinidad. Además, al presentar a personajes homosexuales que apoyan al régimen franquista, está cuestionando la masculinidad del franquismo y, en contraposición, está intentando demostrar la de los exiliados. Identifica al homosexual como "el otro" y lo denigra para querer evitar cualquier duda sobre su masculinidad y reforzar su heterosexualidad.[14]

Además de por su homofobia, los protagonistas de Ayala y Aub buscan afianzar su masculinidad mostrándose orgullosos de sus ideales morales y políticos. El personaje de "El regreso" se distancia del comportamiento vengativo y agresivo de Abeledo y expresa que si él hubiera estado en su lugar, jamás lo habría denunciado. De esta manera, se ve al exiliado, al vencido en la guerra, con un aura de superioridad moral: "¡qué inmensa suerte nos reservaba a nosotros, escondida, nuestra desgracia de perder la partida, de quedar vencidos, desamparados, desligados, absueltos, penitentes!" (164). En contraposición a la masculinidad cívica del exiliado, el enemigo aparece como una bestia violenta y vengativa.[15] El relato de María Jesús sobre las actividades de "depuración" de Abeledo durante la guerra así lo prueba: "hacía burlas, morisquetas; imitaba los sudores, balbuceos y pamplinas que los tipos hacían a la hora de la verdad" (180).[16]

Rodrigo también muestra en sus conversaciones la creencia en su orgullo y dignidad política. Reconoce que algunos exiliados actúan vanidosamente y miran a España con desprecio: "entre los exiliados también se ha desarrollado ese mismo complejo de superioridad" (58–59). En su caso, en vez de confesar abiertamente su deseo de retornar a España, justifica su vuelta por las llamadas del interior: "Durante años tuve la seguridad de que regresar era una cobardía, un deshonor. Luego, con el tiempo, otros opinaron que debíamos estar aquí" (57). También expresa que su retorno no implica sumisión alguna: "no creas que regreso arrepentido, o con deseo de arrepentirme, ni que se me haga vergüenza quedarme" (74). Al mismo tiempo, manifiesta que si estuvo fuera de España durante veinticinco años fue debido a su dignidad (77) y que los historiadores comienzan a prestar atención a su causa política (84).

A partir de los comentarios de Rodrigo, Melchor critica duramente el aire de superioridad que él aprecia en los exiliados, indicando que resulta inútil: "fuisteis vosotros los protagonistas, vosotros los vencidos y no nosotros los vencedores. ¿Y qué? Estáis expuestos en los museos de cera. ¡Gran arte realista!" (79). En opinión de Melchor, a los exiliados les agrada enfatizar su sufrimiento porque eso les aumenta la autoestima: "Sois los señoritos de la inteligencia, los desgraciados, los incomprendidos: *Je suis le malheureux...*" (86). Se burla también de su halo de mártires:

> Y vosotros, los puros, los derrotados, también os sentís poseídos por la santidad de España. Ella os penetró, bendijo y santificó. Vosotros sois santos—laicos, claro, pero santos—, intocables; la bondad liberal personificada. Apareceréis en lo alto de la colina y nos exorcizaréis y los demonios huirán y seréis, en andas, colocados en los altares de la Beneficiencia y la Filantropía, con el triángulo de la justicia resplandeciente en el colodrillo. (87)

Esta dura crítica a la dignidad y orgullo con que los exiliados regresaban a España revela la dificultad de su adaptación y de su entendimiento con los españoles que permanecieron en el país. El exiliado sentía que debía subrayar sus penurias y su dignidad política para poder justificar los numerosos años de vida pasados en el destierro y contrarrestar la emasculación producida a su vuelta.

Donjuanismo: la conquista sexual de España

Ahora bien, el medio principal por el que los personajes de Ayala y Aub se proponen recuperar su ego masculino y "recobrar España" es a través del encuentro sexual. Como expone Kimmel, el hombre debe probar constantemente su masculinidad ("Masculinity" 122), lo que implica en el ámbito mediterráneo poseer potencia sexual y demostrarla por medio de la conquista de mujeres (Gilmore 40).[17] Así, el protagonista de "El regreso" se acuesta con la hermana de Abeledo en el prostíbulo, mientras que Rodrigo planea mantener relaciones sexuales con Mariana. Ambos personajes presentan temperamentos donjuanescos, mientras que las mujeres parecen simbolizar a España. Resulta curioso que las mujeres de las dos obras tengan nombres similares: María Jesús y Mariana. Sus nombres, al incorporar el de la Virgen, resultan simbólicos, puesto que ambas ofrecen una imagen estereotipada de la feminidad basada en la bondad y el perdón. Por otro lado, es significativo el hecho de que en ambas obras haya un personaje femenino llamado "Mariana"—la novia argentina en "El regreso" y la amiga de Rodrigo en *La vuelta.* Aunque ellas dos presenten caracteres casi opuestos, el protagonista de Ayala termina por extrañar a su novia argentina.

El personaje de "El regreso" encuentra por casualidad a María Jesús en el prostíbulo al que acude y la escoge probablemente para obtener más información sobre su hermano Abeledo. Después de una larga charla, mantiene relaciones sexuales con ella porque se le despiertan los apetitos carnales al consolarla. La crítica ha interpretado este encuentro de diversas maneras. Estelle Irizarry considera que el acto sexual representa la reconciliación con su enemigo debido a la similitud de María Jesús con Abeledo (*Francisco Ayala* 60). Thomas Mermall señala que se puede entender como un gesto de ternura hacia los humillados por el franquismo, ya que tras la muerte de Abeledo, María Jesús fue engañada por un hombre y no tuvo más salida que ejercer la prostitución (60). Mermall también apunta a la posibilidad de ver la relación sexual como un acto de desagravio contra los vencedores de la guerra (60), una lectura que asimismo defiende Gulstad, quien añade como motivo el puro oportunismo, puesto que el protagonista ya ha pagado su encuentro y así aprovecha su dinero (4–5).

A la lectura de Mermall y Gulstad se podría añadir que la posesión sexual de María Jesús puede interpretarse políticamente como una toma simbólica de España por parte del protagonista para demostrar que él y los otros exiliados siguen perteneciendo al país. Por otro lado, el protagonista se acuesta con María Jesús no sólo para vengarse de los franquistas o los vencedores de la guerra, sino también para vengarse personal y póstumamente de Abeledo al haber éste deseado matarle durante la guerra. De acuerdo al código del honor tan presente en el relato, el mantener relaciones sexuales con su hermana supondría deshonrar a Abeledo. De esta manera el protagonista recuperaría la hombría que había perdido por la afrenta pública de su antiguo amigo.

Las similitudes que el protagonista comparte con la figura del don Juan son numerosas. El propio texto ofrece una pista al respecto cuando se indica que el protagonista había vagado durante casi un mes en busca del "fantasma vano" (182). Esta expresión, como apunta Rosario Hiriart, procede del *Don Juan Tenorio* de José Zorrilla: "Pero don Juan no se arredra; / alzaos, *fantasmas vanos*, / y os volveré con mis manos / a vuestros lechos de piedra" (50). Ningún crítico ha desarrollado, empero, el donjuanismo del protagonista. Al igual que don Juan, el personaje de Ayala revela su potencia sexual: "Por suerte o por desgracia, no soy de los que pueden renunciar a ciertos naturales placeres durante semanas y meses" (174). Además, conquista a varias mujeres: Rosalía—su novia antes de la guerra—, Mariana, una mujer en el barco de vuelta a España y María Jesús. Huye también de las ataduras amorosas, evitando siempre el matrimonio, abandonando a Mariana apenas sin avisarla y no dando señales de vida a Rosalía cuando se fue al exilio.

Diversas investigadoras han señalado el machismo del protagonista en el trato que prodiga a su tía, a Mariana y a María Jesús (Irizarry, *Francisco Ayala* 60; Simal 69). Su desprecio hacia las mujeres es obvio en la manera en que las califica: Mariana es "irritada y áspera" (174), la tía es "el demonio de la vieja" (152), Rosalía es "una guarra" (157), y María Jesús es "boba," una "criatura insignificante" (157) y "muy pava" (158). A esta última sólo la utiliza para obtener información sobre Abeledo y saciar sus impulsos sexuales, abandonándola a su suerte en el prostíbulo. En este sentido, al ser prostituta, María Jesús resulta una parodia de doña Inés. Otros aspectos que asemejan al protagonista con don Juan son su conflicto con los familiares de la mujer "burlada," su huida de España, su retorno pasados varios años, su arrogancia en la búsqueda de su enemigo y la visita al cementerio donde éste se halla enterrado. La diferencia significativa reside en que el protagonista nunca pudo enfrentarse directamente a Abeledo ni matarle, en contraste con la actuación de don Juan respecto a don Gonzalo. Por este motivo su victoria al acostarse con María Jesús resulta pírrica: el encaramiento con el causante de su agravio jamás podrá realizarse. Este aspecto, junto con la obsesión por Abeledo y su atracción sexual hacia él, convierten a este personaje en una parodia del don Juan.

En la obra de Aub, Rodrigo también utiliza el cuerpo de la mujer para intentar probar su masculinidad. Para ello propone a Mariana acostarse juntos, algo a lo que ella accede realizar en el plazo de una semana. La propia Mariana expone que lo que Rodrigo realmente busca con el acto sexual es recuperar sus recuerdos:

> MI HERMANO. [...] Pero no: lo que quiero es acostarme contigo.

> MARIANA. Como si fuese con Rodrigo Díaz de Vivar.
> MI HERMANO. Di, por lo menos, con Mariana Pineda. No. Contigo.
> MARIANA. Con tus recuerdos. (70)

Las referencias a El Cid y Mariana Pineda, además de resultar humorísticas, dan a entender que el acto sexual consiste al mismo tiempo en un acto político. Jesús Peris Llorca señala que poseer el cuerpo de Mariana implica para Rodrigo recobrar el pasado y "completar los proyectos cancelados de treinta años antes" (594). Considero que también consiste en una estrategia para contrarrestar la emasculación que conlleva su retorno y reconquistar metafóricamente a España, simbolizada en Mariana. Por ese motivo Rodrigo se apresura a aclarar que no se acostaría con El Cid, sino con Mariana Pineda en todo caso. El protagonista no quiere que se dude de su heterosexualidad ni siquiera en bromas. Además, desea demostrarle a Mariana que ahora es mejor amante que cuando tuvieron relaciones sexuales durante la guerra:

> MI HERMANO. [...] Tú y yo nos acostamos sólo una vez, ¿te acuerdas? Fue el 36, ya en la guerra, un momento, de cualquier manera. Y aunque no lo creas, siempre me quedó el resquemor de que...
> MARIANA. Podrías mejorar tu *performance*... (67)

Aquí se aprecia la ansiedad del hombre respecto al acto sexual y cómo éste afecta a su ego masculino. A pesar de su edad, Rodrigo no quiere renunciar a ser un donjuán. Esto se revela cuando Mariana le pregunta cómo se encuentra su esposa y él le responde: "Como siempre, muerta de celos" (67). Esta contestación parece presuponer que a Rodrigo le sigue gustando tener amantes. Además de su actitud de conquistador con Mariana, habla de sexo con Melchor y alardea de su ímpetu sexual frente a la inapetencia de éste.

Aunque en la obra no se explicita la identificación de Mariana con España, en *La gallina ciega* hallamos dos ejemplos de este tipo de alegoría de la mujer nación. El sobrino de Aub la usa así: "no puedes ver ni darte una idea exacta de lo que es España hoy. Como si te encontraras con una mujer que fue novia tuya en aquel entonces..." (161). Más adelante es el propio narrador quien se refiere a España como novia o mujer: "España ya no es España. [...]

Normalmente, por los años pasados, es otra. Y, como es natural, a mí me gusta menos. Era moza; ahora, llena de arrugas" (340).[18] Además del sexismo que supone que la belleza sólo resida en las mujeres jóvenes, en estas dos citas resulta imposible para el autor reconocer a una España cambiada durante su ausencia.

En *La vuelta: 1964*, en cambio, Rodrigo al menos intenta reconquistar a España planeando un encuentro sexual con Mariana. Sin embargo, el resultado va a ser el mismo que en *La gallina ciega*, ya que no logra tener relaciones sexuales con ella porque le obligan a abandonar el país. La obra se cierra de manera significativa con esta intervención de Mariana: "*(Amarga, para sí)* La semana que viene..." (114). Este final revela la importancia simbólica que la relación de Rodrigo y Mariana adquiere en el argumento de la obra. La pena de Mariana por no poder acostarse con Rodrigo reforzaría la masculinidad de éste, pero en líneas generales, el desenlace significa que la España republicana ya no es posible, que Rodrigo ya no puede activar con su fuerza viril el funcionamiento del país.[19]

La masculinidad fantasmal

La masculinidad fallida de ambos personajes—el imposible enfrentamiento con Abeledo y el imposible coito de Rodrigo—se representa en las dos obras por medio del símbolo del fantasma. Los protagonistas no pueden volver a la España que dejaron y la España por la que ahora transitan resulta irreconocible para ellos. Como resultado, creen que están soñando o viviendo una pesadilla. Su alienación aumenta porque no son reconocidos por la gente, tanto física como literariamente. Al estar inmersos en una realidad desconocida, se sienten fantasmas, mientras que para las personas que no les han visto en muchos años su reaparición adquiere también un carácter fantasmal.

Diversos críticos han utilizado el símbolo del fantasma para analizar la cultura española moderna. Jo Labanyi argumenta que la presencia de fantasmas en obras españolas modernas implica el retorno de los perdedores de la historia (6). José Colmeiro considera que los fantasmas personifican el pasado en el presente y desestabilizan las nociones aceptadas de historia, realidad e identidad (31). El retorno de los protagonistas de Ayala y Aub supone para los otros personajes y para ellos mismos revivir el pasado histórico de España y al mismo tiempo reivindicar sus ideales republicanos, reprimidos y olvidados por el régimen franquista. Ahora bien, vuelven a España no sólo para recuperar su memoria, sino también su sentido originario de masculinidad, por lo que su carácter fantasmal hace referencia asimismo a su virilidad volátil, motivada por su imposibilidad de reconquistar su masculinidad perdida. Por otro lado, su identidad fantasmal puede aplicarse también a su masculinidad envanecida y presuntuosa, significado que popularmente se utiliza en la expresión "ser un fantasma." Como se ha indicado anteriormente, los dos protagonistas presumen de sus conquistas amorosas, queriendo remedar sin éxito la figura del don Juan.

El protagonista de "El regreso" alude a su identidad fantasmal cuando abandona Argentina para volver a España: "una semana después me habría hecho humo" (141). En diversos momentos de la narración se subraya que se siente alienado. Santiago se le presenta como una urbe "alucinatoria" (183), "una ciudad extraña, repleta de extraños, donde a nadie conocía" (169), por lo que se considera a sí mismo un "forastero" en ella (174). Su alienación provoca que experimente su permanencia en España como una vivencia ilusoria: "me pareció que regresaba no tanto a mi ciudad como a un sueño" (141).[20] El protagonista también expresa el desdoblamiento de su identidad en España, la división de su yo y la aparición de un doble fantasmal: "todas esas representaciones [...] resbalaban sobre mí sin calarme, como si pertenecieran a otro mundo del que yo estuviese definitivamente separado" (150). Según Irizarry, esta técnica del desdoblamiento es común en los relatos de Ayala: los personajes "parecen alejarse de su cuerpo y figura para contemplarse desde fuera" (*Teoría* 74–75).[21]

A diferencia del relato de Ayala, en el que, por estar escrito en primera persona, el narrador protagonista manifiesta su extrañamiento, en la obra de Aub son los otros personajes los que califican a los exiliados que vuelven como fantasmas. Mariana le describe a Rodrigo de esa manera: "Ten en cuenta que eres un fantasma, un aparecido" (58). Melchor también utiliza la misma metáfora para criticar el retorno de los exiliados: "¿Quiénes sois vosotros que venís del otro mundo? Fantasmas, y ya nadie cree en ellos" (72–73). El propio Aub expresó en sus diarios la misma idea: "Sólo somos ya fantasmas de nosotros mismos" (Sáinz, "El retorno" 2). Diversos críticos que han estudiado el retorno de Aub asimismo han utilizado la metáfora del fantasma para referirse a él. Soldevila Durante le caracteriza como "un fantasma anacrónico en un mundo que ya no era el suyo" ("Nueva tragedia" 153), mientras que Aznar Soler le denomina "fantasma desconocido en la España franquista de 1969" ("Max Aub" 24).

En *La gallina ciega*, Aub se sirve del símbolo del fantasma para describir su existencia si continuara en España: "Dentro de un mes, si me quedara, andaría por ahí como Antonio Espina y Fernando González, fantasma de mí mismo, vuelto sombra de lo que fui sin que nadie se acordara del santo de mi nombre ni de una línea de mi figura" (559–60). Sin embargo, no hacía falta que permaneciera largo tiempo en España para sentirse un fantasma, puesto que los insomnios que padece y sus paseos nocturnos por la ciudad le convierten en uno. Al igual que el protagonista de Ayala, Aub duda de la realidad que ve a su alrededor: "¿Era España esta oscura neblina que iba tiñéndose de no sé qué colorcillo rosado?" (310). Seguidamente se desdobla en un tú fantasmal: "¿Entonces? ¿Degeneras de ti mismo? ¿Por qué tuerces el alma? ¿De qué tienes ansia?" (311).

El olvido al que el exiliado que retorna se ve abocado provoca que se sienta como un fantasma. En *La vuelta: 1964*, Manuel, un crítico literario, expresa con claridad que el exilio implica el olvido, y con él, la pérdida de la identidad: "Aquí, marcharse es borrarse del mapa" (86). La indiferencia a la que se enfrentan los retornados provoca que padezcan un sentimiento de inferioridad que les impida recuperar su autoestima y su masculinidad. Rodrigo reconoce esa verdad: "nosotros ya no somos nadie" (99).[22] La causa política por la que lucharon los exiliados no interesa en España, como lo confirma uno de los hombres del café: "¿Cómo quiere que nos apasione la guerra del 36? [...] Para mí, para muchos como yo, fue una época oscura y desesperada" (99). Además, ahora los contrarios al régimen franquista sólo persiguen su propio beneficio: "los revolucionarios, entre comillas, los que llaman comunistas y hasta los que tal vez lo sean, son, en su mayoría, señoritos" (61). Pero es quizás la indiferencia política por parte de los jóvenes la que más le duele al protagonista: "su renombre [...] va aparejado a lo político, que no nos interesa" (90).[23]

Junto con el olvido de los ideales políticos que le condujeron al exilio, Rodrigo se enfrenta al desconocimiento de su obra en España. Manuel se lo expone así: "Somos treinta millones, las revistas que te nombran, una o dos veces al año, lo hacen en una esquina de la página interior y tiran a mil ejemplares, de los que la mitad se leen a escondidas y el resto fuera de España" (100). Además, los escritores exiliados tampoco son valorados en sus países de acogida, como confiesa Rodrigo: "Sí, hemos escrito y publicado en español. Pero se quedó allá y cuenta poco. [...] Lo decía Casona hace poco: En América somos autores traducidos" (110–11).

Es cierto que Rodrigo es admirado por Enrique, quien le llama maestro, y por el joven Carlos, quien le pide que dé unas charlas a estudiantes universitarios (106–07). Sin embargo, Rodrigo no se considera maestro de nadie porque se da cuenta de que no ha ejercido ninguna influencia en el devenir de España. De hecho, Carlos reconoce que apenas ha leído ningún libro escrito por él debido a que no se pueden encontrar en España. Rodrigo llega a la conclusión de que su obra literaria del exilio no puede tener ya lectores; es una obra perdida: "Como todos, escribí un día, para el día, según la hora. Pudo tener interés momentáneo. Una vez pasada la circunstancia, nada queda. Uno escribe para influir. En el museo, ya no tiene que ver con el escritor" (110). El que sus textos no hayan influido en la juventud genera en Rodrigo un sentimiento de fracaso y emasculación. Aub sufrió la misma experiencia, como se aprecia en *La gallina ciega*: "Lo malo es que este libro no se venderá en España [...]. Lo más imbécil: clamar en el desierto. Ser inútil. ¿Perderé el brío?" (180).

La castración simbólica de los exiliados que retornan no sólo se debe al olvido al que sus nombres y obras han sido abocados, sino también al silencio, la censura o la expulsión que padecen por parte del régimen franquista. En la conversación entre Mariana y Rodrigo se recuerda que José Bergamín se tuvo que ir del país "a punta de pistola" (59), mientras que a Alejandro Casona "le hicieron feos. Se los tragó" (59). En el caso de Manuel Altolaguirre, quien murió a consecuencia de un accidente de coche en Burgos, "no dejaron traer aquí el cadáver, ni dar la noticia en los periódicos" (73). La deportación de Rodrigo al final de la obra sirve para reforzar la visión de los franquistas como victimarios y de los republicanos como víctimas. Rodrigo está abocado al sufrimiento vital y al perpetuo exilio y en este sentido adquiere un halo de dignidad moral, pero al mismo tiempo su masculinidad queda en evidencia.

En las obras de Ayala y Aub los protagonistas se percatan de que no tienen un futuro viable en España. No hallan en su país natal la continuidad de su causa política, el mantenimiento de sus relaciones personales y familiares, ni la fama literaria o la influencia en las generaciones jóvenes. Tampoco encuentran allí la virilidad y la autoestima que vinieron a recuperar y tendrán que vivir con una identidad y masculinidad divididas y con fisuras. En definitiva, el regreso a España resulta imposible para los exiliados, que vagan como fantasmas. En ambos casos el retorno implica el regreso a su país de acogida y la marcha definitiva de España, aunque uno se vaya voluntariamente y otro obligado por el régimen franquista.

La distinta manera en que los dos protagonistas salen del país seguramente se explique por su diferencia de edad y por las divergentes concepciones de exilio que presentan las dos obras. El protagonista de "El regreso" tiene treinta y seis años y, por lo tanto, le queda mucho por vivir, huye de las responsabilidades—especialmente del compromiso amoroso y el matrimonio—y no quiere continuar la tradición familiar ni que su tía le controle. En cambio, Rodrigo, de sesenta y dos años, vuelve a España para descansar y poder morir allí. Para el primero, el exilio parece una cierta liberación de las normas opresoras, en cierto sentido como una vivencia positiva para el hombre que quiere ser libre y no desea ser controlado por sus familiares. Por el contrario, para Rodrigo el exilio es una maldición que le ha arrebatado parte de su identidad y le impide ser lo que tendría que haber sido.

Esta diferencia entre los dos protagonistas puede deberse a que Ayala experimentó el exilio de una manera más positiva y menos traumática que Aub. Así lo manifiesta en sus memorias: "debo confesar [...] que en mi exilio no había sufrido la nostalgia de España y que ni antes ni después me ha afligido nunca ese patriótico dolor que en tantas ilustres almas arranca quejas magnificadas por una espléndida retórica" (*Recuerdos* 517–18).[24] Ayala supo adaptarse mejor al exilio y obtener lo mejor de cada lugar donde se encontraba: "Esa propensión mía, quizá excesiva, a proyectarme hacia adelante sacudiéndome de las adherencias [...] ya logradas ha permitido que la situación de 'volver a empezar' en que varias veces me he hallado no fuera para mí tan destructiva como, según veía a mi alrededor, lo era para otros" (475).

También existen profundas divergencias en el tratamiento de los protagonistas. Ayala construye al protagonista de "El regreso" como un ser egoísta, machista y sin sentimientos, lo que genera poca compasión hacia él por parte del lector, mientras que Aub presenta a Rodrigo como un mártir, como el héroe de una tragedia. En lo que coinciden ambas obras es en la relevancia que confieren a la masculinidad como motivo de retorno. Los dos protagonistas confiaban en recuperar su autoestima masculina al regresar a España y para ello buscan mantener relaciones sexuales con una mujer. Sin embargo, la alienación y el olvido que padecen, así como, respectivamente, la imposibilidad de enfrentarse con Abeledo y la inviable relación sexual con Mariana, demuestran que su retorno a la masculinidad y a la nación no es factible.

Segunda parte
Emigraciones

Capítulo cinco

El hombre trabajador:

Patricio Chamizo y Víctor Canicio

El trabajo que un hombre realiza y el sustento y estatus económico que obtiene de él influyen sobremanera en su concepción de la masculinidad. Ava Baron señala al respecto que los trabajadores obtienen su identidad de género de su trabajo y, alternativamente, infunden su trabajo con valores de género (38). En el caso de la masculinidad, el hombre se sirve de su trabajo para probar que es lo suficientemente viril. Como indica Victor Seidler, el trabajo es la fuente misma de la identidad masculina (*Rediscovering* 151). Esteban Ruiz Ballesteros apunta la misma idea: "Tradicionalmente, en nuestra cultura, es el trabajo no doméstico uno de los elementos principales que nos hace hombres y nos permite de manera coloquial definirnos como tales" (101–02). El trabajo resulta esencial para la masculinidad porque, como explica James Catano, implica para los hombres un alejamiento del mundo de lo femenino y de las preocupaciones interpersonales hacia el mítico mundo masculino del entorno laboral (9).

Esta concepción del trabajo como requisito clave de la masculinidad procede del siglo XIX. De acuerdo a Michael Kimmel, hacia 1830 surge lo que él denomina la "masculinidad del mercado," la cual supone que la virilidad del hombre dependa de su éxito en el ámbito capitalista, es decir, de la acumulación de bienes, poder y estatus ("Masculinity" 123). David Collinson y Jeff Hearn también consideran que las identidades masculinas de los hombres se construyen, comparan y evalúan—por ellos y por la sociedad—en base a los criterios de éxito personal en el trabajo (63). De esta manera, los hombres equiparan su valía como hombres con sus logros laborales. Un hombre que alcanza éxito en el trabajo, es decir, en el espacio público, demuestra socialmente que es superior a otros hombres, ya que ha tenido que competir con ellos para triunfar en el mercado laboral. A pesar de la incorporación de la mujer al ámbito profesional, Anthony Synnott considera que hoy en día todavía se espera de los hombres que trabajen, se labren un futuro y vayan ascendiendo en sus puestos laborales hasta alcanzar el éxito (46).

En el caso de los hombres emigrantes, se aprecia incluso más claramente la relevancia del trabajo en su sentido de la masculinidad, ya que, como apunta Hernán Ramírez, después de todo, cruzaron fronteras internacionales con el objetivo de encontrar un trabajo y ganar dinero (99). En su estudio sobre los hombres latinos que emigran a Estados Unidos, Cristina Alcalde observa que para contrarrestar los sentimientos de vulnerabilidad y de falta de poder que les genera la emigración, los hombres se apoyan en su trabajo para conservar su autoestima y definirse como "verdaderos" hombres, capaces de mantener económicamente a sus familias (456–57).[1] Este sentido de la responsabilidad familiar sobresale en dos novelas escritas por autores españoles que emigraron a Alemania en la década de 1960. Se trata de *En un lugar de Alemania...* (1967), de Patricio Chamizo, y *Vida de un emigrante español: El testimonio auténtico de un obrero que emigró a Alemania* (1979), de Víctor Canicio.

En ambas obras, los protagonistas pertenecen a la clase trabajadora y presentan una concepción tradicional de la masculinidad basada en la importancia del hogar heteronormativo y la reproducción, para lo cual consideran esencial desempeñar el papel de proveedores económicos de sus familias. Precisamente deciden emigrar a Alemania para abandonar un pasado de pobreza en el que se sentían emasculados, lograr un mejor futuro para sus familias—para la que tienen o para la que buscan formar—y sentirse más válidos como hombres al ganar dinero y alcanzar una mayor independencia económica. De esta manera, la masculinidad del hombre de familia se concibe como un sacrificio hacia los suyos. La autoestima masculina de ambos protagonistas aumenta no sólo por el éxito económico, sino también por la adquisición de educación y cultura. En las dos obras se rechaza la masculinidad del don Juan y se defiende la del hombre de familia, basada en un deseo sexual moderado. Los protagonistas presentan asimismo rasgos de la masculinidad de protesta como el compromiso social, la agresividad y la violencia, y otras características de la masculinidad tradicional como la defensa del honor y el rechazo de la homosexualidad y de la debilidad.

Sin embargo, ambas narraciones también revelan cómo la experiencia de la emigración puede afectar negativamente la masculinidad de los hombres al presentar a personajes que son discriminados y se sienten explotados en el trabajo, se comportan con miedo o cobardía, padecen inapetencia sexual y sufren melancolía y locura. Finalmente, la emigración asimismo modifica ligeramente el modelo tradicional de género de los dos protagonistas, quienes defienden una relación más igualitaria con la mujer y apoyan su educación sexual y el desarrollo de su individualidad. Sin embargo, estas ideas avanzadas se contraponen con el mantenimiento de otras más tradicionales, como la necesidad de que la mujer se case, sea femenina y realice las tareas domésticas.

En un lugar de Alemania... relata la historia de Felipe, un joven del ámbito rural que lleva casi cinco años trabajando en Alemania. Comparte la habitación de la barraca de la fábrica con José el Gallego, quien ha dejado a su esposa y cuatro hijos en Galicia con el objetivo de ahorrar dinero. A su habitación llega un nuevo emigrante, Daniel, que sufre un accidente laboral en una mano, lo que le provoca episodios de locura hasta que su mujer va a buscarle a Alemania. Por su parte, Felipe está enamorado de una joven española, Rocío, quien tiene mala fama entre los emigrantes porque se emborracha y no vive en una residencia. Cuando Felipe y Rocío se hacen novios, ella se vuelve más modesta y planean casarse próximamente. Sin embargo, Rocío es agredida por la portera de la residencia de la fábrica, ante lo cual todos los hombres y especialmente Felipe quieren vengarse. Sin embargo, los policías alemanes arrestan a Rocío por haber sido denunciada falsamente por la portera. La obra se cierra con Felipe llorando impotentemente ante la más que segura deportación de Rocío a España.[2]

Vida de un emigrante español narra en primera persona la historia real de S. B., quien recibe el nombre ficticio de Pedro Nuño. La obra se divide en tres partes, correspondientes a las etapas cronológicas de la vida del protagonista: su infancia y juventud antes de la emigración, el viaje y la estancia en Alemania, y el momento presente de la narración en los años 70. En la primera parte se presenta el ambiente familiar de Pedro en León, caracterizado por la pobreza y el hambre. A los veintiséis años se casa con una modista y tienen un niño que sufre de poliomielitis. Debido a la falta de dinero, en 1960 emigra de manera ilegal a Alemania, dejando a su mujer y dos hijos en España.[3] En Ludwigsheim comienza a trabajar en un taller de carpintería, y tras tres años viviendo solo, se le une su familia. En distintos puestos de trabajo, Pedro consigue ahorrar dinero para comprarse un piso y un local en España y dar tratamientos médicos a su hijo. En la última parte de la novela, Pedro manifiesta el rechazo de la sociedad alemana hacia los extranjeros, pero también su decisión de permanecer allí hasta acumular más capital para vivir cómodamente en España.

Las novelas de Chamizo y Canicio pertenecen a la que Ana Ruiz Sánchez considera la primera época de la producción literaria de los emigrantes españoles en Alemania. En esta etapa, situada entre 1960 y 1979, los autores viven de manera aislada en Alemania, escriben obras en español, sin pretensiones estético-literarias, dirigidas a un público formado por otros emigrantes españoles y sobre temas en torno a la experiencia migratoria (7–8).[4] José Rodríguez Richart clasifica las obras de Chamizo y Canicio dentro del grupo de las escritas por los propios trabajadores españoles, frente a la producción literaria de autores más o menos reconocidos que no emigraron pero que escribieron sobre la emigración a Alemania, tales como Ángel María de Lera y Rodrigo Rubio (Rodríguez Richart, "Literatura" 358–59).[5]

Ahora bien, la experiencia migratoria de Chamizo y Canicio difirió en ciertos aspectos. La estancia de Chamizo en Alemania como emigrante fue breve—entre febrero de 1963 y octubre de 1964, según su propio testimonio ("Circunstancias" pár. 18)—y antes de salir de España ya mantenía un fuerte compromiso social (Ruiz Sánchez 10). Chamizo emigró por la falta de oportunidades laborales en España: "En Madrid no tenía trabajo. Un compañero de la pensión en que vivía se fue a Alemania y me consiguió un contrato de trabajo. Se lo enseñé a mi novia. Era la única salida" ("Circunstancias" pár. 3). En cambio, Víctor Canicio comenzó escribiendo sobre la emigración de manera casual, porque una editorial le encargó realizar tres obras sobre este asunto tras ganar a finales de los años 60 un concurso de relatos (Ruiz Sánchez 10). María Nasarre Lorenzo apunta que Canicio llegó a Alemania en 1960 para estudiar lengua y cultura alemana en Heidelberg y, por lo tanto, a diferencia de Chamizo, no emigró estrictamente por motivos laborales (89).

Los protagonistas de las novelas de Chamizo y Canicio pertenecen a la clase trabajadora, lo que provoca que presenten unos rasgos de masculinidad peculiares. R. W. Connell clasifica la masculinidad de los hombres trabajadores dentro de lo que denomina "masculinidades marginalizadas," es decir, masculinidades de grupos explotados en base a la clase social o la raza (*The Men* 30). De esta manera, los hombres de la clase trabajadora poseen los privilegios que la sociedad patriarcal ofrece a los varones, pero, al mismo tiempo, se hallan oprimidos en la jerarquía social capitalista por su acceso limitado a los bienes materiales.

Padre y proveedor: la masculinidad del hombre de familia

Cuando se habla de los hombres de la clase trabajadora, los investigadores suelen enfatizar que presentan una masculinidad tradicional. Connell señala que generalmente son conservadores respecto a las políticas de género ("Live Fast" 141). Este aspecto se aprecia sobre todo en la importancia que confieren a la familia heteronormativa y a su papel como proveedores. Connell explica la relevancia de la familia para la clase trabajadora en base a que ésta ofrece el apoyo económico y emocional contra las presiones en el trabajo y el mercado laboral (*The Men* 107). Los protagonistas de las obras de Chamizo y Canicio parecen apoyar esta suposición. En *En un lugar de Alemania...*, Felipe expresa claramente sus deseos de casarse, formar una familia y tener hijos. Cuando Daniel le aconseja "buscarse una mujer y casarse," Felipe responde: "Eso es lo que estoy deseando" (37). Por este motivo, Felipe se declara a Rocío y ya antes de que comience su relación, manifiesta que su intención es el matrimonio: "Rosío, ¿quieres casarte conmigo? [...] Estoy solo en er mundo. No tengo a nadie y te nesesito pa formá un hogar" (57).[6] Desde la perspectiva del protagonista, el matrimonio es el estado ideal: "Las personas somos como esas piezas machijembrás que unías cumplen una misión pero la una sin la otra no vale pa ná. Por eso er matrimonio es lo mejó" (72). Cuando la relación entre ambos jóvenes se consolida, Felipe deja claro que el objetivo de su unión es la procreación: "serás una madre obrera y sabrás enseñá a mis hijos el orgullo inmenso de ser obreros" (81–82).

Es posible que el mensaje que transmite la novela de la necesidad del matrimonio para el hombre se explique por la soledad y la alienación a las que se tiene que enfrentar el emigrante soltero. De esta manera, la emigración motivaría el que los hombres buscaran a una mujer para casarse. Quizás esta idealización del matrimonio se deba a la experiencia personal de Chamizo, quien al emigrar solo a Alemania tras haberse casado con su mujer cuarenta y ocho días antes, sentía la necesidad de estar juntos: "Mi principal preocupación cuando llegué a Frankfurt fue mi mujer. Tenía que hacer todo lo posible por llevármela" ("Circunstancias" pár. 7). Paula, la mujer de Chamizo, consiguió reunirse con él unos meses después al pedir ampliar sus estudios de canto en Alemania.

En la obra de Canicio no se explicitan de una manera tan obvia los beneficios del matrimonio para el hombre trabajador, aunque la vida de Pedro también gira completamente en torno a su familia. Como en el caso de Felipe, Pedro entiende el noviazgo como un preludio al matrimonio: "Conocí a una chica que me gustaba y nos hicimos novios. [...] Era modista y sabía que aun después de casados tendría que seguir trabajando y así lo aceptaba" (48). También está presente la idea de que el objetivo del matrimonio es la procreación, ya que Pedro y su esposa tienen ya dos hijos a los dos años de su boda. La razón radica en que tradicionalmente la paternidad se ha considerado como una señal de masculinidad. David Gilmore apunta al respecto que en las culturas mediterráneas, el hombre demuestra su virilidad dejando embarazada a su mujer y formando una familia grande y vigorosa (41). La paternidad puede aumentar la autoestima del hombre porque supone su continuidad en las generaciones futuras. También implica responsabilidad y, con ella, un mayor respeto por parte de la sociedad. Mara Vigoya considera que la paternidad es una demostración pública del hombre completo, viril y responsable, es decir, la prueba definitiva de masculinidad (245).

En las novelas de Chamizo y Canicio el formar una familia conlleva que sea el hombre el que trabaje para mantenerla. Felipe y Pedro entienden que es su obligación ganar dinero para sostener económicamente a los suyos. Gilmore apunta al respecto que la función de proveedor resulta un pilar fundamental de la masculinidad (17).[7] En opinión de Sara Willott y Christine Griffin, los hombres de la clase trabajadora mantienen una identidad masculina tradicional basada en la imagen del sostén de la familia porque tienen menos acceso al capital económico, cultural y social que les permitiría reconsiderar sus identidades de género ("Redundant Men" 65). De manera similar, Collinson y

Hearn indican que los hombres de la clase trabajadora redefinen su sentido de dignidad frente a la sociedad que les devalúa enfatizando valores masculinos que les hagan sentirse más valiosos, como el de proveer a su familia (68). Así, Felipe y Pedro podrían resaltar su obligación de mantener a su familia no sólo por haberlo aprendido en su contexto cultural, sino también como mecanismo para contrarrestar su marginación en la sociedad capitalista.

En la obra de Chamizo, Felipe da a entender que la responsabilidad del hombre es ganar dinero para poder casarse, comprarse un piso y asegurar un buen porvenir para sus hijos: "¡Además, tengo ahorraos sincuenta mil duros! ¡Con eso compramos un piso en Madrí o Barselona y con un trabajo regularsillo podemos vivir bien. [...] ¡Será un piso pequeño, pero allí tú serás la reina! ¡Nuestros hijos podrán ir al colegio y jaserse hombres de bien!" (59). Felipe no ha buscado una novia hasta que ha tenido la seguridad de tener dinero suficiente para mantenerla a ella y a sus futuros hijos.

Pedro también cree que su obligación es sacar adelante a su mujer e hijos mandándoles dinero desde Alemania. Al final de la novela, cuando ha alcanzado una cierta solvencia económica, sigue pensando que su deber es mantener a su familia: "Pan ajeno caro cuesta pero yo, de momento y mientras me dejen, me quedo en Alemania. [...] Tengo una familia que ha de llenar la barriga todos los días" (188). Ya desde niño, Pedro se percata de que tiene que ayudar económicamente a sus padres y por eso comienza a trabajar a los doce años. Además, aprende desde temprana edad a ejercer de cabeza de familia cuando su padre se halla ausente por cuestiones laborales y su madre está enferma en el hospital: "Nos quedamos los tres hermanos, que éramos unos niños, solos en casa, y yo era el que me encargaba de levantarlos por la mañana y de llevarlos a la escuela" (38). Estas experiencias explican el que adquiriera pronto una clara conciencia de su papel de proveedor.

Sin embargo, las circunstancias laborales en España no les permiten ni a Felipe ni a Pedro mantener a sus familias. Felipe relata en detalle su pasado de opresión en España, cuando, una vez muerto su padre en la Guerra Civil y siendo él niño, su madre tiene que limpiar casas y trabajar en el campo. Felipe entonces sueña con hacerse mayor para poder ayudar económicamente a su madre: "Yo le desía que tenía ganas de sé moso pa ir yo a trabajar y mantenerla" (36). Cuando crece, empero, la situación no mejora, ya que en el pueblo no hay trabajo en el campo para tantos hombres disponibles. Felipe llega a calificar de esclavitud su vida en España: "Aquello me jasía pensá en los esclavos que vendían antiguamente [...]. Nosotros íbamos libremente a vendernos empujaos por los latigasos del hambre y la miseria" (37). Finalmente, cuando su madre enferma y muere, Felipe pierde la casa familiar al no poder pagar la hipoteca y decide emigrar a Alemania.

Pedro también se enfrenta en España a una vida de miseria. Tras casarse, en su trabajo como ebanista no gana el suficiente dinero para independizarse, por lo que él y su esposa tienen que vivir en el piso de la madre de ésta. A pesar de trabajar, Pedro es incapaz de ahorrar dinero: "Vivíamos siempre al día. Hubo una temporada en que yo intenté ahorrar pero me fue imposible. [...] El día que nació el niño, nuestro primer hijo, no había en casa ni cinco céntimos" (55). Al igual que Felipe, decide emigrar por la falta de oportunidades laborales en España: "Yo veía que en España no había porvenir, que estaba uno trabajando para nada y pensaba en un sitio donde se viviera mejor" (58). Al final de la obra reitera esta idea: "Yo si me hubiera quedado en España habría podido convertirme en un delincuente, porque robar ya no me asustaba. [...] Allí estábamos condenados a tortilla perpetua" (187).[8]

El desempleo o los trabajos precarios a los que se enfrentan Felipe y Pedro en España les hace sentirse emasculados. Diversos investigadores han indicado que la falta de trabajo afecta significativamente a la masculinidad de los hombres. Ernesto Vásquez del Águila apunta que el no poder mantener económicamente a sus familias genera ansiedad en los varones (99). Otras posibles consecuencias del desempleo son la depresión, agresividad, insomnio, pérdida de autoestima, problemas matrimoniales, infelicidad, alcoholismo y violencia doméstica (Deutschendorf 53). Mike Donaldson y Richard Howson señalan que al no llevar dinero a casa, el hombre puede perder el respeto e incluso la obediencia que recibía anteriormente por parte de su familia (212). En la sociedad al hombre sin trabajo se le considera como un fracasado y suele ser objeto de burlas (Deutschendorf 47). Willott y Griffin recogen en entrevistas con hombres desempleados el sentimiento de impotencia e inferioridad que padecen: "Cuando estás en el paro, te sientes menos hombre" ("Redundant Men" 59). En opinión de bell hooks, el desempleo resulta tan amenazador para los hombres porque implica que tendrán tiempo que llenar, tiempo para pensar, mientras que el trabajo les posibilita huir de sí mismos y de la conciencia de sus emociones (97).[9]

Felipe y Pedro logran un trabajo mejor pagado en Alemania que les permite ahorrar dinero, por lo que su emigración puede considerarse exitosa en términos económicos. Los emigrantes españoles iban a Alemania con la intención de acumular un pequeño capital para regresar después a España y continuar su vida con mayor desahogo (Muñoz Sánchez 32). Escogían Alemania por los altos salarios y la gran cantidad de trabajo disponible allí (32). Además de ahorrar cincuenta mil duros en casi cinco años, Felipe da muestras de su poder económico al comprarse una cama nueva para su habitación de la residencia. La cama no sólo es un símbolo de su nuevo estatus social, sino también de su inconformismo de clase al no encajar con el resto del mobiliario de la habitación.

El ascenso social y económico de Pedro Nuño se aprecia más claramente, ya que la novela relata su vida en un período temporal más amplio, durante más de diez años. De esta manera, Pedro pasa de vivir en una habitación en el taller de su jefe a independizarse en un piso cuando su mujer y su hijo se mudan a Alemania con él. Poco a poco consigue que su hogar disponga de más comodidades materiales: "No tengo el piso puesto como un capitalista pero me encuentro a gusto. Estoy en mi casa, me cojo un libro, me siento en mi sillón y lo leo cómodamente. O me veo mi televisor, que lo tengo en color también" (Canicio 145). Nótese la insistencia en el determinante posesivo de primera persona ("mi"), lo que muestra su orgullo por haber alcanzado esos logros materiales.[10]

Posteriormente, Pedro y su familia se mudan a un domicilio más grande, pero la señal más obvia de su éxito económico es la compra a plazos de un piso en España. Como en el caso de Felipe, parece que el objetivo de Pedro en la emigración es acumular el dinero suficiente para adquirir una residencia en España: "decidimos seguir aguantando aquí hasta ahorrar como mínimo para la entrada de un piso" (128). La compra de un piso se suele considerar como un marcador clave de la masculinidad y como un indicador de ascenso social (Catano 138). Además, Pedro también consigue ahorrar para comprarse un local en España en el que montar un taller donde poder trabajar a su regreso para asegurarse su futuro laboral.

Junto a los bienes económicos, los dos protagonistas adquieren durante su emigración un mayor nivel cultural. Felipe lee continuamente y no le gusta que el Gallego le interrumpa y le impida concentrarse en su lectura (Chamizo, *En un lugar* [1967] 32). También rechaza acompañarle al Gallego al cine porque considera que las películas que les ponen son "españolás" (51). Es decir, frente a los espectáculos de masas que pretenden el mero entretenimiento, Felipe prefiere desarrollar su intelecto con la lectura, mayormente de temas sociales: "preocupado por los problemas de su pueblo, combate el dolor, la soledad y el silencio elevándose por el estudio y la reflexión a las regiones de una pura meditación" (62). Así, las circunstancias de la emigración, tales como el aislamiento y el sufrimiento, han propiciado su interés por la lectura y al mismo tiempo su deseo de mejorar la situación de los trabajadores emigrantes. El autodidactismo de Felipe refleja el del propio autor, quien explica en el "Preámbulo" de la novela sus esfuerzos para cultivarse intelectualmente.[11]

En *Vida de un emigrante español*, Pedro también muestra su afán de aprender debido a las carencias culturales sufridas en España: "Yo he empezado a trabajar a los doce años y me han quedado siempre esas ansias de saber y de cultura, que es lo que me ha faltado" (106). Alemania le ofrece múltiples posibilidades de aumentar sus conocimientos por medio de charlas y clases en el Centro Español y el Bachillerato Emigrante. Al igual que Felipe, Pedro es autodidacta, dedicando numerosas horas a la lectura y llegando incluso a escribir poemas y pintar algunos cuadros.[12] Él mismo explica su desarrollo cultural como una consecuencia de su emigración:

> Yo en la Emigración he ido cambiando mucho. Llegué acostumbrado a la vida de España, a la tertulia con los amigos y a la mujer siempre en casa. Aquí, en cambio, debido a que la sociedad alemana no te admite, a que vienes a ahorrar un dinero y no a malgastarlo [...], no me podía permitir yo el lujo de alternar. Me hice un hombre de casa. [...] Los inviernos son largos y empecé a leer libros [...]. Aprendí muchas cosas que no sabía. (120–21)

Resulta interesante esta metamorfosis que, según el protagonista, experimenta el emigrante al sustituir el espacio público, generalmente asignado al hombre, por el espacio privado, reemplazando la masculinidad de la calle, propia de España, por la masculinidad del hogar en Alemania.[13] Ahora bien, Pedro también se lamenta de la incomprensión de otros emigrantes a sus deseos de adquirir conocimientos: "Y a más de uno que ha querido aprender algo, levantar cabeza culturalmente, le ha tocado oír, así sin más, lo que he tenido que oír yo: —¿Para qué lo quiere usted, hombre, tanta cultura? ¡Si a usted lo único que le espera ya es el cementerio!" (178). En contraposición, en *En un lugar de Alemania...* se aprecia en el personaje del Extremeño los sinsabores que padecían los emigrantes que eran analfabetos y no podían leer ni responder las cartas de sus familiares, aunque siempre había compañeros dispuestos a ayudarles.[14]

La masculinidad como sacrificio

Felipe y Pedro buscan adquirir cultura no sólo como un objetivo personal, sino también para poder ofrecer un mejor futuro a sus hijos. Los esfuerzos que ambos protagonistas realizan para mejorar su educación y acumular capitales se deben a su concepción de la masculinidad como un sacrificio. Como expone Gilmore, la masculinidad supone sacrificarse por los demás de manera generosa, y por eso los hombres que no son productivos suelen estar estigmatizados en la sociedad: "real men are those who give more than they take; they serve others. Real men are generous, even to a fault [...]. Manhood therefore is also a nurturing concept" (229). De acuerdo a Kimmel, ya desde finales del siglo XIX la masculinidad se veía como un noble sacrificio por el cual el hombre tenía que soportar un trabajo desagradable, difícil y cruel en beneficio de su mujer y familia (*Manhood in America* 97). Los padres de la clase trabajadora suelen aguantar sus duras condiciones de trabajo pensando que se están sacrificando para que sus hijos puedan disfrutar de un futuro mejor (Donaldson 176).

En *En un lugar de Alemania...*, el Gallego es el personaje que más claramente representa la concepción de masculinidad como sacrificio para el beneficio de su familia. Así lo indica él mismo: "si estás casado, tienes que sacrificarte por tu mujer y por los hijos, que no tardarán en llegar" (53). Para asegurar su futuro ahorrando dinero, el Gallego acepta estar alejado de su familia y sufrir una profunda nostalgia. Las obligaciones familiares le impiden protestar por sus condiciones de trabajo o hacer huelga. Ante las recriminaciones de Felipe por su falta de activismo político, el Gallego enarbola su necesidad de mantener económicamente a los suyos: "Pero tú eres soltero y yo tengo cuatro rapaces" (35). En opinión de Felipe, los hijos no deberían ser un impedimento, sino un acicate para luchar por un futuro más justo para la clase obrera: "¡Cuatro hijos! ¡Ése es el freno de la clase obrera: los hijos!" (53). Si para el Gallego la masculinidad implica ser capaz de cubrir de manera inmediata las necesidades materiales de sus hijos, Felipe la entiende como un sacrificio social en la lucha por los derechos de los trabajadores: "¡Lucha por construir una sociedad más justa, en la que no haya explotadores ni explotados, y ese es er mejó porvení que podrás dar a tus hijos!" (54). En lo que coinciden los dos personajes es en considerar que su obligación como hombres es sacrificarse para lograr un mejor futuro para sus hijos.

Daniel también representa el sacrificio masculino al emigrar solo a Alemania para mantener a su mujer, con la que se ha casado hace tres meses (38). El accidente laboral que sufre en la mano simboliza los padecimientos a los que se enfrentan los hombres para cumplir sus obligaciones familiares. En la versión teatral de la obra, la escena final resulta reveladora al respecto, ya que la mujer de Daniel, que consigue llegar a Alemania sola y sin papeles, fallece tras dar a luz a su hijo en Nochebuena. Su muerte y el dolor de Daniel al perder a su mujer son sacrificios necesarios para asegurar un porvenir más próspero para su descendiente. Daniel se queda solo con su hijo y tendrá que luchar por su porvenir. La descripción final equipara al hijo con Jesucristo: "Va a primer término mirando al bebé y llorando. Cae de rodillas. Sostiene al niño, no abrazado a él, sino como si fuera una bandeja que lleva en las manos" (79). El hijo será, por tanto, el redentor del sacrificio de sus padres.

En *Vida de un emigrante español*, Pedro también vive motivado por su familia y su papel como padre, puesto que emigra sobre todo para dar un futuro a su hijo enfermo. Cuando un médico le dice a Pedro que su hijo podrá al menos trabajar de zapatero, él decide sacrificarse para cambiar su destino: "Yo tenía que sacar al niño mío de esa situación porque allí, en León, todo el que estaba cojo era o limpiabotas o zapatero. Mi hijo tenía que ser algo más. Bastante más que yo, además. Me decidí a emigrar" (61). Pedro no duda en gastar sus ahorros en buscarle especialistas médicos a su hijo, tanto en Gijón como en Austria. Posteriormente forma parte activa en una asociación de padres de familia de emigrantes para asegurarse de que su hijo y los otros niños españoles no resultan marginados en el sistema educativo alemán. El objetivo de Pedro es luchar para que su hijo pueda tener un buen trabajo el día de mañana: "Nosotros sentíamos el problema de la educación de nuestros hijos y queríamos resolverlo" (134).

Antonio Muñoz Sánchez apunta que una de las preocupaciones más extendidas entre los emigrantes españoles al comienzo de la década de los 70 era la formación de sus hijos, ya que éstos solían quedar relegados en los niveles más bajos de las selectivas escuelas alemanas, de esta manera cercenándose el sueño de mejora para su familia que les había motivado a emigrar (39). Por ello en 1973 se fundó la Confederación de Asociaciones de Padres de Familia Españolas en la RFA (República Federal Alemana) (40). Por otro lado, la activa participación de Pedro en la asociación de padres pudo servirle para sentirse más válido como hombre, más útil y respetado en la sociedad alemana. Diversos investigadores han señalado precisamente que las agrupaciones en el extranjero permiten a los hombres emigrantes afianzar su masculinidad (Hondagneu-Sotelo 17; R. Smith 98).

La importancia que en las novelas de Chamizo y Canicio se confiere a las responsabilidades de los hombres para con su familia provoca que en ambas narraciones se realicen duras críticas a los emigrantes vividores, es decir, a los hombres solteros que viven la emigración como una aventura, no tienen preocupaciones familiares y se burlan o aprovechan de los otros emigrantes.[15] Estos españoles presentan una masculinidad opuesta a la del hombre de familia responsable, cercana a la masculinidad del don Juan, ya que buscan realizar múltiples conquistas amorosas. Además, no aceptan su clase social trabajadora y les gusta aparentar que pertenecen a una clase más elevada. En la obra de Chamizo hay un claro rechazo hacia ellos: "la psicología de la emigración también encierra la lamentable aristocracia, tan arraigada en el español en su afán de señorío y ostentación" (16).

Esteban y Cecilio son los dos personajes que representan a esta clase de emigrante: "Este par de elementos eran tipos que contrastaban grandemente del resto de los emigrantes. Sus trajes impecables y su porte retrechero un tanto chulesco no parecían inmersos en la tonalidad general de la emigración con sus penas y angustias" (20). A ambos les gusta divertirse, no pretenden ahorrar y se burlan de los demás, especialmente de los nuevos emigrantes de origen rural. Esteban es el que adopta más claramente una actitud donjuanesca, intentando conquistar a las mujeres que ve: "La entrada de dos jovencitas puso fin a la conversación y atrajo vivamente la atención de Esteban, que, con su característico porte chulesco, las requebró: —¡Olé la luna y el lucero que la acompaña!" (46).[16] Sin embargo, las mujeres siempre parecen rechazarle, lo que le sitúa en una posición ridícula. Por ejemplo, Rocío le pega una bofetada cuando intenta sobrepasarse con ella. Asimismo, los otros hombres emigrantes regulan y controlan el comportamiento de Esteban y Cecilio, enfrentándose a ellos y recriminando su conducta cuando sus burlas resultan desagradables, molestan a las chicas o cuestionan la reputación de éstas.

En la novela de Canicio, el ejemplo más claro de emigrante donjuanesco es el del madrileño con el que Pedro comparte habitación al comienzo de su estancia en Alemania. Este joven sólo piensa en el sexo y en el alcohol, una actitud que el protagonista rechaza abiertamente: "Era el tío más fantasma, más mentiroso y más golfo—pero golfo barato—que me he echado a la cara. Su principal preocupación era a ver cómo jodía; la mía, en cambio, eran la mujer y los hijos, sobre todo la enfermedad del niño" (81). Pedro contrasta su comportamiento con el de este joven: frente a su masculinidad de sacrificio, el madrileño manifiesta una masculinidad basada en el placer. La hipersexualidad y el donjuanismo suponen, por lo tanto, unos valores contrarios al del hombre de familia. Según la narración, el exceso de instinto sexual le lleva al joven madrileño a entablar relaciones homosexuales con uno de sus compañeros de piso, ante lo cual Pedro expresa un rotundo rechazo (108).

La evidente defensa de la masculinidad paternal y la crítica a los hombres que sólo piensan en el placer y en sí mismos provoca que en ambas novelas los protagonistas presenten un deseo sexual moderado. Frente al donjuanismo de Esteban, Felipe no mantiene aventuras sexuales o amorosas y sólo muestra interés por conquistar a la mujer de la que está enamorado, Rocío. Y esto no se debe a su falta de atractivo físico, ya que tanto el narrador como los personajes subrayan su imponente figura. Aunque Felipe no realice múltiples conquistas amorosas, manifiesta una clara masculinidad normativa al lograr enamorar a Rocío, quien en un principio le rechaza. De hecho, Felipe acosa a Rocío y llega a utilizar la fuerza física para lograr su amor: "—¡No, Rosío! —dijo interponiéndose para evitar que saliera—. ¡Te quiero y no te dejaré! ¡No te dejaré!

[...] Felipe la abrazó locamente, desesperadamente. Ella, rendida al fin, no hizo nada por separarse" (60–61). La agresividad sexista de Felipe se justifica en la novela porque está motivada por su amor hacia Rocío y la sospecha de que ella también le corresponde.

Pedro también manifiesta, por la mayor parte, su capacidad de controlar sus instintos sexuales. El protagonista reconoce que cuando se encontraba solo en Alemania engañó a su mujer y estuvo a punto de mandarla "a hacer morcilla" a ella y a sus hijos (83). Explica su aventura amorosa en base al manido estereotipo de las necesidades sexuales de los hombres: "De la abstinencia llega a cansarse uno y a mí, a última hora, me dio por buscarme algo también y tenía un apañejo. [...] No es que yo llevara aquella temporada una vida golfa. Todos somos seres humanos y hay cosas que la naturaleza nos da tanto a animales como a personas. Es lógico entonces que un hombre se eche alguna vez en su vida un polvo" (114–15).[17] A pesar de este adulterio, el protagonista insiste en asegurar que no llevaba una vida licenciosa y desordenada y que, en cuanto su familia se trasladó a Alemania, terminó esa aventura amorosa. El hecho de que no ofrezca detalles de la misma es también significativo, ya que resta importancia a su relación extramatrimonial.

Este tipo de infidelidades resulta común en los emigrantes casados cuyas esposas permanecen en su país. Como indica Vásquez del Águila, los hombres que emigran solos suelen creer que es lícito engañar a sus mujeres, pero en cambio, esperan que ellas les sean fieles (198). En el caso de Pedro, en su narrativa desea probar que su adulterio no fue algo significativo en su vida y que el compromiso real con su familia compensa sus momentos de debilidad sexual. Vásquez del Águila señala al respecto que al emigrante que demuestra que es un hombre responsable con su familia y mantiene económicamente a los suyos se le toleran en su sociedad de origen ciertos comportamientos negativos como la infidelidad (112). En otros momentos de la novela, Pedro también da muestras de su deseo sexual por algunas mujeres a las que visita en sus pisos para realizar arreglos, pero no va más allá de las miradas o tocamientos, por lo que estos episodios en teoría tampoco ponen en peligro su imagen de hombre respetable.[18] En definitiva, el protagonista se presenta como un hombre que tiene ciertas necesidades sexuales, pero su vida no gira en torno al sexo, sino en trabajar duro para sacar adelante a su familia.

Masculinidad de protesta y masculinidad tradicional

Las novelas de Chamizo y Canicio también revelan cómo los hombres emigrantes pueden recurrir a la violencia o la agresividad como compensación a su situación de explotación laboral y de discriminación. Este tipo de comportamiento se ha solido denominar "masculinidad de protesta." Gwen Broude lo define como formas extremas de conducta sexual por parte de los hombres, tales como altos niveles de agresión física, destrucción, crimen, bebida e hipermasculinidad (103). La masculinidad de protesta puede tener su origen en los sentimientos de impotencia que sufren los hombres por su condición social y racial, por su estatus como emigrantes, o por una combinación de ambas realidades, como sucede en las obras de Chamizo y Canicio. Como indican Raymond Hibbins y Bob Pease, durante la emigración puede manifestarse en actos de dominio sobre las mujeres (2–3). Al respecto, Alcalde expone que la violencia que el hombre emigrante ejerce en su hogar contra las mujeres de su familia puede servirle para sentirse masculino (459).

En las novelas de Chamizo y Canicio, la masculinidad de protesta adquiere un tono más moderado, correspondiente a lo que Gregory Wayne Walker denomina "masculinidad de protesta disciplinada," la cual implica solidaridad entre los hombres trabajadores y rechazo de las expresiones extremas de masculinidad y machismo (9). Felipe y Pedro, como se ha visto anteriormente, se muestran precisamente en contra de los emigrantes vividores e hipersexuales. En su caso se mezclan los dos tipos de masculinidad que Stephen Meyer considera posibles en el hombre trabajador: la respetable, asociada con la tradición artesanal y basada en la domesticidad y el control de los instintos, y la dura, propia de los trabajadores no cualificados y caracterizada por la agresividad, el juego y el alcohol (118). Meyer apunta que estos dos tipos de masculinidad se pueden combinar en los trabajadores que se rebelan contra la autoridad de las fábricas pero al mismo tiempo llevan una vida de clase media. Éste es precisamente el modelo que presentan los personajes de las obras de Chamizo y Canicio, ya que unen su lucha contra la explotación laboral con la respetabilidad del hombre de familia. Su masculinidad de protesta se manifiesta sobre todo en dos aspectos: el compromiso social, que incluye el enfrentamiento con los jefes de las fábricas, y la violencia cuando se sienten atacados por otros hombres o como compensación a su marginación.

Felipe muestra un claro compromiso social al quejarse en numerosas ocasiones de las condiciones laborales de los trabajadores, especialmente el tener que trabajar bajo reloj, lo que considera un tipo de esclavitud: "Estos tíos son unos bandidos. Er látigo que empleaban para los esclavos lo han sustituido por otro látigo psicológico: el cronómetro" (52). Felipe añade a su indignación señales de violencia física: "Las últimas palabras fueron acompañadas de un tremendo puñetazo que hizo crujir la mesa peligrosamente" (54). El objetivo del protagonista es concienciar a sus compañeros de fábrica para reivindicar una mejora de sus condiciones, pero no encuentra su apoyo. Para él, luchar por sus derechos como trabajador implica luchar por su dignidad como persona y como hombre: "Lo que como hombre tienes derecho a sé. Y yo soy un hombre, no una máquina" (35). Aunque en la novela no aparezca ninguna escena específica en la que Felipe se enfrente a los responsables de la fábrica, de otro personaje, el Extremeño, sí se indican sus conflictos con su jefe e incluso sus deseos de pegarle: "algún día le jundo en el suelo de un puñetazo" (95). Aquí se aprecia cómo este personaje considera la violencia como una salida apropiada a su situación de subordinación y explotación laboral.

Al igual que Felipe, Pedro también manifiesta su compromiso social, en su caso al ingresar en el Partido Comunista: "En la Emigración yo me había dado cuenta de la situación en la que me encontraba y de que había que hacer la guerra a los que me habían arrastrado a ella. Yo creí que el Partido Comunista era el más adecuado para combatir a los que nos explotaban" (99). Según diversos investigadores, los emigrantes españoles adquirieron en Alemania una mayor conciencia social (Muñoz Sánchez 37; Sanz Díaz, "Emigración económica" 319). Sin embargo, Pedro en seguida se siente defraudado por el Partido Comunista, al que acusa de sólo preocuparse del dinero y de no cambiar la situación de los obreros (101). Por ello y por su individualidad y deseo de libertad, decide finalmente no militar en ningún partido político. No obstante, se lamenta del poco interés político que tenían los otros emigrantes (93). Carlos Sanz Díaz confirma que numerosos emigrantes sentían apatía e indiferencia, cuando no rechazo, ante la actividad política y sindical, entre otros motivos por temor a sufrir represalias al regresar a España ("Emigración económica" 322).

Las inquietudes sociales de Pedro se reflejan en las constantes peleas que mantiene con su jefe en el taller. Para el protagonista, su jefe llega a actuar de manera dictatorial: "Simplemente para decir aquí el que mando soy yo y tú tienes que hacer lo que yo te ordene" (Canicio 123). Él se rebela contra estos abusos de poder, por ejemplo dejando su trabajo y buscando otro en una fábrica, pero allí también se siente "como en una cárcel" (125). Al igual que Felipe, los constantes cambios de trabajo de Pedro revelan su disconformidad con el sistema y su lucha contra la explotación de la clase trabajadora.

La otra manifestación de la masculinidad de protesta en estas novelas es el uso de la violencia y agresividad cuando los hombres se sienten ofendidos o agraviados. Por ejemplo, como consecuencia de una amenaza a un emigrante español, Felipe se enfrenta a Esteban, burlándose de él, cuestionando su masculinidad e incluso recurriendo al contacto físico: "que tienes más lengua que una vaca, que jase tiempo que tengo ganas de calentarte los morros y que estoy dispuesto a que sea ahora mismo. Y terminó su reto cogiéndole por la solapa y traqueteándole como si fuera un pelele" (88). De esta manera Felipe restaura el orden en la comunidad de emigrantes y controla el donjuanismo de Esteban.

Otro episodio en el que se aprecia la masculinidad de protesta es el protagonizado por el Andaluz, al que el narrador de manera significativa se refiere como "un hombrecillo" (26). A su llegada a Alemania, el Andaluz entra en el bar donde hay otros españoles, quienes se ríen al oír cómo se intenta comunicar con el camarero alemán. Al pensar que se burlan de él, el Andaluz reacciona de una manera agresiva, frunciendo el ceño y cerrando los puños. Aunque después se resuelve el malentendido, afirma así su orgullo masculino: "yo ya eztoy jarto de tanto pite y de tanto pito porque de mí no conziento que ze pitorrée ningún tío de ezoz" (28). Al sentirse indefensos en un país extranjero en el que no entendían el idioma, era común que los emigrantes actuaran de manera susceptible y vieran ofensas donde no las había. Su masculinidad les llevaba a recurrir a la agresividad como compensación a su sentimiento de impotencia e inadaptación.

En *Vida de un emigrante español*, Pedro señala que el uso de la violencia era habitual entre los españoles y los hombres de otras nacionalidades. Así, había soldados puertorriqueños que iban a un bar regentado por españoles "con ganas de gresca" (78). En estos altercados se aúnan la masculinidad de protesta con el sentimiento nacional y el orgullo patriótico. Los emigrantes españoles no sólo pelean para probar su masculinidad, sino también para defender su identidad nacional.[19] Este aspecto se aprecia en el enfrentamiento de Pedro con un compañero de trabajo, un yugoslavo que le intenta injuriar despreciando a España: "Cuando yo entraba a trabajar por la mañana ya se hacía el yugoslavo la señal de la cruz. Se ponía la mano en la frente y se la bajaba hasta los huevos, creyendo que es que me ofendía. [...] empezó a meterse con el sistema español y a comentar que si éramos fascistas" (146). Los conflictos con el yugoslavo se vuelven tan insufribles para Pedro que la única solución que encuentra es la de atacarle con un formón con la intención de matarle. A pesar de que el yugoslavo no llega a morir, como consecuencia Pedro es despedido de su trabajo. Su reacción violenta, aunque es desmedida, queda justificada desde su punto de vista: el yugoslavo ridiculizaba y amenazaba su masculinidad y españolidad.

Pedro es consciente de que el hombre emigrante se ve obligado a compensar de alguna manera el estado de aislamiento en el que vive en Alemania. Según su testimonio, el emigrante español manifestaba su masculinidad de protesta en los dos espacios donde podía ejercer un cierto poder, en su casa y en el Centro Español:

> el español, marginado en la sociedad alemana, tenía que desahogarse en el Centro, puesto que no podía hacerlo en ningún lado. En la fábrica no es escuchado, en un bar alemán si levanta la voz se le echa con cajas destempladas. Sólo le quedan entonces dos refugios donde demostrar su autoridad: en la familia, a fuerza de voces en la mayoría de los casos, o ir al Centro a decir: —¡Coño! ¡Esto es un trozo de España nuestro! (135)

Además de presentar una masculinidad de protesta disciplinada, Felipe y Pedro exhiben rasgos asociados con la masculinidad tradicional. Uno de ellos es la defensa de su honor, el cual está basado en la reputación de la mujer. Este aspecto se aprecia mayormente en la obra de Chamizo, cuando Felipe defiende el honor de Rocío frente a las críticas que la tachan de alcohólica y de llevar una vida disipada y promiscua. A pesar de hallarse en el extranjero y en teoría lejos del control de sus sociedades de origen, al vivir segregados de los alemanes y muchos de ellos en comunidades cerradas con otros españoles, los emigrantes españoles seguían estando influidos por "el qué dirán" y sus comportamientos seguían siendo escudriñados por sus compatriotas, especialmente en lo referente a la moral y la sexualidad. Las mujeres eran sobre todo objeto de estos controles, ya que como explica Oliva Espín, los emigrantes suelen trasplantar al nuevo país el ideal de la mujer nacional virtuosa, buscando dominar a las mujeres para reivindicar que su nación posee unos valores morales superiores a los del país de acogida (*Women* 129).

Otro rasgo típico de la masculinidad tradicional en estas novelas es el rechazo de la homosexualidad o de rasgos considerados femeninos como la debilidad. Anteriormente se mencionó cómo Pedro se oponía a los actos homosexuales que practicaba el madrileño. El propio protagonista no permite que su jefe le toque de manera sexual: "el dueño me daba a mí un poco de mala espina, en el sentido de que debía ser algo maricón. [...] Cuando te ibas a subir a una escalera, por ejemplo, te sujetaba el culo para que no te cayeras. Yo le puse desde el primer momento jeta dura y le dije que lo dejara estar" (85). Es posible que el jefe aprovechara su posición de poder para tocar sexualmente a sus empleados, especialmente si éstos eran emigrantes sin papeles como Pedro, pero éste demuestra que no toleró ese tipo de abusos porque implican para él una amenaza a su masculinidad. Como explica Timothy Beneke, la homofobia—es decir, el rechazo a los hombres femeninos u homosexuales—se produce por la ansiedad de los hombres ante posibles sentimientos homoeróticos, por el temor a perder la tan difícilmente lograda "masculinidad" y, en última instancia, su propia identidad (146–54).

En la novela de Chamizo diversos personajes insisten en la necesidad de que el hombre sea fuerte y no dé señales de debilidad. El dicho que resume esta idea es "Los machos no lloran," un proverbio que los hombres se recuerdan unos a otros para mantener la masculinidad normativa en la emigración. Felipe se lo dice a Daniel cuando éste solloza tras ser herido y también al Gallego cuando le encuentra llorando de nostalgia. El Gallego también se lo dice a Felipe cuando éste llora de impotencia tras ser Rocío detenida. Estos episodios demuestran que son los hombres los que regulan la masculinidad de otros hombres y que una de las características tradicionales de la virilidad es ser capaz de contener las emociones. Como toda señal de debilidad se considera femenina y la masculinidad se construye en oposición a la feminidad, el hombre crece con un constante temor a parecer débil ante los demás (Seidler, *Man Enough* 42). Ahora bien, aunque los personajes masculinos en la novela de Chamizo propugnan en teoría que el hombre debe ser capaz de contener sus emociones, la realidad que muestran es la contraria: que resulta complicado o imposible para un hombre emigrante reprimir públicamente su sensación de debilidad.

Sentimientos de inferioridad y masculinidad en crisis

La emigración desestabiliza el poder de los hombres y les hace sentirse vulnerables e indefensos (Alcalde 456). Tras visitar a los españoles que trabajaban en Alemania, Lera expresaba así la crisis que experimenta el hombre que emigra: "La sensación de impotencia y de inferioridad no abandona nuestro ánimo [...], convirtiéndonos en un islote solitario" (*Con la maleta* 33). Las obras de Chamizo y Canicio reflejan cómo la emigración afecta de manera negativa la autoestima de los hombres y su masculinidad, ya que sufren la discriminación de la sociedad alemana. Ahora bien, el sentimiento de inferioridad del hombre emigrante no sólo se debe a su condición como extranjero, sino también a su clase social y al trabajo que realiza en las fábricas.

Diversos investigadores han señalado que el trabajo, además de ser una fuente de prestigio y de valoración para el hombre, puede provocarle asimismo una sensación de emasculación, especialmente en el caso de los trabajadores industriales como los protagonistas de Chamizo y Canicio, quienes tienen que soportar malas condiciones laborales, jornadas largas y un trabajo mecánico. Donaldson explica así esta paradoja: trabajar genera autoestima en el hombre, lo que resulta esencial para la masculinidad, pero al mismo tiempo el trabajo, que suele ser aburrido, repetitivo y humillante, ataca la masculinidad (167–68). hooks asimismo apunta que a los hombres se les educa para que encuentren satisfacción en su trabajo, pero que el trabajo que realizan y la manera en la que son tratados por sus superiores en realidad debilita su autoestima (91–92). Esta consecuencia negativa del trabajo en la masculinidad del hombre se produce, en opinión de Kimmel, a partir de la industrialización, la cual provoca que los hombres ya no sean económicamente independientes y que tengan que obedecer a otros hombres que controlan su trabajo (*Manhood in America* 83).

Felipe se lamenta en repetidas ocasiones de la explotación que padecen los emigrantes en las fábricas. Considera que el trabajo que tienen que realizar les objetifica y, por lo tanto, les hace sentirse menos valorados como hombres: "¡Pa esta gente [...] el hombre no significa ná! ¡Estamos subordinaos a los intereses de la empresa como las máquinas y las materias primas!" (52). El ejemplo más claro de la emasculación producida por el trabajo es el de Daniel, cuya mano herida al clavarse un trozo de hierro simboliza su castración como hombre. En *Vida de un emigrante español*, Pedro también denuncia los daños físicos que sufren los obreros por las malas condiciones laborales: "A muchísima gente, con accidentes graves encima, los han largado después a España, pero con cajas destempladas" (164).[20] Asimismo, se queja de la explotación laboral a la que estaba expuesto, calificando a los alemanes como "verdaderos vampiros" (86). Como en el caso de Felipe, estas experiencias de explotación y humillación seguramente minaron su sentimiento de masculinidad.

En otras ocasiones los protagonistas son marginados por la sociedad alemana en general. Así se expresa en *En un lugar de Alemania...*: "la discriminación de que es objeto en el trabajo [...] y muchas cosas más hace que el español sea tratado allí como ciudadano de 3ª clase" (16). El episodio final de la novela resulta sintomático al mostrar la injusticia cometida con Rocío, a la que la policía alemana detiene tras haber sido acusada falsamente de golpear a la portera de la residencia, cuando en realidad es Rocío la que ha sido atacada por ella. La policía también abusa de su poder al utilizar la violencia contra los españoles y detener agresivamente a Rocío, a quien, sin motivo justificado, repatriarán a España. De esta manera, los esfuerzos realizados por Rocío para labrarse un futuro mejor en Alemania terminan sin usufructo debido a la discriminación de una alemana hacia los españoles.

Asimismo, se malogra su próxima boda con Felipe, quien no puede hacer nada para impedir la detención de Rocío: "Felipe se separó del grupo lentamente; fue hasta la esquina y allí apoyó la cabeza en la pared llorando con impotencia. [...] Felipe golpeó la pared con el puño. Apretaba los dientes para no llorar, pero el dolor era más fuerte que él mismo" (105). Las lágrimas que intenta evitar el protagonista por considerarlas inapropiadas en un hombre representan su frustración al no poder cumplir la tarea que como hombre se espera de él. Su concepción española del honor implica defender a su novia de los peligros y al fracasar en este empeño, también fracasa como hombre.

Pedro Nuño también considera que no se le ha tratado bien en Alemania: "Durante muchos años he sido el clásico ciudadano de segunda clase. No he tenido derecho a voz ni a voto. He sido discriminado y marginado por una sociedad que no me admitía, que no me daba posibilidades de integración" (Canicio 186). El protagonista relata dos hechos que confirman la discriminación que padecía: cuando le acusan falsamente de abollar un coche y le ponen una multa, y cuando un alemán le amenaza con denunciarle porque sus hijos están pisando un prado. El odio hacia el emigrante aumenta a partir de la crisis de 1973, manifestado en ataques violentos e incluso asesinatos: "A más de un extranjero le han pegado una paliza en plena calle y nadie ha visto nada" (185). No cabe duda de que esta constante xenofobia y exclusión social afectaba la autoestima masculina de los emigrantes.

En otros momentos de las novelas los personajes masculinos muestran conductas tradicionalmente consideradas poco viriles, como el miedo y la cobardía. La discriminación que sufre el emigrante provoca que viva desconfiado y temeroso. Esta actitud es la que presenta el Gallego al comienzo de la obra de Chamizo: "Su mirada huidiza y recelosa parecía como si temiese, al igual que el perro al que han apedreado, que alguien le agraviara" (*En un lugar* [1967] 15). El narrador señala que este comportamiento es aplicable a todos los emigrantes porque están sufriendo constantes "vejaciones de todo y de todos" (15–16). El Andaluz asimismo da señales de miedo al llegar a Alemania y no entender el idioma. Por eso el narrador le describe como "un cordero" que encuentra su rebaño cuando se une a los españoles en el bar (27). Por su parte, Pedro manifiesta temor en su vida cotidiana; por ejemplo, no acude a los bares porque se siente observado por los alemanes: "A un bar alemán no puedes ir. Todos te miran como si fueses un bicho raro, me parece a mí, o es que tengo complejo" (130).

Otro aspecto que cuestiona la masculinidad normativa en el caso de Pedro es su inapetencia sexual en Alemania. Anteriormente se indicó que Pedro mantuvo una aventura amorosa y se sentía sexualmente atraído por algunas mujeres cuando acudía para realizar arreglos a domicilio. Sin embargo, de manera paralela, reconoce que el estrés experimentado durante su emigración ha reducido su apetito sexual: "Es por los problemas que tenemos, las preocupaciones y ese estado de inseguridad permanente. Se te crea una angustia psíquica que lo primero que afecta es a la cuestión sexual y nos hace impotentes casi" (131). Durante un tiempo él y su esposa llegan a dormir en habitaciones separadas para que sus hijos no estén en el mismo cuarto, lo que se tradujo en ausencia de relaciones sexuales.

Por otro lado, cuando tiene la oportunidad de mantener relaciones sexuales, parece que no es capaz de consumar el acto. Por ejemplo, la única vez que acude a un prostíbulo en Alemania, no consigue practicar el coito con una prostituta: "Para mí es mercancía y no me la enderezan. [...] Yo procuré entrar con la que más me gustaba y me tuve que salir. No se me puso tiesa" (91). Pedro culpa de su impotencia sexual a la actitud de la prostituta: "ellas están en plan déspota y en el momento en que vas con una mujer a una habitación y le ves despotismo... Luego está que el aparato no se te levanta por órdenes, que se te levanta por algo más y a esa mujer entonces le coges rabia" (92). Esta cita revela que la masculinidad y la sexualidad de Pedro se sienten amenazadas cuando la mujer toma la iniciativa en el acto sexual.[21]

Una situación similar le sucede cuando una alemana se le insinúa y le invita a su casa, y él decide no ir más allá de besos y tocamientos. Pedro ofrece como excusa que dos de sus amigos le están esperando pero es posible que no fuera capaz de consumar el acto sexual por sentirse incómodo ante el hecho de que era la mujer la que dirigía su encuentro, o temeroso de no poder complacer sexualmente a una mujer experimentada. En opinión de Whitehead y Barrett, los hombres suelen padecer ansiedad en relación al acto sexual por miedo a parecer incompetentes y, consecuentemente, poco masculinos (19). Para evitar estos problemas, los emigrantes españoles solían rechazar mantener relaciones sentimentales con mujeres alemanas, ya que éstas tenían una concepción del género más moderna y liberal que entraría en conflicto con su visión conservadora de la mujer. Así lo expresa Esteban en la obra de Chamizo: "¡Yo con las alemanas! ¡Buaj! Pues estás tú listo. Eso se queda para los que han perdido el gusto" (26).

La masculinidad en crisis de los hombres emigrantes también se manifiesta en comportamientos de tipo infantil. En la novela de Chamizo el caso más representativo es el de Daniel, quien actúa como un niño al herirse la mano, llamando a su mujer y buscando protección: "no pudo más y como un chiquillo se echó a llorar" (53). La actitud de Daniel se puede entender a partir de la siguiente explicación de Lera: "No cabe duda que todo hombre, al ser transplantado tan bruscamente a un país cuyo idioma, costumbres y clima le son desconocidos, se infantiliza. Tiene que empezar por aprender cómo se llaman el pan y el agua, a qué hora se come, cómo adaptarse a las nuevas temperaturas... La lejanía de la familia le desarma" (*Con la maleta* 38). Según Lera, la infantilización de los hombres emigrantes se aprecia en su manera exagerada de reaccionar ante los problemas: "A veces son infantiles. Cualquier pequeño contratiempo [...] que les hubiera sorprendido igualmente en España adquiere para ellos dimensiones de tragedia y no dudan en echarle la culpa a las cosas y a las gentes de este país" (187).

En otras ocasiones son las personas del país de acogida las que tratan al hombre emigrante de manera infantil. Por ejemplo, en *Vida de un emigrante español*, el jefe de Pedro se comporta con él como si fuera un niño: "A lo primero, en el taller, yo era la novedad. Y parecía como si tuvieran un juguete. Cuando venía algún pariente, algún sobrino de los dueños, lo primero que les enseñaban era el negro. [...] Así de exótico les resultaba yo a la gente" (76). Aquí se aprecia la orientalización del emigrante, al que se le trata como a un Otro infantil e inmaduro que sirve de entretenimiento.

Además de la infantilización, la migración provoca la melancolía e incluso la locura en algunos hombres. Ambas novelas ofrecen bastantes ejemplos al respecto, revelando así las dificultades que padecen los hombres emigrantes para mantener valores de la masculinidad normativa como la razón, la entereza y la cordura. La melancolía entra en oposición con uno de los rasgos principales de la masculinidad tradicional, el ser capaz de resistir las situaciones estresantes, tanto físicas como emocionales (Beneke 36). En *En un lugar de Alemania...*, el Gallego sufre tanta nostalgia que se siente morir al oír una grabación de su familia: "se llevó una mano al cuello con síntomas inequívocos de asfixia. [...] rompió a llorar de bruces sobre la mesa. [...] ¡Eu morro, eu morro!" (84). Pero el caso extremo es el de Daniel, quien tras el accidente laboral, se torna paranoico creyendo que le van a cortar la mano y se escapa de la barraca para volver a España: "¡Dejadme! ¡Me quiero ir a España! ¡Me quiero morir en España! ¡Soltadme!" (77).

En *Vida de un emigrante español*, el hermano mayor de Pedro enloquece de nostalgia en Alemania y al de dos años tiene que retornar a España: "tuvimos que obligarle casi a regresar a España porque si no se vuelve majareta. [...] Al final sentía unos dolores por todo el cuerpo que no podía ni trabajar casi. Pasar la frontera y desaparecerle fue todo uno, así que se conoce que, en el fondo, se trataba de un trastorno psíquico" (98). Pedro señala claramente que hay que tener resistencia para poder soportar la emigración, ya que ésta puede hacer que el hombre enloquezca o enferme: "Majareta es una enfermedad que se coge fácilmente en la Emigración y tiene arreglo. Basta con volver a España porque yo creo que casi siempre es nostalgia, pena que uno siente" (165–66). Al final de la obra el protagonista relata otro caso de un hombre al que le dolía la cabeza y el estómago por padecer "el mal de la emigración" (180). Al contar estos episodios en contraste con su propia historia, Pedro se presenta a sí mismo como un hombre fuerte y masculino que ha sido capaz de resistir los numerosos inconvenientes de la emigración.

Sin embargo, Pedro coincide con los emigrantes nostálgicos en el deseo de retornar en algún momento a su país: "siempre hemos estado en plan medio provisional, unas veces más y otras menos, pero pensando constantemente en volver" (80). Al igual que Felipe, quien hace planes de comprar un piso en Madrid con Rocío, el objetivo de Pedro es ahorrar dinero para poder regresar y vivir cómodamente en España. Este anhelo de retornar a España es común en los hombres emigrantes y se puede explicar en parte por el sentimiento de inferioridad que padecen en el extranjero. De esta manera, una vez logrado su objetivo monetario, desean volver a su país para recuperar su masculinidad y sentirse más valorados como hombres.

Los investigadores de la emigración española a Alemania en los años sesenta y setenta han ofrecido diversos motivos para explicar el regreso de los emigrantes a España. Joan Prat i Carós señala entre las razones el haber logrado unos ahorros, la compra de una vivienda, el deseo de que los hijos se eduquen en España, las dificultades de integración en Alemania, la jubilación y las condiciones endurecidas del trabajo en el extranjero (35). Sanz Díaz añade otros motivos como el carácter relativamente reciente de la emigración española a Alemania, la tasa de temporalidad en el empleo y el escaso conocimiento del idioma ("Emigración de retorno" 369). Este historiador indica que en la emigración española a Alemania el retorno fue más elevado que en los otros grupos nacionales; en concreto, entre 1960 y 1975 volvió de manera definitiva el 75,2% de los que se habían ido (362).[22] Sin embargo, en estos estudios no se ha considerado la masculinidad como un factor que influyera en el numeroso retorno de los españoles.

El deseo de regresar a España de Felipe y Pedro se puede explicar a la luz de las investigaciones de Pessar y Hondagneu-Sotelo. Patricia Pessar señala que mientras las mujeres buscan instalarse en el país de acogida de manera más o menos permanente por haber alcanzado allí mayores libertades, los hombres tienden a querer regresar para recuperar el estatus y los privilegios masculinos perdidos en la emigración (29). En otro estudio al respecto, Pierrette Hondagneu-Sotelo y Michael Messner afirman que los hombres emigrantes suelen utilizar la "retórica del retorno," consistente en expresar sus desilusiones respecto a la emigración y su deseo de volver a su tierra porque en el país extranjero han visto disminuidos sus privilegios patriarcales (209–10). En las novelas de Chamizo y Canicio hay una clara denuncia de las condiciones de explotación de los emigrantes y de la discriminación que padecen, por lo que el reiterado anhelo de regresar a España de Felipe y Pedro puede muy bien deberse a su necesidad de recuperar el prestigio masculino, especialmente porque volverían con el dinero suficiente para vivir de manera cómoda.

Nueva concepción de los papeles de género

La emigración puede generar en los hombres una mayor apertura a nuevos modelos de género, ya que en el país de acogida suelen estar expuestos a una concepción más igualitaria de los papeles del hombre y de la mujer. En su estudio sobre mexicanos en Nueva York, Robert Smith analiza el caso de un hombre que adopta una masculinidad más flexible que implica una labor más activa en la educación de sus hijas y una mayor paridad en la relación con su mujer (105–06). En otros casos, como apunta Pease en relación a los emigrantes en Australia, algunos hombres abandonan también sus actitudes patriarcales, pero la mayoría lo hace de manera reacia o bien se opone a cualquier cambio en su concepción del género (94).

Felipe y Pedro modifican ligeramente su visión sobre el papel del hombre y de la mujer durante su emigración. Así, Felipe acepta la independencia de Rocío y el hecho de que la mujer no sea un objeto sexual para el hombre. La novela de Chamizo ofrece varios mensajes feministas por medio de Rocío, quien critica la opresión que sufre la mujer obrera y el que las mujeres no puedan expresar libremente sus sentimientos. También el señor Julián transmite la necesidad de educar sexualmente a la mujer y de tratarla en las familias de la misma manera que al hombre. Sin embargo, Felipe sigue defendiendo la concepción tradicional de que el mejor estado para el hombre y para la mujer es el matrimonio y de que el objetivo del mismo es formar un hogar y tener hijos.[23] Por otro lado, el hecho de que Rocío recupere la sonrisa y la feminidad una vez que se enamora de Felipe parece indicar que la mujer necesita tener a un hombre a su lado para ser realmente feliz y que su estado ideal es el decoro.

En *Vida de un emigrante español*, Pedro asimismo se lamenta de la falta de educación sexual en España y critica que los padres españoles no den libertad a sus hijas. Resume la opresión de la mujer con la siguiente frase: "La mujer española es mártir de la casa" (161). Llega incluso a admitir que se ha abusado de las mujeres en la emigración: "Si nosotros, los varones, los del sexo masculino, nos hemos visto explotados y marginados, el sexo femenino lo ha sido doblemente porque, además, nos ha tenido que sufrir a nosotros" (168). Estas opiniones de Pedro demuestran que, a pesar de la educación tradicional recibida en España, en Alemania ha adquirido una concepción más igualitaria de los papeles del hombre y de la mujer.

Ahora bien, en lo referente al reparto de las tareas domésticas, las obras de Chamizo y Canicio revelan una mayor resistencia a la equidad de los géneros. Hondagneu-Sotelo y Messner indican que en la emigración la distribución del trabajo doméstico entre hombres y mujeres es más igualitaria que en el país de origen y que los hombres realizan algunos de los quehaceres de la casa de los que antes se encargaban sus mujeres (212). Sin embargo, *En un lugar de Alemania...* presenta un panorama ligeramente diferente. Al comienzo de la obra se ve a Felipe cosiendo un calcetín y al Gallego preparando la cena. Aunque esto demuestra que los hombres adquieren nuevos hábitos domésticos en la emigración, no resulta de su agrado tener que realizarlos. Así lo expresa Felipe: "¡Estoy ya más jarto! [...] De cosé, de lavá, de guisá, de tené que jasé toas las cosas después de jarto de trabajá" (17). La solución que le propone el Gallego, casarse, implica que, en su concepción, es la mujer la que se encargará de realizar las cosas de la casa en el matrimonio.

Pedro tampoco está muy dispuesto a hacer las tareas del hogar. Se resiste a que desde el partido político en el que milita le insten a ayudar en casa a su mujer: "Me crearon problemas familiares porque yo, como buen español, no estaba acostumbrado, por ejemplo, a fregar los platos" (Canicio 103). No obstante, también reconoce que ha cambiado un poco su manera de pensar. Antes creía que los hombres que fregaban los platos eran "maricones" (169), pero ahora reconoce que "[n]o es que sean maricones ni mucho menos. Es gente más culta y más civilizada en este aspecto" (169). A pesar de ello, sólo ayuda en las tareas domésticas cuando su mujer se lo pide: "si me puedo zafar de fregar los platos, pues me zafo" (168). Asimismo admite que no sabe cocinar ni hacer las compras, por lo que aunque tenga una visión más abierta del reparto de las tareas domésticas, su cambio en la práctica ha sido limitado.

En un lugar de Alemania... y *Vida de un emigrante español* son dos obras en las que se aprecia claramente la interrelación entre la masculinidad y la emigración. Los protagonistas de ambas novelas son dos jóvenes de la clase trabajadora que deciden emigrar a Alemania para poder cumplir su función como proveedores económicos de la familia que desean formar o que ya tienen. De esta manera, la masculinidad tradicional de Felipe y Pedro les lleva a abandonar España, pero la emigración asimismo va a influir y modificar ligeramente su masculinidad. Los protagonistas experimentan en Alemania aspectos que les sirven para reforzar su masculinidad y otras realidades que tienen el efecto contrario, el de hacerles sentirse emasculados. Por un lado, logran en Alemania el objetivo que les impulsó a emigrar: ahorrar dinero y labrarse un mejor futuro para ellos y su familia. Además de los bienes materiales, adquieren cultura, lo que les hace sentirse más válidos y más respetados como hombres. En ambas novelas se rechaza severamente la masculinidad del emigrante donjuanesco que vive la emigración como una aventura y sólo pretende divertirse y conquistar mujeres. Frente a este modelo, los protagonistas representan la masculinidad como un sacrificio para su familia y muestran otras características de la masculinidad tradicional como la defensa del honor y el rechazo de la homosexualidad. Como reacción a su situación de marginación en la sociedad alemana, adoptan también rasgos de la masculinidad de protesta disciplinada, manifestados en la militancia social y la violencia cuando se sienten humillados.

Por otro lado, Felipe y Pedro también revelan que la emigración puede provocar sentimientos de inferioridad en el hombre. Si en España se sentían humillados por la falta de oportunidades laborales y de poder económico, en Alemania la discriminación y la explotación laboral a las que se ven sometidos generan fisuras en su masculinidad. Los protagonistas y otros personajes masculinos de las novelas manifiestan algunos comportamientos tradicionalmente considerados poco viriles como la inapetencia sexual, la infantilización, una extremada sensibilidad, llantos en público, la melancolía e incluso la locura. Por eso Felipe y Pedro desean regresar a España, para recuperar su estatus masculino como hombres tras haber acumulado poder adquisitivo. Otra consecuencia de la emigración en su masculinidad es que ambos protagonistas adquieren una concepción más igualitaria de las relaciones entre los hombres y las mujeres, aunque siguen mostrando bastante resistencia al reparto de las tareas domésticas. Las novelas de Chamizo y Canicio exponen cómo los hombres emigrantes podían realizar su papel de cabeza de familia en Alemania al ganar dinero, pero también el precio que tenían que pagar por ello: amenazas y agresiones constantes a su masculinidad por ser considerados como ciudadanos de segunda clase.

Capítulo seis

El hombre onanista:

Terenci Moix

El tercer y último volumen de las memorias de Terenci Moix, titulado *Extraño en el paraíso* (1998), resulta relevante para profundizar en la interconexión entre las sexualidades no normativas y las emigraciones. El narrador protagonista, el joven Ramón Moix, relata su vida entre los veinte y los veinticuatro años, desde 1962 hasta 1966.[1] Al comienzo del libro, Ramón decide abandonar Barcelona y emigrar a París, después marcha a Londres y finalmente, tras un periplo de tres años, regresa a su ciudad natal. La obra se cierra con el inicio de su carrera literaria y su reconocimiento como escritor en Barcelona. Los años que Ramón vive en el extranjero le marcan profundamente y suponen para él un periodo fundamental de aprendizaje, tanto en el ámbito cultural como en el de su identidad sexual.

Las memorias de Moix prueban la teoría de Martin Manalansan de que los emigrantes no pueden considerarse como meros trabajadores desplazados a otro país, sino que también resulta necesario prestar atención a sus deseos sexuales ("Queer Intersections" 243). Además, este crítico señala que la emigración puede modificar o alterar la sexualidad de los emigrantes (243). En el caso de las personas gays, su emigración puede estar mayormente motivada por su sexualidad.[2] Es lo que Héctor Carrillo denomina "migración sexual," expresión bajo la cual incluye múltiples razones para emigrar como la realización de deseos sexuales, el anhelo de relaciones sentimentales con parejas extranjeras, la exploración de nuevas autodefiniciones de identidad sexual, la necesidad de alejarse de experiencias discriminatorias u opresivas, y la búsqueda de mayores derechos y de igualdad sexual (59).

La tendencia a emigrar de los individuos gays se puede explicar por la homofobia existente en numerosas sociedades e ideologías nacionales. Por ejemplo, Jennifer Hirsch y Sergio Meneses Navarro indican que las historias de los que transgreden las normas sexuales en México suelen terminar con el refrán "y luego se fue para el norte," aludiendo a su emigración a los Estados Unidos (134). De hecho, existen similitudes en la experiencia de otredad y marginación que padecen los gays y los emigrantes. Como explica Anne-Marie Fortier, tanto el gay como el emigrante se hallan excluidos de los discursos nacionales ("Queer Diaspora" 192), el primero por su sexualidad no heteronormativa y el segundo por hallarse fuera de su nación y por no ser considerado un ciudadano de pleno derecho en su país de acogida. De esta manera, el análisis de la diáspora o emigración gay posibilita una crítica a las ideologías nacionales y a su apegada heteronormatividad (Gopinath 11).

Aunque es cierto que las personas gays emigran a menudo para poder vivir su identidad y sexualidad de una manera más libre, las memorias de Moix revelan un panorama más complejo. Por un lado, el protagonista experimenta su emigración como una liberación al hallarse lejos de su familia y de las normas opresivas del franquismo, pudiendo adquirir una cultura cinematográfica y literaria que le estaba vedada en España, así como nuevas experiencias sexuales y una relación sentimental con un joven americano llamado Alexander. Por otro lado, en el extranjero Ramón no llega a disfrutar plenamente de su libertad sexual debido a su onanismo, el cual provoca en él dos actitudes principales: falta de relaciones sexuales con otras personas y rechazo de lo físico y corporal; y búsqueda del doble, de la imagen narcisista de sí mismo en su pareja ideal. El resultado final es que el protagonista pone en un segundo plano el disfrute de su sexualidad para enfocarse en el desarrollo de su carrera literaria y por eso decide regresar a Barcelona. Sustituye la libertad social de Inglaterra por la posibilidad de ser escritor en Cataluña. Su acervada nostalgia y su consideración en el extranjero como un ser inferior coadyuvan a su retorno a España.

De esta manera, el lema de su compañero Alexander, "Don't fence me in," no se aplica en el caso de Ramón, no sólo porque vuelve a su país, sino también porque, además de por el onanismo sexual, a partir de entonces se va a regir por un onanismo literario por el que va a permanecer encerrado en sí mismo elaborando su obra a partir de su propia vida. El onanismo es, por tanto, un eje fundamental de la experiencia vital de Moix. Si en la mayor parte de *Extraño en el paraíso* el protagonista considera su onanismo sexual como un hecho relativamente impuesto a sus circunstancias y, en consecuencia, algo no totalmente de su agrado, al final del libro, cuando simbólicamente nace Terenci Moix el escritor y muere Ramón, parece aceptar el onanismo como una cualidad intrínseca de su identidad. Es entonces cuando el onanismo adquiere un carácter positivo y se erige como un rasgo de su excepcionalidad para reclamar su individualidad y la sexualidad no reproductiva.

Como se aprecia en el caso de Moix, diversos investigadores han señalado que la emigración de las personas gays no consiste sólo en un movimiento que conduce de la represión a la liberación y asimilación. Eithne Luibhéid indica que esta visión supone una simplificación del movimiento migratorio y un olvido de las luchas y sufrimientos que las personas gays padecen en el país de acogida ("Introduction" xxv). En su estudio sobre los filipinos gays que viven en Nueva York, Manalansan también indica que es un error considerarles como emigrantes que se desplazan de la tradición a la modernidad, ya que en ellos no se produce un mero proceso asimilativo, sino una convivencia de identidades y no sólo experimentan momentos de placer, sino también de alienación (*Global Divas* 14–17). En esta misma línea revisionista, Fortier critica la concepción tradicional de que los individuos gays emigran a otro país para abandonar su hogar familiar, poder realizarse como personas y poder construir otro hogar en el que se sientan libres ("Making Home" 115). En opinión de esta investigadora, el emigrante gay no tiene por qué rechazar su hogar familiar, sino que puede reincorporarlo en el nuevo hogar en el extranjero, el cual es un espacio de apego contingente que no es singular, sino múltiple (131).[3] Esta actitud se aprecia en el joven Moix, que aunque considera que pertenece a Inglaterra, al mismo tiempo siente nostalgia por Barcelona, mostrando así una identidad poliforme.

Libertad sexual y aprendizaje cultural

Ramón decide emigrar a Francia en 1962 motivado por una necesidad de cambio en su vida. Además de por motivos relacionados con su sexualidad, diversos estudiosos han indicado que los individuos gays pueden emigrar por razones de carácter económico y político. En su análisis de mexicanos gays que viven en Estados

Unidos, Cantú halla como causas de su desplazamiento el deseo de mejorar su nivel de educación y la existencia de amistades en el país de acogida (132–33). Precisamente Ramón se marcha a París impulsado por su anhelo de aprender y ser culto y por el apoyo de su amigo Néstor Almendros, un exiliado cubano de origen catalán que se halla ya en Francia y del que está enamorado. El protagonista, por tanto, emigra asimismo por motivos amorosos y, en definitiva, para experimentar la libertad.

A través de las cartas que recibe de Néstor, Ramón se percata de que para su aprendizaje cultural necesita salir de España: "Todo cuanto había acompañado mi evolución en los últimos años se me antojaba antiguo, desfasado, fuera de la órbita internacional. [...] sentía que Barcelona se me iba haciendo pequeña" (55). Teme que su potencial como escritor no se llegue a desarrollar si permanece en su país: "Sentí espanto al pensar que esos veinte años de los que todo el mundo hablaba podían perderse en la esterilidad, como les había ocurrido a todas las personas que me rodeaban" (61). Ramón desea poder ver las películas de la *nouvelle vague* que estaban prohibidas por la dictadura y leer las obras literarias más relevantes para convertirse en "el lector más culto del mundo" (68). En su mente aúna su aprendizaje con su amor hacia Néstor, ya que anhela que él, por su cultura y mayor edad, actúe como su maestro. El ansia de libertad y de nuevas experiencias también aparecen como razones de su marcha: "Todo lo que deseaba estaba ocurriendo en la lejanía: la pasión por Néstor y la pasión de vivir estaban enclavadas en un horizonte que sólo un golpe de audacia me permitiría alcanzar" (61).

Aunque Ramón abandona España impulsado principalmente por causas sentimentales e intelectuales, su padre cree que quiere ir a París para disfrutar del sexo: "Yo veo que te pasa lo que nos ha pasado a todos: que tienes ganas de echar una cana al aire. Yo también soy hombre y entiendo tus necesidades, que son las propias del Macho de la Creación Universal" (65). El padre no entiende las ansias vitales de su hijo ni conoce su identidad homosexual y reproduce el tópico de la época de Francia como país de libertinaje. A pesar de que las posibilidades de experimentación sexual no son en sí mismas una causa primordial de su marcha, en París Ramón tendrá oportunidades sexuales que le hubieran resultado imposibles en Barcelona.

Tras su regreso temporal a Barcelona, Ramón volverá a partir rumbo a Francia siguiendo a otro joven del que se enamora, Carlitos, quien retorna a vivir con su novio francés (259). Después de tener problemas con su pareja, Carlitos decide marcharse a Londres, ante lo cual Ramón resuelve también acompañarle. De esta manera, el protagonista repite la dinámica anterior de emigrar por motivos amorosos y por tener el apoyo de un amigo. Cuando llegan a Londres, Carlitos y Ramón van a vivir a casa de un inglés llamado Frank que Carlitos había conocido en Barcelona. Para Frank, España representa un país de placer en el que dar rienda suelta a sus pasiones sexuales: "Mientras esperábamos la muerte de Franco, Carlitos se dedicó a dar vida a los deseos de Frank y, después, a los de todos los amigos que se dignó enviarnos desde Londres" (255). Lo que comienza como una relación de turismo sexual entre Frank y Carlitos termina, por lo tanto, dando lugar a una emigración sexual por parte de Carlitos y Ramón.

En diversos momentos de sus memorias Moix considera su emigración como una experiencia liberatoria, especialmente cuando por primera vez regresa a Barcelona y vuelve a sentir lo que él denomina "yugo familiar" al obligarle su padre a trabajar en su negocio de pintura (232). Es entonces cuando identifica a España como un espacio de opresión: "la libertad seguía teniendo un techo y éste era muy bajo para el joven que había aprendido a ser verdaderamente libre" (222). Llega incluso a sentirse como un animal enjaulado: "en mi interior continuaba rugiendo el león, y ninguna bestia de este calibre se contenta con estar encerrada en una jaula aunque los barrotes hayan sido forjados en el sutil yunque del afecto" (234). Además, volver a Barcelona afecta a su autoestima, ya que parece implicar que su emigración no ha sido exitosa, que ha fracasado al no ser capaz de triunfar en el extranjero: "mi regreso [...] confirmaba mi reconocida inutilidad" (223). Años más tarde, cuando retorna a España tras su periplo londinense, Ramón vuelve a experimentar el desasosiego del encierro: "sentí de nuevo la angustia de la cárcel y la comezón típica de los culos de mal asiento" (494).

Frente a la visión de España como una jaula o cárcel, el protagonista considera la vida en el extranjero como una liberación. Carlitos comparte esta visión, ya que desea ir a Londres porque le han dicho que "es la ciudad más alegre de Europa"

(262) y porque "en ningún lugar se practica tanto el sexo" como allí (263). Cuando ambos jóvenes llegan al barrio de Chelsea donde vive Frank, perciben el ambiente de libertad: "Fue como si Londres se hubiese abierto de piernas para recibirnos; como si su matriz, expectante y ansiosa, nos arrojase directamente a las pupilas un gran castillo de fuegos de artificio" (268). Con el uso de la expresión "abrirse de piernas" y la referencia a la matriz, Moix personifica a la ciudad de Londres como una mujer sexualmente liberada que acoge maternal y alegremente a los dos emigrantes catalanes. Posteriormente, en referencia a un parque donde la gente hablaba de temas diversos, Ramón confirma que Londres representa para él lo contrario de la opresión: "Viniendo de la España de Franco, ese rincón se parecía mucho a la libertad soñada" (322).

Ramón se encuentra tan a gusto en su barrio de Inglaterra que proclama que es allí donde realmente ha nacido:

> Chelsea, donde nací. Chelsea, donde aprendí las mejores ecuaciones de mi vida: no que dos y dos son cuatro—ésa nunca conseguí resolverla—, sino que Henry James y Scott Fitzgerald harían Ramón Moix. Chelsea, donde era posible presentir que Ramón Moix sería un extraño conglomerado de melodías, pinturas, esculturas, obras teatrales, modas, ismos, períodos, visiones y augurios. [...] Corrí con Chelsea incluso muchos años después de dejarla. Viví de su ritmo durante muchos años, escribí de sus cosas, por sus cosas cuando ya ni siquiera era Ramón; es decir, cuando pude ser Terenci por el solo hecho de remitirme constantemente a ese origen, por mezclarlo con todo lo que había ido desarrollando a partir de él. (295)

El intenso aprendizaje cultural que experimenta Moix, la influencia que esos años tendrán en su vida posterior y la sensación de pertenecer a ese lugar y de ser dueño de su propia vida le llevan a designar a Chelsea como su lugar de nacimiento. Es allí donde comienza realmente a vivir. Así lo confirma más adelante: "Durante muchos años todo lo que aprendí en aquella ciudad ha llenado mi obra, ha dado lugar a numerosos artículos y en definitiva ha contribuido a hacerme como soy" (466). A pesar de proclamarse orgullosamente "chelsiano" (509), Moix rechaza definirse de manera unívoca al señalar que el joven emigrante catalán y el futuro escritor convivían en su yo de Londres: "Fiebre de Chelsea, de la década, de Ramón y Terenci, todos a un tiempo, todos encadenados a un fragmento de tiempo que nos confundía en este punto mágico" (296). Éste es un ejemplo de las identidades híbridas y múltiples afiliaciones que Luibhéid considera típicas de las emigraciones de las personas gays ("Queer/Migration" 173).

El autodescubrimiento que Moix revela haber alcanzado en Londres se halla en numerosos relatos de emigrantes gays. En las entrevistas que Cantú realizó a mexicanos gays que se trasladaron a Estados Unidos, casi todos ellos respondieron que su vida había cambiado debido a un ambiente sexual más liberal y que su emigración supuso un viaje hacia sí mismos (135). Al igual que Moix, uno de los entrevistados de Cantú describe su emigración en términos de nacimiento: "Once I came here, Gabriel was born. Because, like I've told you, once I was here I defined myself sexually and I've changed a lot emotionally, more than anything emotionally, because I found myself" (136). Bob Cant también señala que en las historias de emigrantes gays que recoge en su libro la emigración se equipara con el comienzo de una nueva vida frente a los valores familiares, los cuales se perciben como una prisión (6–7).

El ambiente de libertad de París y Londres le va a permitir a Ramón conocer y explorar múltiples formas de erotismo y sexualidad. Recién llegado a París, Néstor le intenta buscar un novio con el que pueda quedarse a vivir y Ramón acepta estas aventuras sexuales con el objetivo fallido de darle celos. A pesar de que el protagonista no tiene éxito en encontrar pareja ni en generarle celos a Néstor, amplía su saber sobre la sexualidad al ser testigo de "todas las formas del erotismo, desde la lesbiana que había convertido su habitación en un almacén de consoladores hasta el sádico que vivía inmerso en una decoración de calabozo medieval sólo amenizada por fotografías de señoritas torturadas" (78). El aprendizaje sexual de Ramón continúa posteriormente en Londres, donde contempla todo tipo de actividades sexuales: "la verdadera libertad del siglo empezó cuando hombres y mujeres decidieron sentirse reyes de la cama. Y la originalidad de muchas camas culminó cuando algunos avanzados optaron por imponer el imperio de la rareza" (324). Aunque Ramón no va a participar de manera activa en esta clase de ambiente por no ser de su agrado, presencia el auge del sadomasoquismo, por ejemplo, en una subasta de esclavos sexuales en la que participa su amigo Carlitos.[4]

A pesar de que el protagonista sólo actúa como *voyeur* onanista de estas múltiples formas de sexualidad, adquiere un conocimiento sexual que no hubiera podido alcanzar en la España de Franco. Además, como parte de su aprendizaje sexual, decide ejercer la prostitución en diversas ocasiones. La primera vez mantiene relaciones sexuales con el dueño de una galería de arte a cambio de dinero después de que éste le acose en su trastienda (109). Esta situación, que el narrador relata de manera humorística, revela en realidad el aprovechamiento por parte del hombre inglés de la condición de indefensión y necesidad económica del emigrante extranjero. Sin embargo, posteriormente Ramón resuelve dedicarse a la prostitución y buscar clientes—incluso manteniendo una relación estable con su novio Alexander—, motivado mayormente por el deseo de rebeldía y transgresión de las normas sociales: "Regresó entonces, arrolladora, la tentación del Mal, la necesidad de infligírselo a los demás y en especial a mí mismo. [...] De todas las maldades posibles se me ocurrió la prostitución, cosa bien rara si se piensa que, desde niño, la consideré el oficio más normal del mundo" (143–44).

Ramón decide acceder a las proposiciones sexuales de un redactor de una revista con la esperanza de que, tras acostarse con él, acceda a publicar un artículo suyo sobre el neorrealismo italiano. De esta manera, el protagonista demuestra que su objetivo principal no es el hecho sexual en sí, sino la forja de su carrera como escritor, para la cual no le importa realizar favores sexuales. A pesar de ello, el redactor no acepta su artículo por considerarlo "demasiado espeso" (148), por lo que Ramón fracasa como prostituto. Sus experiencias posteriores como trabajador del sexo también se ven abocadas a la decepción. Por un lado, rechaza a los clientes que le propone Malvaloca, una travesti gaditana, porque son demasiado mayores y, por otro, cuando busca suerte por su cuenta en los jardines de las Tulleries y un señor estadounidense le lleva a su hotel, a la mañana siguiente le paga por sus servicios no con dinero, sino con un ejemplar de la novela *Memorias de Adriano*, de Marguerite Yourcenar. Tanto en el caso del redactor como en el del americano, el narrador desea resaltar que carece de las habilidades necesarias para ejercer la prostitución y que en realidad se encuentra destinado a la cultura. En consecuencia, decide abandonar la carrera sexual recordando una expresión de su tía Florencia: "para ser puta y no ganar nada, mejor honrada" (157).

Sin embargo, en Inglaterra Ramón también se verá obligado a prostituirse cuando trabaja como camarero en un restaurante de Plaxtol y su dueño le insta a que se acueste con los clientes adinerados: "En mi *cottage* de Plaxtol a un abogado le dio por lavarse el prepucio con champán francés, y un terrateniente de glorioso apellido pidió que alegrase sus entrañas con un consolador del tamaño de una mortadela" (431). Como en el caso anterior, a pesar del humor con el que el narrador relata sus aventuras sexuales y su impericia en las cuestiones carnales, las experiencias que presenció o vivió le llevan a un mayor conocimiento del ser humano y a la aceptación de las múltiples maneras de disfrutar la sexualidad: "Que en este absurdo, lacrimógeno valle por donde deambula a trancas y barrancas la raza humana, cada uno encuentra su realización no como quiere, sino como buenamente puede. ¿Quién está libre de recovecos, quién de este último deseo inconfesable, que le aparta del resto de la sociedad?" (431).

Como en el caso de Moix, los emigrantes gays suelen declarar que la emigración ha supuesto para ellos un mayor número de encuentros sexuales y la experimentación de nuevas prácticas sexuales. En su estudio sobre los latinos que emigran a Estados Unidos, Fernanda Bianchi indica que la nueva libertad sexual que encuentran les lleva a una búsqueda casi compulsiva de parejas sexuales (513). Ernesto Vásquez del Águila llega a las mismas conclusiones en su análisis de los emigrantes peruanos en Estados Unidos, como se aprecia en el siguiente testimonio que recoge: "I think that during my first six months here [in the U.S.] I had more sex than in my entire life in Peru" (191). Ahora bien, como apunta Bianchi, este comportamiento no implica necesariamente que la sociedad de acogida sea más liberal que la sociedad de origen, sino que el hecho de hallarse lejos de casa y en un ambiente foráneo les permite una mayor exploración sexual (514).

En este sentido, resulta relevante la recomendación de Carrillo de prestar atención a la situación social que vive el emigrante sexual antes de su partida (59). Como Bianchi, Cantú afirma que en México se pueden hallar lugares de resistencia gay que contradicen la imagen estereotipada del machismo y la homofobia mexicanos (157–58). La misma situación revelan las primeras páginas de *Extraño en el paraíso*, en las que el narrador relata las orgías y lluvias doradas que se organizaban en el piso de Barcelona que compartía con dos neozelandeses a pesar de vivir en plena dictadura: "Mucho me temo que a Franco no le habría gustado aquel apartamento. Porque llovía mucho, pero la lluvia no servía para llenarle los pantanos" (33). Anteriormente Ramón contaba con la complicidad de su madre para poder tener relaciones sexuales en su piso familiar. El protagonista resume así la existencia de espacios no heteronormativos durante la dictadura: "Seguro que Franco lo ignoraba, pero bajo su régimen ardían los culos, y algunos cobraban no por vicio, sino para salir de la miseria" (17). De esta manera, en la España franquista también era posible el disfrute sexual para los gays, aunque, como Ramón indica, siempre con el miedo de que llegase la policía y les detuviera (32).

La relación sentimental que Ramón mantiene en París con Alexander, un joven americano de raza judía, es quizá el ejemplo más claro de la libertad de la que puede disfrutar lejos de su país. El protagonista enfatiza la belleza y la bondad de Alexander y le describe como "aquel ser tan divinamente equipado" (111). Con él Ramón mantiene relaciones sexuales pasionales y plenamente satisfactorias: "Sin tiempo para desnudarnos [...] hicimos el amor o algo que se le parecía mucho, porque recuerdo el delirio de Alexander y también el mío y, en un momento culminante, el de ambos a la vez" (95). En otra ocasión la fogosidad les lleva a tener relaciones sexuales de noche en las escaleras de una calle. Con Alexander el protagonista comparte no sólo el deseo sexual, sino un proyecto de vida, ya que se mudan juntos a una buhardilla: "para Alexander y para mí fue algo parecido al hogar perfecto" (108). Alexander se convierte en el compañero sentimental e intelectual del protagonista.

Alexander y Ramón acuden juntos a la cinemateca a ver películas, escuchan jazz y asisten a eventos culturales. Su estrecha unión hace que el protagonista le describa como "un hermano siamés" (112). Sin embargo, la excesiva bondad de Alexander, sus depresiones y la búsqueda espiritual y personal que emprende para buscar sus raíces judías terminan por romper la relación. Los dos jóvenes viajan a Grecia para que Alexander encuentre a sus antepasados y ante su decisión de unirse a un kibutz, Ramón resuelve regresar solo a París porque desea vivir realizando su propio destino. A pesar de ello, la relación con Alexander marca profundamente al protagonista y es, sin duda, producto de la libertad sexual e intelectual de la que puede disfrutar en París: "¡Caramba con el judío! Más de treinta años después he comprendido que le había amado con locura... y fui tan imbécil que no me enteré" (217).

Al mismo tiempo que vive el amor con Alexander, Ramón se embarca en su aprendizaje cultural de manera autodidacta, viendo las películas que estaban prohibidas en España: "todo mi interés estaba centrado en recuperar el cine que el franquismo me había negado durante años" (72). Ramón llega a apuntar en un cuaderno todas las películas que va viendo, con la fecha y el local. Además, atiende como oyente a algunos cursos de la Sorbonne, lee libros y conoce a numerosas personas de otras culturas.[5] Su obsesión por adquirir conocimientos le lleva a no interesarse por la lucha antifranquista: "Tenía demasiado fija la idea de mi formación y ésta pasaba por el olvido del franquismo y todos sus impedimentos" (122). A su regreso a Barcelona, el protagonista revela a su familia que su aprendizaje en París no sólo ha sido cultural, sino también vital: "He aprendido más cosas en estos meses que en toda mi vida encerrado entre libros" (224).

En Londres Ramón continúa desarrollándose intelectualmente y descubre las comedias musicales en el apartamento de Frank. Acude a ver numerosos espectáculos musicales, atiende conferencias, coloquios y exposiciones, y lee ávidamente, llegando incluso a robar libros: "De pronto, necesité leerlo todo con urgencia; deseaba que hubiesen pasado ya algunos años para que aquel caudal de conocimientos estuviese debidamente almacenado en mi cerebro, como una de mis posesiones más preciadas" (314). Posteriormente, cuando vive en casa de Stephen, un crítico de música, amplía sus conocimientos sobre la música clásica. Asimismo comienza a escribir de manera asidua, tanto ensayos como narrativa de ficción, al principio influido por sus propias lecturas y después recordando el ambiente de Barcelona. Aunque no logra publicar sus escritos en Inglaterra, es allí donde asienta la base de su futura carrera literaria.

Onanismo sexual

Si a veces Ramón goza de las nuevas experiencias sexuales que le ofrecen París y Londres, en numerosas situaciones se encuentra voluntaria e involuntariamente incapaz de aprovechar esa libertad debido a su onanismo. Su amigo Carlitos le reprocha precisamente su ausencia de relaciones sexuales: "Para esto no hacía falta huir de España. Tanto quejarte de Franco y vas a caer en algo parecido. Porque ya me dirás tú de qué te sirve la libertad si sólo la aprovechas en el coco y en la labia" (390). En el primer volumen de sus memorias, cuando se halla viviendo en Roma en 1969, el narrador también reconoce que su onanismo contradice la idea de libertad asociada con la emigración al extranjero: "Mientras, en Barcelona, los biempensantes imaginaban que mis noches romanas estaban hechas de disipación, libertinaje y sexo a gogó" (*El cine* 43).

El onanismo de Ramón no es una consecuencia directa de su emigración, ya que, de acuerdo a los dos primeros volúmenes de sus memorias, se manifestaba ya en su adolescencia, antes de trasladarse a Francia e Inglaterra. Ramón se hace onanista como resultado de la soledad, alienación e incomprensión a la que se ve abocado por ser homosexual.[6] Gene Steven Forrest ofrece la misma explicación en relación a la presencia del onanismo en la obra literaria de Moix (928). Al vivir en una sociedad heteronormativa que censura el deseo homosexual, el protagonista se refugia en el cine y la imaginación, los cuales le sirven para evadirse de la realidad negativa y opresora, alcanzando al mismo tiempo la satisfacción sexual.[7] De esta manera, su onanismo y el encierro en su propio mundo son una reacción al ambiente que le rodea desde su infancia y adolescencia. Se podría entonces pensar que al emigrar al extranjero y encontrarse en una sociedad más liberal y abierta a la homosexualidad que la España franquista, Ramón podría abandonar su onanismo y embarcarse en relaciones sexuales con otras personas. Como se ha visto en la sección anterior, el protagonista, de hecho, explora su sexualidad, pero al mismo tiempo permanece anclado en sus prácticas onanistas. Creo que esta situación se debe a la soledad a la que se enfrenta el emigrante en el país de acogida. Es posible, por tanto, que la experiencia migratoria acentuara su onanismo al aumentar su alienación.

Al principio Ramón cree que el onanismo no es su estado ideal y busca una relación sentimental y sexual con un hombre que le pueda complementar o guiar como mentor. Esta actitud de ambivalencia sobre la masturbación se debe seguramente a las ideas negativas que la sociedad asocia con esta práctica sexual. Desde la publicación de *Onania* alrededor de 1712 hasta 1920, la masturbación se trató como una cuestión médica (Laqueur 17) porque se creía que causaba numerosas enfermedades físicas y mentales como el agotamiento, problemas en el sistema nervioso y la melancolía (Stengers y Van Neck 1–2). Además, como explica Thomas Laqueur, en el siglo XVIII el onanismo se consideraba peligroso por tres motivos principales: por realizarse de manera oculta y secreta, por basarse en la imaginación y fantasía, y por poder tender al exceso y la adicción (248). A principios del siglo XX el discurso admonitorio contra el onanismo continúa porque se piensa que implica un ataque al propio orden social (Laqueur 359). Así, Sigmund Freud advierte que la masturbación es un acto antisocial porque el masturbador va perdiendo el contacto con las personas y la realidad termina por no satisfacerle nunca (Stengers y Van Neck 140). La masturbación se ve, por tanto, como una actividad que debía abandonarse tras la infancia como señal de madurez, salud mental y conformidad social (Laqueur 22). En la etapa adulta, la masturbación representaba una anormalidad, un sustituto antinatural del coito (380).

En cambio, a partir de 1960–70, con la aparición del feminismo y del movimiento gay, el onanismo se adoptó como una práctica sexual positiva, un modo de liberación, una afirmación de la autonomía personal y del placer por sí mismo, una vía de escape del camino socialmente prescrito de la adultez (397). Como apunta Laqueur, el onanismo consiste en un modo de reclamar la sexualidad no reproductiva (413), lo que, a la vez, genera que en la actualidad sus detractores lo demonicen como un acto egoísta, sin propósito, destructor de las relaciones humanas y consecuencia del exceso comercial (397). Ramón muestra una actitud positiva sobre el onanismo a medida que avanza la acción en *Extraño en el paraíso* y se percata de que esta práctica sexual le permite emprender el camino de su autodescubrimiento como individuo, es decir, conocerse mejor a sí mismo, reivindicar su homosexualidad y enfocarse en su desarrollo intelectual y en su carrera como escritor.

Sin embargo, al comienzo de *Extraño en el paraiso*, el narrador considera el onanismo como un castigo, un producto de su soledad impuesta: "¿Qué se es a los veinte años? [...] Se es un desconcertado y un peregrino. Un extraño en todos los paraísos y un eterno viajero [...]. Un cinéfilo, un literato, un enamorado: un masturbador, en resumen. Y el tiempo es siempre el del onanismo" (10). Aquí Moix parece confirmar la visión del onanismo como una fase típica de la juventud antes de alcanzar la madurez, como una etapa transitoria y, en consecuencia, incompleta e insatisfactoria. Para el protagonista, el onanismo es en Barcelona el recurso al que debe acudir debido a la imposibilidad de hallar el amor que aúne el sexo y el intelecto: "regresaba siempre solo a casa, buscando en el libre curso de la imaginación lo que el mundo se negaba a darme" (29).[8] Ya en Londres, la masturbación es la práctica sexual que le da más placer, pero al mismo tiempo la alienación que implica le resulta dolorosa: "Vivía inmerso en una forma de sexualidad que sólo se realizaba en su propio seno y que era, por tanto, una variante del onanismo. Es decir: de nuevo el ensimismamiento, la soledad entre los humanos, el fondo del arroyo donde Narciso sólo consigue vislumbrar su propio rostro. Y aunque es el más hermoso, no suele bastar" (389).[9]

El aislamiento que experimenta Ramón como causa y consecuencia de sus prácticas masturbatorias lo documenta Vásquez del Águila en emigrantes peruanos gays en los Estados Unidos (194). De acuerdo a este investigador, si es verdad que la emigración ofrece la posibilidad de expandir y aumentar los encuentros sexuales, puede también tener el efecto contrario, es decir, la reducción del sexo esporádico (194). Esto se puede deber a la carencia de redes sociales, las difíciles condiciones laborales y la falta de dinero y tiempo. Ante esta situación, Vásquez del Águila indica que los emigrantes recurren a la masturbación y la pornografía (198). La masturbación se convierte, por tanto, en un indicio del aislamiento y la soledad a la que se enfrentan los emigrantes.

Ausencia de relaciones sexuales: los maestros y el discípulo

El onanismo de Ramón provoca en él dos actitudes principales: falta de relaciones sexuales y búsqueda del doble. Como resultado del primero de estos comportamientos, el narrador protagonista relata en numerosas ocasiones que, o bien no puede tener relaciones sexuales con las personas que desea, o bien renuncia al sexo porque no siente interés por las cuestiones carnales. En las orgías que sus compañeros de piso organizan en Barcelona, él se limita a rezar para que no llegue la policía y "como la chica fea del cuento," cambia los discos y lleva los canapés (32). En

Londres también decide mayormente abstenerse del sexo, lo que le provoca ciertos remordimientos: "soy un cobarde ante el sexo y, seguramente, ante la vida" (360).[10] El protagonista reconoce que su atracción por la pornografía se debe a su falta de relaciones sexuales: "Es posible que, en el fondo, la pornografía sólo me interesase porque mostraba lo que yo nunca sería capaz de hacer" (369). Frente a los reproches de Carlitos por su abstinencia sexual, Ramón asume su celibato: "Franco estaría muy contento. Y no digamos los curas de la escuela. Sus leyes no prohíben entrar en un convento, que es lo que estoy haciendo" (390).

La ausencia de relaciones sexuales del protagonista se puede explicar por diversos motivos. Por un lado, es pudoroso y se siente inseguro de su cuerpo: "Yo no estoy tan orgulloso de mi cuerpo como mi hermano. Me horroriza pensar que pueda mirarme toda esta gente" (339). También puede ser consecuencia de las malas experiencias sexuales que ha tenido en el pasado. Anteriormente se mencionó su fracaso como prostituto, pero en otras ocasiones diversos amantes le recriminan sus pobres dotes sexuales: "Eres ideal para presidir un cine-club, niño, pero en la cama pareces el convidado de piedra" (35). El redactor de la revista con el que se acuesta en París le hace el mismo reproche: "siento decirte que no follas bien" (148). Años más tarde en Roma, Pasolini reitera esta idea: "Tú no tienes sexo. Entre las piernas sólo te cuelga una filmoteca" (*El cine* 37). Ramón tiene dificultades para disfrutar del sexo, lo que se aprecia cuando se desdobla durante el acto sexual:

> Convertido en *voyeur* de mí mismo, llevaba mi desdoblamiento a la cama y en ella aparecían dos versiones distintas del mismo Ramón: uno hacía el amor, el otro contemplaba desde el exterior. Y ninguno de los dos se ponía de acuerdo respecto a la oportunidad del acto y ninguno acababa de gozarlo plenamente. Era así cómo el amor se convertía en una variante de la masturbación comentada por un idiota sin necesidad de ruido ni furia. (179–80)

El protagonista no es capaz de gozar libremente del sexo y su división en dos personas para que una de ellas pueda observar a la otra apunta a las dificultades que tiene para entregarse a otro cuerpo.[11] Es posible que estas experiencias sexuales negativas provoquen que Ramón sienta ansiedad y miedo respecto al sexo y evite, por lo tanto, mantener relaciones sexuales. Por otro lado, cuando al final de su estancia en Londres, decide volver a probar el sexo ocasional para romper su círculo onanista, sólo obtiene como resultado una sensación de mayor vacío: "Hubo cuerpos, hubo nombres pero, en el fondo, sólo hubo una gran desolación" (462).

Ramón también renuncia a las relaciones sexuales porque conecta el sexo con el ámbito físico y no con el intelectual y él desea desarrollar este último. Desde su perspectiva, la cultura y el sexo resultan incompatibles: "la cama y la biblioteca están reñidas" (29). Para el protagonista, su formación resulta lo principal, mientras que el sexo queda relegado a un plano secundario: "con la cultura en primer lugar, sin tener que enfrentarme abiertamente al sexo y todas su verdades" (391). Por ejemplo, cuando se enamora de Néstor, le atraen más sus conocimientos culturales que su físico: "Mi viejo anhelo del compañero cultural, del compinche en el espíritu, seguía siendo más importante que el compañero de cama" (38). Así expresa Ramón el erotismo que siente por alguien intelectualmente superior a él: "a mí la cultura siempre me llega por la bragueta" (351). Posteriormente, el protagonista rechaza el amor que le prodiga Neal, un atractivo actor, por miedo a poner en peligro su amistad y sobre todo para enfocarse en la escritura de su novela.[12]

La decisión de abstenerse de practicar sexo con otras personas puede asimismo deberse al deseo por parte del protagonista de mostrar su excepcionalidad y su dedicación absoluta a la literatura. A través de su celibato adquiere un aura de superioridad: va a dedicar todos sus esfuerzos a su carrera en vez de al sexo o al amor. Como explica Elizabeth Abbott, hay personas que escogen ser célibes debido a misiones personales como el arte y la literatura; es decir, estas personas desean canalizar toda su energía en su obra en vez de pasar el tiempo en la búsqueda y mantenimiento de relaciones sexuales y sentimentales (22). Abbott también señala que existen homosexuales que adoptan el celibato como una manera de esconder, negar o "curar" su homosexualidad y que el celibato resulta una salida conveniente para el miedo al sexo o como protección al sufrimiento que podría causar el fracaso de una futura relación sentimental (339). Obviamente, Moix no escondía o negaba su homosexualidad, pero es factible que debido a la moral católica en la que creció, interiorizara la idea de que el sexo, y especialmente el sexo entre hombres, era algo negativo que se debía rechazar o evitar. En este sentido, Oscar Guasch Andreu propone que los "varones (también los gays) sienten inseguridad si aman a varones. [...] también los gays han sido educados para la homofobia. Por eso a muchos les cuesta tanto amar a otros varones" (123).

El desinterés de Ramón por las cuestiones carnales se aprecia asimismo cuando establece una relación asexual con Stephen, un crítico musical de clase alta y mayor que él que sufre de impotencia y al que conoce en un evento gay de amos y esclavos. Los conocimientos culturales de Stephen, así como su ineficacia sexual, le convierten en el perfecto compañero y mentor a ojos de Ramón. El protagonista se traslada a vivir a su piso y junto a veladas de aprendizaje musical, comparten verbalmente sus fantasías sexuales de dominación: "Exceptuando su extraordinaria capacidad para alcanzar el placer por transmisión verbal, sólo tenía un fetichismo digno de destacar: le excitaban los jovencitos vestidos como un *gentleman*, y aun de la manera más convencional" (352). Ramón disfruta plenamente de la compañía de Stephen porque ambos coinciden en su preferencia por la imaginación sobre la realidad y en su falta de interés en llevar sus fantasías a la práctica: "Con Stephen todo era más divertido. Él era el dueño de la magia; los demás sólo tienen cuerpos" (409).

Stephen y Ramón también comparten su predilección por la adopción respectiva de los papeles de maestro y discípulo en su relación. A Ramón le agrada realizar el rol de aprendiz con él, no sólo porque los vastos conocimientos de Stephen le ayudan a ampliar su cultura musical, sino también porque éste rezuma autoridad y poder (342). De acuerdo a un estudio de Barry Adam sobre las preferencias de edad en los hombres gays y bisexuales, la firmeza y la seguridad son características especialmente valoradas por los jóvenes que se sienten atraídos por hombres más maduros (419). Adam también señala que para los jóvenes gays, la posibilidad de que un hombre más mayor actúe como su mentor les resulta atrayente porque esperan aprender de él (420).

No cabe duda de que Ramón encontró en Stephen la estabilidad que necesitaba para desarrollarse intelectualmente en un país extranjero. John Raible apunta al respecto que es común que los jóvenes gays que se hallan alejados de sus familias busquen amistades con hombres más mayores que les sirvan de modelo y apoyo (267). Como en el caso de Stephen y Ramón, los miembros de estas relaciones gays intergeneracionales construyen una familia alternativa a la heteronormativa. A Stephen y Ramón les place utilizar términos familiares para referirse a su relación. El narrador llama a Stephen "mi papá adoptivo" (359), y por su parte, Stephen presenta a Ramón como su sobrino en una cena con sus amigos (355). Ahora bien, al mismo tiempo que estas expresiones sirven para crear lazos de afecto y de pertenencia como miembros de una familia alternativa, al ser utilizadas en ocasiones con una intencionalidad sexual, suponen asimismo una parodia de los valores de la familia heteronormativa. Aunque Stephen y Ramón no mantienen relaciones sexuales, practican narrativas verbales de carácter sexual en torno a la fantasía incestuosa y la dominación del padre sobre el hijo: "Raymond: ahora eres mi sobrino, pero piensa que cuando regresemos a casa puedes ser mi hijo. Nada me excitaría tanto, así que échale imaginación" (355).

El otro hombre al que Ramón considera su mentor, Néstor Almendros, tampoco está interesado sexualmente en él. La diferencia entre Néstor y Stephen es que el primero realiza el papel de maestro sin pretenderlo o sin necesariamente disfrutar de esa dinámica, puesto que es Ramón quien fuerza sus encuentros. Por tanto, se trata más bien de una relación unidireccional. Como en el caso de Stephen, Ramón halla en Néstor la cultura y la madurez que considera necesarias para su aprendizaje: "tenía treinta y un años, exactamente los que yo habría deseado para mi padre ideal; un padre que, además de hacer el amor sin brusquedad, me enseñase a leer la gran literatura y a ver el cine—tanto el grande como el ínfimo—con mirada distinta" (38). De nuevo, el narrador juega con la fantasía del incesto al utilizar el término "padre" para referirse a su mentor, pero en este caso sí desea tener sexo con él. La protección que Néstor le prodiga hace que vea su relación en términos de familia: "obraba a la manera de una tieta preocupada por las correrías de su sobrino favorito" (74).

El hecho de que Néstor no desee entablar una relación amorosa o sexual con Ramón resulta significativo para entender el carácter onanista del protagonista. No parece casual que Ramón busque como mentores a hombres con los que no pueda mantener relaciones sexuales (Stephen), o se enamore de hombres por los que no es correspondido (Carlitos, Néstor). En ambas situaciones, el resultado es la ausencia de relaciones sexuales, lo cual se puede considerar como causa y/o consecuencia del onanismo de Ramón.

El no poder acostarse con los hombres que desea provocaría su onanismo, y/o su onanismo podría ser la motivación de que él busque enamorarse de hombres con los que sabe que no es posible mantener una relación, precisamente para evitar tener sexo y continuar de esta manera en su mundo de fantasía autoerótica. El narrador confirma así esta conexión entre las relaciones no recíprocas y la masturbación: "Al final el amante no correspondido acaba amargando la vida de los demás, mientras él se siente realizado. Porque, sufra lo que sufra, siempre se realiza en el mundo de los sueños. Esto no se sabe a los veintiún años" (73). En *El cine de los sábados*, Moix reconoce que, unos años más tarde en Roma, sólo desea entablar relaciones en las que no se le exija el sexo: "Constataba la existencia de un abismo infranqueable entre mi deseo y los cuerpos de los demás. Buscaba cuerpos que no comprometiesen a nada, amores que se cumpliesen en la fantasía o el dramatismo" (43).

Sin embargo, en su juventud Ramón se lamenta constantemente por no ser amado y ofrece una imagen de víctima y mártir. Así, indica que siempre ha padecido el "complejo de rechazado" (39) debido a "la larga carrera de engaños que ha sido mi vida sentimental" (71). Entre ellos, recuerda su atracción por sus amigos del colegio: "todos compañeritos heterosexuales que, al no corresponder a mis requerimientos, me habían hecho llorar. Lo mío, más que un destino, era una vocación y un oficio" (94). Esta cita, además de implicar una crítica a la sociedad heteronormativa que obstaculiza que los homosexuales encuentren el amor, revela cómo al protagonista le agrada subrayar su carácter de sufridor como parte intrínseca de su vida. En su relación con Néstor, Ramón relata su frustración por tener que dormir juntos en la misma cama sabiendo que nunca podrá tener sexo con él.

En referencia a Carlitos, también son numerosas las alusiones a su padecimiento por no ser correspondido: "seguía sufriendo en carne viva, porque todo el mundo podía disponer del cuerpo de Carlitos menos yo" (337).[13] Paul Julian Smith apunta que estos autolamentos son típicos de Moix y que esconden una preocupación genuina por el paso del tiempo y la posibilidad de encontrar al otro (49). Junto a esta interpretación, creo que el narrador protagonista potencia esta imagen de rechazado y sufridor para poder seguir cultivando su onanismo. Al no ser querido, Ramón tiene como excusa servirse de la masturbación como compensación. Su dolor por no ser correspondido también justificaría el que evite comenzar nuevas relaciones amorosas y sexuales para no sufrir de nuevo.

Búsqueda narcisista del doble

Junto a la ausencia de relaciones sexuales, el onanismo provoca que el protagonista se halle en una constante búsqueda del doble, de la imagen de sí mismo en la pareja ideal. Aunque Ramón desea un novio para poder abandonar su onanismo, como esa persona debe ser igual a él, en realidad es como si estuviera buscando hacer el amor consigo mismo. De esta manera sigue reproduciendo su onanismo. Esto se aprecia sobre todo en su relación con Carlitos, con el que guarda una asombrosa semejanza física: "Mi nuevo amigo se me parecía tanto que todo el mundo nos tomaba por gemelos. Era el resultado de una clonación precoz" (249). Para más inri, los dos nacieron el mismo día, el cinco de enero del cuarenta y dos (257).

La diferencia fundamental entre Ramón y Carlitos es que a este último no le interesa la lectura y sí, en cambio, el placer sexual con múltiples parejas. Carlitos cumple la fantasía de Ramón de hallar a su doble, a un hombre idéntico a él: "Desde que en los umbrales de la pubertad descubrí que para ser feliz necesitaba a alguien igual que yo, todas mis búsquedas sentimentales habían estado encaminadas al fracaso porque este doble no existía" (249). Sin embargo, Carlitos le rechaza porque al considerarse gemelos uno del otro, su relación sexual sería incestuosa:

> —Hermanito, estoy bien contigo porque sabes muchas cosas.
> —Hermanito, estoy bien contigo porque tienes un polvo que no aparece en las crónicas.
> —Olvídalo. No estaría bien que dos hermanos hiciesen el amor.
> —El incesto place a los dioses. (253)

El interés de Moix por la figura del doble y su consecuente relación incestuosa lo plasmó en su narrativa, como él mismo indica en sus memorias en alusión a su relato "La gala": "¿Acaso la imagen de dos gemelos incestuosos no expresaba mi frustrada relación con Carlitos? Tan iguales eran, tan idénticos, tan calcados que sólo podían satisfacer su deseo en la réplica de su yo agresivo.

El eterno regreso a sí mismo. Narciso duplicado pero sin olvidar que seguía siendo un solo Narciso" (537).[14] Desde la perspectiva del autor, la búsqueda del doble, de alguien exacto a uno mismo, es una señal de narcisismo. Así, el objeto del amor coincide con el sujeto. El narrador explicita esta idea en referencia a Carlitos: "Ramón encontró a otro Ramón, y al mirarle vio un doble y se prendó de la maravilla como si se hubiese enamorado de sí mismo" (249).

El narcisismo del protagonista se revela en numerosos momentos de *Extraño en el paraíso*. Cuando conoce a Daniel al regresar a Barcelona, se refiere a sí mismo como un narciso al que le place siempre un factor de semejanza (520).[15] Uno de los rasgos del narcisismo que está más presente en el protagonista es el egoísmo. Si a veces él reconoce que es egoísta (214), Lettie, una amiga de Stephen, también le acusa de sólo pensar en sí mismo: "Porque tú eres un monstruo de egoísmo. Todos los que te rodeamos estamos hasta el coño de tu maldito aprendizaje" (457). Por otro lado, la imagen del espejo, símbolo del narcisismo, resulta recurrente. El narrador describe su vida como un "juego de espejos" (180) y reconoce que en su adolescencia practicaba poses delante de los espejos: "cada vez que salía de casa, ya fuese al cine, al teatro o a las fiestas de la María dels Ous, buscaba un espejo para ensayar la sonrisa, el mohín, la mueca destinada a subyugar voluntades" (250–51).[16]

En su continua búsqueda de sí mismo en la figura del doble, el autor parece corroborar las ideas de Freud en relación al narcisismo y, en concreto, su visión del narcisismo como una patología típica del hombre homosexual. Para Freud, los homosexuales dirigen su deseo hacia sí mismos en vez de hacia la madre: "in their later choice of love-objects they [perverts and homosexuals] have taken as a model not their mother but their own selves. They are plainly seeking themselves as a love-object, and are exhibiting a type of object-choice which must be termed narcissistic" (81). De esta manera, el individuo narcisista busca en el otro su yo modélico: "What he projects before him as his ideal is the substitute for the lost narcissism of his childhood in which he was his own ideal" (88). Como explica Josep-Anton Fernàndez siguiendo a Michael Warner, esta teoría de Freud ha sido ampliamente criticada por presuponer que en su infancia el homosexual no es capaz de identificarse y sentirse atraído sexualmente hacia su padre, implicando así que la identificación del niño no pueda ser del mismo sexo que el objeto de su deseo (54).[17] Olu Jenzen apunta al respecto que el hecho de que la homosexualidad se haya asociado tradicionalmente con el narcisismo ha servido para patologizarla y caracterizarla como no productiva para la sociedad (347). Kath Weston también critica esta conexión y la considera típica de los prejuicios heterosexistas porque supone la representación del homosexual como un ser egoísta, aislado e irresponsable, preocupado sólo por su apariencia y placer, y carente de lazos sociales o familiares (153–54).

Moix se describe abiertamente como narcisista en sus memorias y también califica de esa manera a los dos jefes homosexuales de un restaurante en el que trabajó en Londres: "Locas subdesarrolladas cuyos únicos objetivos son las fiestas, el sexo y la satisfacción de su inagotable narcisismo" (411). Aunque el autor aquí reproduce el discurso homofóbico del homosexual como un ser narcisista, la utilización que realiza del narcisismo a lo largo de su obra se puede considerar transgresora. En vez de negar o esconder su narcisismo, Moix lo sublima como una categoría superior que le hace ser excepcional y diferente de la sociedad heteronormativa. Al mostrar que el narcisismo es una parte intrínseca de su ser que no tiene por qué ser reprimida, consigue desestabilizar los valores tradicionales de una sociedad que rechaza la visibilidad del narcisismo y del onanismo. Esta interpretación sigue la línea de la lectura que Fernàndez realiza del narcisismo en la novela de Moix *Siro o la increada consciencia de la raça* (1972), en la que el protagonista utiliza su narcisismo como arma crítica para desmantelar la sociedad y evitar su asimilación en ella por medio de actos incestuosos (65). Jenzen también señala la potencialidad política del narcisismo y de los dobles homosexuales al indicar que revelan una indiferencia hacia la diferencia sexual desde la cual es posible contrarrestar el orden social heterosexista (360).

El interés narcisista del protagonista en buscar una pareja idéntica a él va declinando a medida que transcurre su tiempo en Londres. El momento más significativo al respecto se produce cuando Ramón se percata de que Carlitos ha dejado de ser su doble: "Ya no éramos hermanitos, ya no parecíamos gemelos, la gente no nos encontraba tan iguales pese a que yo había aprendido a vestir como él y a sonreír como si hubiese conocido intensamente los triunfos del lecho" (461–62). Ramón se da cuenta de la dificultad de encontrar a su pareja ideal y resuelve entonces enfocarse de pleno en su obra literaria. A su onanismo sexual añade ahora un onanismo literario, consistente en el encierro en sí mismo para la elaboración de sus textos y en la conversión de su vida en literatura.

Onanismo literario y regreso a la nación

Al dedicarse a la creación de sus obras, el protagonista experimenta una sensación parecida al onanismo sexual: "La obsesión por la escritura me hizo conocer intensamente la soledad que sólo su cultivo es capaz de producir [...]. Esas horas robadas a la vida se iban convirtiendo en vida en sí misma, tan intensa y fecunda como podía serlo el onanismo" (518). El onanismo literario se asemeja al sexual en el aislamiento que ambos requieren, así como en el placer que el protagonista obtiene de los dos. Por otro lado, tanto la escritura como el onanismo sexual le resultan insuficientes en ocasiones porque ambos suponen una falta de contacto con otras personas: "Por divinos que fuesen los minutos de la masturbación, había un momento en que aspiraba a salir de ellos para encontrar la mano de otro ser, alguien a quien pudiese llamar mi pareja. Así me sentía también en el paraíso de la soledad literaria: después de pasar ocho horas escribiendo o leyendo, necesitaba contrastar mis opiniones con otros maniáticos" (518–19).

La escritura también se erige como un tipo de onanismo para el protagonista porque le sirve como sustituto del sexo al verter en el papel las fantasías sexuales que no puede o no quiere realizar en la realidad. Como ejemplo, el narrador explica que la excitación que le produjeron unos atletas de una película la canaliza en la escritura de un artículo en el que exalta el cuerpo masculino (515). Los cuentos que escribe en Londres también son el producto de sus deseos sexuales no llevados a la práctica: "De haber tenido contactos carnales con regularidad es posible que mis narraciones hubiesen respondido a las premisas pretendidas por Lettie, pero toda mi sexualidad se destilaba en la imaginación [...]. La imaginación llega y proclama: 'Hazte tu paja, autor, y que los lectores se procuren las suyas'" (393–94).

Otra semejanza entre el onanismo sexual y el literario de Ramón es que ambos le impiden aprovechar las oportunidades que le ofrece la realidad. La literatura se convierte en una suplantación de la vida, lo mismo que la masturbación lo es del sexo con otras personas: "la literatura volvió a sustituir la vida como una forma de onanismo que renegaba abiertamente de la razón, caso de que ésta hubiera existido" (611). Por otro lado, si su sexualidad gira en torno a su propio cuerpo, su escritura gira en torno a su vida. El narrador reconoce que muchas de sus obras parten de hechos que ha vivido e incorporan a personas que ha conocido. Además, la escritura, al igual que la masturbación, mezcla elementos de fantasía con la realidad: "Yo he convertido todas mis experiencias vitales en obras literarias, y esta reconversión hace que lo real y lo imaginario se confundan continuamente" (39).

Moix llega a considerar que su carrera literaria tiene su origen en su onanismo sexual: "De todos mis exilios—los que elegí, los que me imponen—, es el más pintoresco aquel que tiene el onanismo como punto de partida. Sin él no sería escritor, sin él no habría sido amante. Y al reconocerlo ahora, lo encubro como el único arte que ha llegado a afectarme completamente" (*El cine* 24).[18] Al final de su estancia en Londres, Ramón decide dedicarse plenamente a la escritura: "Estaba a punto de cumplir veintitrés años y aunque no me dolían, sí me amenazaban. [...] lo único provechoso era la ambición: cualquiera que fuera su rumbo, necesitaba un lugar fijo para desarrollarla" (460). David Vilaseca apunta al respecto que las memorias de Moix podrían definirse como la historia del aprendizaje de un hombre de letras ("Moix and Signs" 35). Para este crítico, Moix renuncia al amor en favor de la literatura, con el objetivo de anularse a sí mismo como persona para alcanzar su subjetividad virtual, lo que Badiou denomina "beatitud intelectual" ("How Does One Escape" 208). Para poder lograr esta plenitud de la que habla Vilaseca, el protagonista considera que debe regresar a Barcelona, no tanto para hallar en ella la materia narrativa de sus obras como para poder publicar y hacerse un hueco en el mundo literario.

Además de por el onanismo literario, Ramón retorna a su ciudad tras tres años de periplo como emigrante debido a su falta de interés en el sexo. La libertad sexual de la que podía disfrutar en Londres no le resulta lo suficientemente atrayente como para permanecer allí comparada con su ambición por triunfar en la literatura. Otra razón que le impulsa a volver a España es la nostalgia que siente por su ciudad natal. El protagonista muestra una relación de amor-odio respecto a Barcelona, de la que indica que es "la ciudad de los bárbaros. Mi ciudad, en cualquier caso. El espectro amado / odiado que seguía aullando en mi interior" (463). De acuerdo a Cant, este tipo de sentimientos encontrados respecto al país de origen y la familia son comunes en los emigrantes gays (10). La añoranza va dominando a Ramón, para quien Barcelona se personifica en una madre que le reclama: "Sólo triunfaban las voces del pasado llamándome desde el inmenso coño de Barcelona, ciudad de nostalgia..." (463). El narrador no menciona que eche de menos a España, seguramente identificada con la dictadura; su añoranza se limita a la ciudad condal: "Toda mi nostalgia de Barcelona, de mis primeros años de aprendiz convertida en un abrazo de amor que deseaba efectuar como antes había deseado ardientemente escupir con un rechazo" (465).

Para el protagonista, su retorno resulta necesario para su crecimiento personal: "mi infancia se habría prolongado de continuar en Chelsea, mientras que el reencuentro con Barcelona me proponía una aseveración de madurez" (463). Asimismo, regresa a Barcelona para lograr ser estimado y sentirse valorado por los demás. En el extranjero esto no le era posible, no sólo porque no podía publicar sus obras, sino también porque sufría los prejuicios emparejados con ser español y porque tenía que trabajar en puestos en los que se sentía explotado. El narrador realiza duras críticas al comportamiento xenófobo de los franceses con los emigrantes: "Nadie como ellas [las mariquitas parisinas] para hacer sentir al inmigrante que es un ser socialmente inferior y culturalmente nulo" (75–76). Los ingleses asimismo muestran prejuicios respecto a los emigrantes españoles. Los amigos de Stephen se sorprenden de que Ramón, un español, hable buen inglés y cuando Stephen se marcha a los Estados Unidos, ninguno de ellos, con la excepción de Lettie, vuelve a contactar con él.

Los trabajos que Ramón se ve obligado a realizar en el extranjero también suponen una humillación para él por el tratamiento inhumano que recibe: "Así pasé a convertirme en el prototipo del ser inferior: el representante del tópico que quiere que África empiece en los Pirineos" (85–86). En Francia el protagonista trabaja limpiando casas, mientras que en Londres friega platos en restaurantes y realiza la labor de camarero. En ambos países se siente utilizado, lo que, en su opinión, se debe a su origen español porque en esos tiempos España se veía como un país subdesarrollado: "España estaba muy desacreditada en aquella época: era una vulgar dictadura bananera, y todo cuanto a ella concerniese iba a parar al mismo cesto: el de la indiferencia absoluta" (319).

En definitiva, la masculinidad marginalizada que el protagonista se ve forzado a asumir en el extranjero por los prejuicios contra los españoles, los trabajos precarios que debe realizar, su pertenencia a la clase trabajadora y su falta de éxito como escritor le motivan a regresar a Barcelona, en la que tiene expectativas de triunfar literariamente, como de hecho le sucedió. En su ciudad natal continúa su aprendizaje de la mano de amigos intelectuales como Pere Gimferrer y logra ser semifinalista del Premio Nadal de 1965 con su novela *El día que murió Marilyn*. De esta manera, sustituye la libertad sexual y social que disfrutaba en el extranjero por la libertad creativa y la posibilidad de desarrollar una carrera literaria en Barcelona.

Esta reclusión en la literatura implica la muerte del joven que ha sido hasta ese momento y el nacimiento de Terenci Moix, el escritor. Así se indica en las últimas líneas de las memorias: "Y aunque el niño Ramón siempre tuvo horror a la muerte, el escritor que lo sustituía aprendió que debía morir muchas veces si aspiraba a renacer otras más" (631). En opinión de Carlos Castilla del Pino, Moix se convierte en un personaje literario como una salida a su inadaptación a la sociedad: "El caso de Terenci Moix lo interpreto, pues, como resultado de la impotencia, impotencia para la versatilidad y la adaptación, y que se compensa, para sobrevivir, en la búsqueda de su identidad y afirmación de sí mismo en un solo e hipertrófico yo: el yo literario" (10).

Al nacer como escritor, Moix va a aceptar el onanismo como una parte íntegra de su personalidad y de su obra. En una entrevista de 1990, Moix da a entender que su onanismo es una señal de su excepcionalidad y diferencia:

> Me dediqué a buscar un doble hasta que, a base de palos, descubrí que yo era mi único doble, con lo que volvemos al onanismo. A mi edad he descubierto que el mundo heterosexual no me interesa, pero el homosexual tampoco. Con lo que puede decirse que, dejando aparte el prodigioso juego de muñeca con el que me solazo, soy un sujeto angelical que va por la vida sin integrarse en el mundo, ni en el de los hombres ni en el de las mujeres. (De España pár. 4)

La relevancia del onanismo también se aprecia en el título general de sus memorias, "El peso de la paja," que si bien hace referencia al nombre de una plaza de su vecindario, alude también a la omnipresencia de la masturbación en su vida. Es cierto que después de recluirse en la literatura Moix mantuvo otras relaciones sentimentales, por ejemplo con Livio en Roma y con el Niño del Invierno en su madurez, pero el onanismo seguirá rigiendo su existencia. Así declara en el primer volumen de sus memorias su incapacidad para mantener relaciones sexuales con Livio debido a su onanismo: "El sexo sólo existía reproducido en una ficción que adquiría su único valor en la contemplación y sólo digerido a solas encontraba su libre desahogo. [...] había algo a lo que no podíamos aspirar: ni él a mi cuerpo ni yo al suyo" (*El cine* 36). Moix revela que su deseo se ciñe exclusivamente a sí mismo: "vi que el compañero era imposible de encontrar, ni en Livio ni en nadie, porque debía tener mi rostro, mi voz, mi aliento, mi cuerpo y mi corazón. Había ya pasado por demasiadas cosas para no saber que el mío era el único cuerpo al que deseaba poseer" (347–48).[19]

Al ser parte intrínseca de la personalidad de Moix, el onanismo aparece asimismo como elemento fundamental en sus obras literarias. El autor lo explica así en una entrevista a Ramón de España: "El onanismo es un concepto presente en toda mi obra. [...] El onanismo ha marcado mi vida y mi obra. ¿Por qué? Pues porque refugiarme en la fantasía siempre me ha dado mucho más placer que el contacto con cualquier cuerpo" (pár. 1–3). Esta celebración del onanismo supone una desestabilización del orden heteronormativo y la sexualidad reproductiva. También le sirve al autor para cultivar su imagen transgresora y conmocionar a la sociedad burguesa, puesto que la masturbación sigue siendo hoy en día un tema tabú y secreto del que no se considera apropiado hablar en público (Driel 10). En sus memorias, Moix da visibilidad al onanismo junto a otras realidades transgresoras como el narcisismo y prácticas sexuales no normativas como el incesto y las relaciones homosexuales intergeneracionales.

En *Extraño en el paraíso* Moix refleja cómo los individuos gays pueden emigrar motivados por el afán de libertad que esperan hallar en el país de acogida, alejados de las presiones familiares y de los espacios opresores. En París y Londres, Ramón disfruta de una mayor libertad sexual y social que bajo la dictadura franquista, lo que le permite conocer y explorar nuevas prácticas sexuales, mantener una relación sentimental y tener acceso a películas y libros prohibidos en España. Su experiencia migratoria le resulta tan enriquecedora que manifiesta que fue en Chelsea donde nació, es decir, donde comenzó a vivir libremente. Ahora bien, las memorias de Moix también revelan que no todo es liberación en la vida del emigrante, ya que se debe enfrentar a experiencias difíciles como la nostalgia por su tierra, la discriminación, el racismo, la explotación laboral y la imposibilidad de triunfar en el ámbito literario.

Por otro lado, el protagonista no llega a aprovechar del todo la libertad sexual de la que dispone en el extranjero porque se rige por el onanismo, manifestado en su falta de relaciones sexuales y en su búsqueda del doble, de su imagen narcisista en el otro. Ramón se encuentra tan absorbido en su aprendizaje cultural que no está interesado en dedicar su tiempo a aventuras sexuales en las que no alcanza satisfacción. Su onanismo no es una consecuencia de su emigración, sino más bien el resultado de la alienación y la soledad del hombre homosexual en una sociedad heteronormativa. Sin embargo, es posible que en el extranjero se acentúe el onanismo del protagonista al aumentar asimismo su sentimiento de aislamiento.

Al comienzo Ramón desea hallar una solución a su onanismo sexual, pero paulatinamente va aprendiendo a aceptarlo como una parte de su identidad al ser incapaz de hallar una relación sentimental satisfactoria. Al mismo tiempo, el onanismo sexual le permite conocerse mejor a sí mismo y percatarse de que su destino último es la escritura, abrazando así su onanismo literario. Cuando el protagonista se da cuenta de que su objetivo principal es desarrollar una carrera literaria y de que en Inglaterra no puede lograrlo, decide regresar a Barcelona. En este sentido, *Extraño en el paraíso* es un *Bildungsroman* en el que Ramón no sólo aprende a ser escritor, sino también a ser onanista, tanto sexual como literariamente.

Es cierto que el onanismo del protagonista puede interpretarse como una consecuencia de una homofobia internalizada que le impide disfrutar del sexo con hombres. De manera similar, su onanismo y narcisismo podrían confirmar la idea homófoba del homosexual como un ser egoísta, centrado en sí mismo y en su placer. El onanismo y su consecuente dedicación exclusiva a su obra provocan que Ramón no participe activamente en los movimientos antifranquistas, ni en el extranjero ni a su vuelta a España, aunque hay referencias a la censura y diatribas contra la moral franquista. Sin embargo, su onanismo también implica una crítica a la sociedad heteronormativa que impide que los homosexuales hallen y mantengan relaciones satisfactorias, condenándoles así a la soledad masturbatoria. Además, el hecho de que finalmente Moix acepte su onanismo y lo enarbole como una marca de identidad y excepcionalidad, en vez de como un motivo de oprobio o vergüenza, supone, en definitiva, una sublimación de su homosexualidad y un ataque a los valores tradicionales y a la sexualidad reproductiva.

Capítulo siete

El hombre académico:

Antonio Muñoz Molina y Javier Cercas

Masculinidades en la academia

La universidad y la academia son instituciones jerárquicas dominadas por prácticas masculinistas, por lo que resultan ámbitos interesantes para analizar las conexiones entre la masculinidad, el poder y la jerarquía. Además, la universidad impone unos valores masculinos específicos guiados por la productividad y la eficiencia, sobre todo apreciables en la tendencia de las universidades americanas a adoptar modelos empresariales en su administración (Baker 16). La cultura empresarial en las universidades está marcada por características hegemónicas de la masculinidad heterosexual: la competitividad, la racionalidad y la obtención de resultados (Bagilhole y White 8). Como indica Maureen Baker, los profesores que no consiguen acumular un número suficiente de publicaciones, no contribuyen lo bastante a su universidad y no alcanzan un reconocimiento nacional o internacional no reciben el ascenso al rango académico más alto (14). Las universidades apelan a estos principios meritocráticos para protegerse de acusaciones discriminatorias, pero la evaluación del mérito profesional no resulta tan objetiva como los cargos administrativos de la universidad desean hacer creer, ya que puede estar influida por cualidades como la apariencia física y la personalidad (Johansson y Śliwa 22–23).

Las medidas de productividad por las que se rigen las universidades afectan negativamente sobre todo a las mujeres que trabajan en ellas, quienes a menudo realizan más labores de servicio en múltiples comités, entran a la academia más tarde y no mantienen una carrera académica estándar, trabajando a veces a tiempo parcial (Bagilhole y White 8–10). Baker añade otros motivos para explicar la ausencia de mujeres en altos puestos administrativos o en cátedras universitarias, como las circunstancias familiares, las tareas del hogar y las prioridades personales (9). Ahora bien, a los hombres que no se adecúan a los valores de la productividad de la academia estadounidense también se les margina o se les amenaza con la expulsión de la academia. Cuando se piensa en los profesores universitarios, la imagen más común propagada en la sociedad es la de un hombre sereno, inteligente, con una vida equilibrada y con bastante poder adquisitivo. En realidad esta imagen representa la masculinidad académica hegemónica, basada en una activa vida de investigación con un amplio número de publicaciones, brillantez intelectual, habilidad de socialización, una atrayente personalidad, estabilidad emocional, confianza en uno mismo y capacidad de liderazgo. Sin embargo, en las universidades se producen y reproducen múltiples tipos de masculinidades que, al igual que en la sociedad, se hallan dentro de un orden jerárquico (Hearn 62).

Richard Collier llega a establecer una clasificación de distintos tipos de masculinidades existentes en la universidad: el depredador sexual, quien mantiene múltiples relaciones sexuales con alumnas; el profesor loco, quien suele ser amable, mayor y excéntrico; el administrador, quien adopta una actitud de hombre de negocios para ascender en los puestos administrativos; el nuevo emprendedor, quien combina conformidad institucional con un perfil de investigador; el "joven con prisa," quien desea ascender académicamente, es dinámico y está siempre dispuesto a mostrar su talento; el intelectual infantilizado, quien es tímido y débil, careciendo de habilidades sociales y refugiándose en el intelecto; y el académico feminista. Collier añade otros posibles tipos de masculinidad sin llegar a desarrollarlos, como el aristócrata—el intelectual que adopta una actitud de caballerosidad—y la pareja académica, generalmente un matrimonio de profesores en el mismo departamento (36–39).

Los protagonistas de las novelas *Carlota Fainberg* (1999), de Antonio Muñoz Molina, y *El inquilino* (1989), de Javier Cercas presentan una masculinidad académica no hegemónica. De la variedad de masculinidades que señala Collier, se aproximan a la figura del intelectual infantilizado, aunque a diferencia de él, han producido escasas publicaciones académicas. De esta manera, se podría crear una nueva categoría de masculinidad académica para describir a estos protagonistas, la cual podríamos denominar "el extranjero marginado": un emigrante que trabaja en la academia americana y al que se le discrimina por ser foráneo y por no amoldarse a las demandas intelectuales de los Estados Unidos.

Los protagonistas de Muñoz Molina y Cercas—Claudio y Mario—manifiestan una masculinidad en crisis como consecuencia de su trabajo como profesores universitarios. Múltiples aspectos de la academia estadounidense provocan su inseguridad y emasculación, tales como la necesidad constante de publicar artículos, la competitividad y el poder de los estudiantes. A pesar de que la masculinidad de los dos protagonistas se considera inadecuada en el ámbito universitario, existen diferencias en la manera en que son percibidos. En la novela de Muñoz Molina, la academia se presenta como un lugar dominado por el feminismo y los estudios de minorías que rechaza o excluye a los miembros cuya masculinidad no es lo suficientemente "moderna," mientras que en la novela de Cercas la academia se describe como un lugar homosocial en el que el hombre que no tiene una masculinidad tradicional y activa es postergado. Sin embargo, el resultado es el mismo: ambos protagonistas son marginados y ven peligrar su puesto de trabajo debido a la aparición de un nuevo profesor que amenaza con reemplazarles. Como consecuencia de su estrés y sentimiento de emasculación, los dos protagonistas llegan a sufrir episodios psicosomáticos de fiebre o locura. Sin embargo, Claudio y Mario reaccionan de una manera pusilánime y pasiva, sin violencia, aceptando las humillaciones que padecen por parte de sus jefes y mostrando al final una masculinidad cómplice con la dominante del sistema universitario.

Carlota Fainberg narra la historia de Claudio, un profesor español en Humbert College, en Pensilvania, quien se encuentra en el aeropuerto de Pittsburgh durante una tormenta de nieve de camino a una conferencia en Buenos Aires. En el aeropuerto un hombre de negocios español, Marcelo Abengoa, entabla una larga conversación con él, relatándole su relación sexual apasionada con una mujer argentina llamada Carlota Fainberg, esposa del dueño del hotel donde se alojaba. Claudio, quien al principio rechaza el sexismo de Abengoa, comienza poco a poco a admirarle y tras separarse de él y llegar a Buenos Aires, adopta una actitud más vitalista. Sin embargo, en la conferencia, una profesora, Ann Gadea Simpson Mariátegui, le recrimina agresivamente su interpretación de un soneto de Borges, ante lo cual Claudio queda humillado públicamente. Claudio visita el hotel donde se alojó Abengoa y cree ver a Carlota Fainberg, pero una asistenta española del hotel le revela que Carlota murió hace veinte años. Al regresar a su universidad, Claudio recibe la noticia de que le han denegado el ascenso a catedrático y que han decidido ofrecerle ese puesto a Simpson Mariátegui.

El inquilino relata la historia de Mario Rota, un profesor italiano en la Universidad de Illinois. Al edificio donde Mario vive de alquiler se muda Daniel Berkowickz, quien resulta ser un nuevo profesor del departamento donde trabaja Mario. Berkowickz es reconocido por sus publicaciones sobre lingüística y desde el primer momento recibe la admiración y el apoyo de todos los profesores. Como resultado de la llegada de Berkowickz, Mario va perdiendo progresivamente el relativo poder del que disfrutaba en el departamento: le mudan a un despacho peor, le reducen el número de clases que enseña y en consecuencia su sueldo, y la estudiante a la que está dirigiendo su tesis doctoral, Ginger, y con la que también mantiene una relación sentimental, decide que sea Berkowickz su nuevo director de tesis y su nuevo amante. Al final de la novela se descubre que Berkowickz en realidad nunca fue contratado en el departamento de Mario y que todo lo narrado ha sido producto de la imaginación febril del protagonista a partir de la lectura de un artículo escrito por Berkowickz.

A pesar del carácter ficcional de ambas novelas, no cabe duda de que sus argumentos se nutren de las experiencias personales que Muñoz Molina y Cercas vivieron en los Estados Unidos, donde conocieron de primera mano el ámbito académico americano. En la "Nota del autor" de *Carlota Fainberg*, Muñoz Molina reconoce que la obra surgió del recuerdo de su estancia en los Estados Unidos y de un semestre en el que fue "profesor invitado en la Universidad de Virginia" (11). Cercas también parte de sus vivencias como estudiante graduado en la Universidad de Illinois en Urbana-Champaign para escribir su novela, la cual se desarrolla precisamente en ese mismo centro. Como indica José Manuel del Pino, el hecho de que su protagonista sea italiano "no es más que una tímida estrategia de distanciamiento de Cercas hacia un personaje que reproduce muchos de los datos de su propia biografía" ("Sombras de América" 154). En una de las novelas posteriores de Cercas, *La velocidad de la luz* (2005), también situada parcialmente en Urbana, se hace referencia a *El inquilino* como la obra que el narrador protagonista escribe en España tras su regreso de los Estados Unidos: "una novela de fantasmas o zombis ambientada en Urbana y protagonizada por un personaje exactamente igual que yo" (146).[1]

Es cierto que en ambas narraciones se hallan fuertes componentes de ironía, humor y exageración que podrían llevarnos a pensar que el retrato académico presentado en ellas no es real o fidedigno. Muñoz Molina confirma el aspecto satírico de su obra en una entrevista: "[el libro] está lleno de bromas de la Academia, de los Estados Unidos" (Beilin 123). Sin embargo, el uso de la sátira es muy común en el género de la novela académica o "novela de campus" en el que se podría incluir a estas obras, y a menudo se utiliza, como indica Elaine Showalter, como un mecanismo que revela la triste situación de los profesores universitarios (2). Según esta investigadora, las novelas académicas transmiten el dolor de los intelectuales que tienen que competir entre ellos y cumplir con las expectativas de brillantez académica (4). La novela de campus, presente sobre todo en la literatura inglesa y estadounidense desde los años cincuenta del siglo XX, apenas ha existido en la literatura española. No obstante, en años recientes se ha venido cultivando por parte de autores españoles que han experimentado de primera mano el mundo de la universidad estadounidense.[2] Según Del Pino, la novela de campus española suele manifestar "el choque cultural y la difícil o imposible adaptación al nuevo medio," junto con un sentimiento "de profundo rechazo, incluso de repulsión, por los aspectos más insólitos e indigestos (desde su punto de vista) de la cultura norteamericana" ("Sombras de América" 153). Estas características se pueden aplicar a las narraciones de Muñoz Molina y Cercas, en las que se aprecian la falta de integración de los protagonistas en la sociedad americana y su consecuente crisis.

A pesar de la reciente aparición de la novela académica en España, existe una larga tradición de hombres españoles trabajando en universidades americanas desde el final de la Guerra Civil como consecuencia del exilio republicano. Se pueden citar como ejemplos a Jorge Guillén, Pedro Salinas, Juan Ramón Jiménez y Américo Castro, entre otros. Estos exiliados experimentaron en algunas ocasiones una emasculación similar a la relatada por Muñoz Molina y Cercas al ser asimismo extranjeros en la academia americana. Entre los problemas que estos exiliados encontraron destacaban su dificultad para adaptarse a un sistema educativo muy distinto y el desconocimiento del inglés, lengua mayoritariamente utilizada en la universidad (Bou 34). Estos exiliados también padecieron fuertes crisis personales por vivir en un país extranjero. Como indica Víctor Fuentes, algunos de ellos como Ramón Iglesia y Eugenio Imaz optaron por el suicidio, mientras que otros como Vicente Llorens reconocían en su correspondencia privada su constante depresión de ánimo (227). Por estas similitudes entre los exiliados y los emigrantes en Estados Unidos, Sebastiaan Faber y Cristina Martínez-Carazo señalan que en el caso del país americano no resulta útil establecer una división nítida entre el exilio político y el fenómeno conocido como "fuga de cerebros" (17).[3]

Emasculación del profesor extranjero en la academia

Uno de los motivos principales por el que Claudio y Mario se sienten emasculados es el tratamiento de ostracismo que reciben en su universidad debido a su condición como emigrantes. Diversos investigadores han denunciado la marginación que numerosos extranjeros sufren en la academia americana. Como indica Mary Alfred, en las universidades americanas hay una tendencia a ver la diversidad en términos de raza, clase y género, a menudo ignorando el componente de la emigración (16). De esta manera, aunque desde instancias oficiales de la universidad se promueve el multiculturalismo, los profesores extranjeros rara vez son vistos como iguales y pocas veces se les trata como verdaderos colegas de profesión (Alfred y Swaminathan xii).

Alicia Chavira-Prado llega a hablar de la existencia de un proceso de colonización del académico emigrante en la universidad americana, ya que éste tiene que aprender y asimilar las normas de la academia, basadas en el uso de un lenguaje de dominación, el valor del rigor académico, la aceptación de las jerarquías de la universidad y la adopción de un carácter individualista en el que la familia y la comunidad quedan supeditadas a las demandas de la producción intelectual ("Immigrant" 235). El resultado es que los profesores que provienen de otra cultura que no es la americana se sienten desmoralizados y alienados, lo que a su vez reduce sus oportunidades de sobrevivir o ascender dentro de la academia de ese país ("Ni eres ni te pareces" 137).

En referencia a los profesores hispanos, Richard Verdugo señala que existe en la academia la opinión generalizada de que éstos carecen de habilidades intelectuales y de falta de objetividad en sus investigaciones (671). Este crítico también indica que los profesores hispanos padecen discriminaciones racistas al experimentar prejuicios contra sus acentos y al no tenérseles en cuenta para servir en ciertos comités prestigiosos o desempeñar cargos importantes (673). Por otro lado, según Robert Toutkoushian, a diferencia de la situación de las mujeres hispanas, los hombres de origen hispano ganan entre un 4 y un 6% menos que los hombres de raza blanca (516), especialmente en el ámbito de las artes y humanidades (531).

De esta manera, parece que en la academia los hombres extranjeros se enfrentan a mayores obstáculos que sus homólogas femeninas. En este sentido, varios estudios han señalado que la mujer emigrante que trabaja en la academia—a pesar de las dificultades expuestas por Chavira-Prado—posee mayores niveles de agencia y de conectividad para alcanzar el éxito académico (Sang, Al-Dajani y Özbilgin 160). Barbara Czarniawska y Guje Sevón exponen que el ser mujer y el ser extranjera no implican necesariamente una doble desventaja, sino más bien lo contrario, ya que al ser categorizadas como extranjeras, se les deja de evaluar según los estándares tradicionales de mujer y viceversa (280–81). En el caso de los protagonistas de Muñoz Molina y Cercas, considero que sucede el fenómeno opuesto al poseer sólo como variable de discriminación su condición de extranjeros: como son vistos como extranjeros, tanto su masculinidad como su adecuación académica se ponen en entredicho.

El sentimiento principal que destilan Claudio y Mario es el del temor debido a las normas de funcionamiento de la academia, unas normas basadas en la constante evaluación de la investigación y enseñanza de los profesores. Es especialmente la necesidad constante de publicar artículos lo que genera ansiedad en los protagonistas y afecta a su autoestima como hombres. En el caso de Claudio, se siente inseguro respecto a su trabajo porque se está dirimiendo su ascenso a la categoría de catedrático. Cuando comenta que el profesor Paul Julian Smith le cita brevemente en uno de sus artículos (57), parece mostrarse orgulloso de su carrera intelectual, pero posteriormente el jefe de su departamento,

Amadeo Morini, resta importancia a dicha cita al indicar que "fue una mención de pasada" (186). Esto demuestra la importancia de ser citado por profesores reconocidos para probar la repercusión del trabajo de uno, pero también revela cómo un mismo hecho puede interpretarse de maneras casi opuestas y cómo las evaluaciones supuestamente objetivas de la academia se pueden tergiversar fácilmente. Al final no le ascienden de rango porque no tiene suficientes artículos ni ha conseguido publicar en revistas prestigiosas en comparación con la otra candidata con la que ha competido.

En el caso de Mario, su número de publicaciones es incluso más reducido, ya que sólo ha publicado un artículo en los tres últimos años. De hecho, es el único artículo que ha sacado a la luz desde que se doctorara, y el propio Mario reconoce "el carácter insustancial" del mismo y el hecho de haberlo publicado en una revista "de nulo prestigio" (22). En la novela se critica la hipocresía del sistema de evaluación de los profesores en base a sus publicaciones, ya que Mario reconoce que sus colegas del departamento no leen los artículos que él ha publicado ni leerán los que publicará en el futuro (23). El jefe del departamento de Mario, Scanlan, presiona a los profesores para que produzcan más investigación, lo cual supone un problema para Mario debido a su personalidad poco competitiva: "yo ni siquiera soy ambicioso" (79). De hecho, el protagonista va a ser evaluado por un comité del departamento y se le da a entender que si no publica más, perderá su puesto de trabajo. Ante estas circunstancias se siente humillado por su jefe: "Hoy me ha venido a decir que soy un mediocre, que no publico lo suficiente, vamos, que no doy la talla. Me ha llamado para humillarme" (101). La expresión "no dar la talla" se puede referir no sólo a su capacidad como académico, sino también a su autoestima como hombre.

Otro de los aspectos de la academia que genera ansiedad en los protagonistas es la necesidad de seguir las modas imperantes y la búsqueda de la continua novedad.[4] Ésta es una de las críticas que desde España se suele realizar al hispanismo estadounidense, al que se le suele reprochar, como apuntan José Manuel del Pino y Francisco La Rubia Prado, "la superficialidad, fomentada por la rápida sucesión de tendencias y por la presión para publicar" (11). En este sentido, las novelas de Muñoz Molina y Cercas manifiestan la irrelevancia del trabajo académico en la vida real. Claudio reconoce la fatuidad de las modas académicas al confesar que cita ciertos estudios críticos o películas porque están de moda o porque todos los citan, pero sin haberlos leído o visto en realidad.

La búsqueda de novedad o de la apariencia de modernidad también se aprecia en los títulos de los trabajos académicos que hacen juegos de palabras para parecer originales. Así, el libro de Simpson Mariátegui se titula *(Under)writing the female body: Sor Juana Inés de la Cruz/Frida Khalo/Madonna*, mientras que su presentación en la conferencia lleva el título pedante de "From Aleph to Anus: Faces (and feces) in Borges. An Attempt at Postcolonial Anal/lysis" (149). Con el uso común de las barras diagonales y paréntesis, Muñoz Molina se burla aquí de la obsesión de la academia americana por las asociaciones léxicas supuestamente originales. Al no seguir esta tendencia, a Claudio se le categoriza como un profesor poco innovador y tradicional, quedando así en los márgenes de la elite intelectual académica. De hecho, el jefe de su departamento le critica por no investigar sobre cuestiones más modernas que están de moda en la academia y por seguir escribiendo sobre escritores heterosexuales.

En la novela de Cercas es un personaje secundario, un profesor español llamado Olalde y al que nadie valora en el departamento, quien ofrece una similar visión crítica del contenido de los trabajos académicos, subrayando su irrelevancia y falta de importancia en el mundo real. Así se refiere a los profesores universitarios: "montón de mediocres: encuentran un mérito en leer lo que nadie ha querido leer; y al hablar se inflan como pavos" (66).[5] La vanidad y el orgullo que, según Olalde, sienten los académicos en relación a sus investigaciones se relacionan con la concepción de la masculinidad como competencia y como algo que debe ser probado constantemente ante los otros hombres. Mario no participa de este tipo de actitud académica y por eso también será marginado por sus compañeros de departamento.

La competitividad existente en la academia es otra de las realidades que influye en la masculinidad de los protagonistas. En este sentido se puede aplicar a la universidad lo que Jeff Hearn y David Collinson indican en referencia a la competitividad en las culturas empresariales, a saber, que la rivalidad para progresar profesionalmente viene a ser sinónimo de la masculinidad convencional (218).[6] En *Carlota Fainberg*, la competitividad se manifiesta en la agresividad con la que otros profesores critican el trabajo de uno. Se presenta la academia como un mundo sin humanidad en el que los profesores buscan denigrar a sus colegas en vez de colaborar con ellos para así afianzar su prestigio y mostrar su importancia. El ejemplo más claro se produce en la intervención de Simpson Mariátegui en la conferencia de Buenos Aires, en la que humilla a Claudio públicamente acusándole de europeísta y sexista. A Simpson Mariátegui—calificada como "la Terminator del New Lesbian Criticism" (148)—se le describe como una fiera y a Claudio como su presa (152). No cabe duda de que el escarnio que padece Claudio supone un ataque directo a su ego masculino: "seguía teniendo en carne viva la herida abierta en mi dignidad por aquella mujer" (160).[7]

La sátira de la que es objeto la profesora feminista que castra intelectual y simbólicamente a Claudio también revela una obvia crítica por parte de Muñoz Molina a los estudios de género y de feminismo, los cuales se presentan como amenazantes de los estudios literarios clásicos y, con ello, de la masculinidad tradicional. Claudio aparece como una víctima inocente de una feminista despiadada, generando compasión en el lector común. A pesar del tono humorístico y exagerado con el que se narra este episodio, se transmite un claro mensaje antifeminista, lo cual resulta bastante habitual en las novelas de campus. Como apuntan Carlos Ardavín Trabanco y Jorge Marí, la *queer theory*, el feminismo y la teoría postcolonial tienden a ser objeto de sátira en estas obras (27).

La competitividad del mundo académico también se manifiesta en las luchas por los ascensos. El puesto de catedrático al que aspira Claudio es adjudicado a Simpson Mariátegui, a la que contratan por tener un currículum con más publicaciones y sobre todo para aumentar la diversidad de género del departamento. Así lo reconoce Morini: "Comprende que es una mujer, y que es lesbiana. Más del diez por ciento de este país es gay y lesbian, Claudio. ¿Y cuántos profesores de este departamento tenían hasta ahora esa sexual orientation?" (184).[8] Muñoz Molina critica aquí las políticas de acción afirmativa que siguen las universidades americanas, por las que tienen prioridad las mujeres y los grupos minoritarios raciales y sexuales para los puestos de trabajo con el objetivo de diversificar la comunidad universitaria. La novela transmite la idea de que al ser un hombre heterosexual de raza blanca y de origen europeo, Claudio se halla en desventaja a la hora de competir por un ascenso.

Ahora bien, hay que tener en cuenta que las políticas de acción afirmativa a menudo se llevan a cabo en las universidades para dar al exterior una imagen de inclusión, sin implicar necesariamente un apoyo real a las minorías raciales o sexuales. De hecho, una vez dentro de la institución muchos de estos profesores feministas u homosexuales deben lidiar con realidades que les marginan o con colegas del departamento que les discriminan de una manera velada pero segura o que desprecian sus investigaciones sobre género por no considerarlas lo suficientemente "serias" o intelectuales. Además, no se puede olvidar que la mayoría de las cátedras y de las posiciones más altas de las universidades están ocupadas por hombres blancos, por lo que la imagen que se transmite en la novela de que la academia americana está dominada por el feminismo y de que a los hombres no se les valora justamente su trabajo en favor de las mujeres y de las minorías sexuales dista mucho de ser generalizable.

En *El inquilino*, la competitividad a la que se enfrenta Mario se aprecia a la hora de dirigir tesis doctorales. Ginger decide cambiar de director de tesis, abandonando a Mario y escogiendo a Berkowickz como su nuevo mentor. Este hecho supone una humillación académica para Mario, haciéndole sentir como "un incompetente" (33). La competitividad académica se presenta como una rivalidad entre los profesores varones que adquiere el carácter de una lucha para demostrar su virilidad. Así, Mario resulta emasculado por Berkowickz, aunque las acciones de este último no parecen buscar directamente la destrucción de su carrera. En otras ocasiones Mario tiene que soportar ataques velados por parte de otro profesor, Swinczyc, consistentes en "las miradas oblicuas, a un tiempo serviles y altaneras, las nerviosas risitas y el modo espeso de bromear en que se complacía" (46). Este tipo de conflictos—tanto latentes como abiertamente manifiestos—entre hombres académicos de un mismo departamento son comunes en las universidades y, como indica Margaret Sallee, muchas veces resultan motivados por cuestiones de jerarquía y nociones de masculinidad: "they're not trying to show off their muscles, they're trying to show off their brains. But in the same way that you can imagine gorillas beating their chests kind of thing, but for the brains. [...] They were built to be engineers, but they still have the same desire to be an alpha male, some of them" (204).

Otro aspecto de la realidad académica que emascula a los protagonistas es el poder omnipotente y arbitrario del jefe de su departamento, quien tiende a ser hipócrita y actúa como el director de una empresa, sin escrúpulos ni humanidad. Resulta interesante destacar que a pesar de que Claudio y Mario trabajan en departamentos de español o de lenguas modernas, su jefe nunca es de España, sino latinoamericano o estadounidense, lo cual apunta a la falta de poder de los españoles en la academia americana. Así, Claudio tiene que rogar a su jefe, Morini, que le permita ir a la conferencia de Buenos Aires y le costee el viaje. El hecho de que Morini no ascienda a Claudio a la categoría de catedrático a pesar de haberle prometido anteriormente su apoyo muestra su hipocresía. De acuerdo a Matthew Marr, se representa a Morini como un impostor académico sin compasión que se deleita en la caída de Claudio (121). El caso de Claudio no es el único, ya que Morini previamente le había asegurado el *tenure* o la plaza fija a otro profesor, Mario Said, para después negársela. Said es un ejemplo de las frustraciones y humillaciones que la academia puede provocar, ya que tuvo que abandonar la universidad americana y retornar a Argentina.

El jefe del departamento en la novela de Cercas, Scanlan, se comporta de una manera similar a Morini. Como confirma Mario, todo lo que sucede en el departamento depende de él: "era en definitiva el único que contaba" (23). Scanlan personifica la llegada del corporativismo a las universidades al realizar el papel de un administrador que sólo busca productividad y resultados numéricos, dejando a un lado la empatía. Con la incorporación de Berkowickz, Scanlan reduce el número de cursos de Mario de tres a uno, lo que provoca también una disminución significativa de su sueldo. Además, ejerce su poder de manera autoritaria cuando le advierte: "no estás en posición de exigir nada" (54). Al final de la novela le amenaza con el despido cuando se entera de que no ha ido a enseñar dos de sus cursos. Estos ejemplos prueban los abusos y el constante control que sufre Mario en su puesto de trabajo. También hay referencias a la falta de transparencia en su departamento, es decir, al secretismo de ciertas informaciones, lo cual es un mecanismo para controlar el poder.

Además de las decisiones arbitrarias de sus jefes, los protagonistas son víctimas de las confabulaciones en su departamento y en la academia en general. Claudio confirma la existencia de "pequeñas intrigas y zancadillas académicas" (46). De esta manera, los departamentos se presentan como lugares con una constante tensión latente entre personas que se llevan mal. Los personajes de las secretarias destacan al respecto en ambas novelas. Claudio critica la hipocresía de las secretarias que le desean que tenga "un buen día" cuando en realidad disfrutan "de ver humillado a alguien que ocupa una posición superior" (190). En *El inquilino* también se condena la actitud servilista de las secretarias y su goce ante los infortunios de Mario, ofreciéndose un retrato devastador por lo burlesco de la secretaria Joyce, a la que se animaliza, infantiliza y cosifica al señalar que posee "un notorio aire cetáceo," se viste con "ropa infantil" y se bambolea "como un vagón de metro" (48).

Los estudiantes asimismo pueden ser el motivo de las inseguridades masculinas de los protagonistas. Ambas novelas manifiestan de manera negativa el poder de los estudiantes americanos. En *Carlota Fainberg*, una estudiante de raza negra acusa a Claudio de racista por haberle dado una mala nota. Claudio se defiende alegando que la estudiante no participa en la clase y se queda dormida, pero Morini se posiciona a favor de ella. Con este episodio se critican de nuevo las políticas de acción afirmativa, dando a entender que los estudiantes que no son de raza blanca se aprovechan de su estatus como minorías para aprobar los cursos.[9] También se manifiesta la falta de apoyo institucional y personal que pueden padecer los profesores cuando son acusados de racistas, peligrando seriamente su reputación y su puesto de trabajo.

La facilidad con la que un profesor puede ser inculpado por una estudiante provoca ansiedades en el protagonista de Cercas. Para Mario, la instrucción académica resulta ser una fuente de angustias, ya que se siente intimidado por los estudiantes y no es capaz nunca de llenar los cincuenta minutos que dura la clase. Especialmente percibe que una estudiante pelirroja le mira burlonamente, lo que le hace "sentirse ligeramente ridículo" (82). Es posible que las inquietudes de Mario se deban al poder que poseen los estudiantes en las universidades americanas. Estas instituciones, al regirse por modelos empresariales, tratan a los estudiantes como clientes y buscan su satisfacción con el objetivo de aumentar el número de ellos y su retención. Por eso, no es poco común que se baje el nivel de exigencia intelectual en los cursos y se produzca una inflación de las notas finales. Chavira-Prado se lamenta de esta situación y considera acertadamente que esta práctica de complacer a los estudiantes desanima la producción de pensamiento crítico en ellos ("Ni eres ni te pareces" 148). En su opinión, por medios como las evaluaciones que los estudiantes realizan de los profesores y de sus cursos, se utiliza a los estudiantes como instrumentos de dominación (148).

Otro aspecto de la academia americana que provoca la marginación de los protagonistas es la importancia de una personalidad atrayente y sociable para conseguir contactos y ascender en los círculos intelectuales y puestos administrativos. Claudio no es sociable y se siente inseguro en reuniones académicas (35). Por ejemplo, no es capaz de presentarse a Umberto Eco cuando éste visita su universidad, mientras que Morini, en cambio, conversa largamente con el famoso escritor y acapara su atención. Claudio explica esta diferencia de actitud en base a la personalidad de los latinoamericanos, de los que destaca "la soltura de su cosmopolitismo" (35). En general, se revela que el protagonista no mantiene estrechas amistades con los otros académicos del departamento, lo que resulta importante cuando se dirimen cuestiones como su ascenso.

Claudio no forma parte del ambiente homosocial existente en las universidades, el cual es similar al de los ámbitos empresariales (Hearn 62). La homosocialidad, esto es, las relaciones sociales de carácter no sexual entre hombres, sirve para unir a los varones entre sí y diferenciarlos de las mujeres. Jean Lipman-Blumen considera que los individuos que pertenecen a un grupo homosocial disfrutan de una mayor autoestima que las personas solitarias (29). Además, la homosocialidad promueve la homogeneidad de los hombres, discriminando a las mujeres y minorías raciales (Thornton 122). Como apunta Sharon Bird, la homosocialidad también suscita unas claras distinciones entre las masculinidades hegemónicas y las que no lo son (121). Al no participar en el ambiente homosocial de su departamento, Claudio queda marginado y su masculinidad en entredicho.

En la novela de Cercas, Mario tampoco logra pertenecer al grupo homosocial dominante de su departamento debido a su falta de publicaciones y a su vida personal. El ambiente homosocial se aprecia en el dominio de los papeles tradicionales de género en las diversas reuniones y fiestas que organizan los miembros del departamento. Los profesores están mayormente casados, sus esposas se presentan como amas de casa y cocineras y la socialización se basa en la vida en pareja, por lo que los profesores solteros como Mario que no poseen una personalidad atrayente como Berkowickz suelen quedar marginados.[10] Así, Mario se siente incómodo en la fiesta organizada en la casa del jefe del departamento y no es capaz de charlar en los grupos de invitados. No se adecúa al modelo de académico que habla de cuestiones intelectuales en las reuniones sociales para demostrar sus conocimientos. Por eso se esconde en su apartamento cuando varios de sus colegas vienen a visitar a Berkowickz, su vecino. Esta actitud muestra su inseguridad y su personalidad antisocial y repercute en el ostracismo que padece en su trabajo.

En *Carlota Fainberg*, a Claudio se le discrimina también por su origen español y la pervivencia de la leyenda negra en América. Este aspecto se manifiesta mayormente en los comentarios despreciativos que, medio a bromas, le lanza Morini: "Espero que al llegar al Cono Sur no se despierte tu sangre de conquistador español y te entren ganas de ultimar a algunos indios" (27). Más adelante Morini califica a los españoles como "siempre tan belicosos" (149) y opina que siguen manteniendo "el espíritu del gran inquisidor" (188). Según Claudio, el ataque de Simpson Mariátegui también se debe en parte a su origen nacional, a su "condición imperdonable de español" (156). En definitiva, los españoles son mirados con recelo y acusados de colonizadores.[11] El odio de los latinoamericanos hacia lo español se explica en la novela como un deseo de venganza de la conquista de América. Por eso Claudio se muestra cauteloso cuando menciona algún aspecto o autor latinoamericano, ya que tiene miedo de que sus comentarios se malinterpreten y sean considerados antilatinoamericanistas. Esta circunstancia revela las tensas relaciones que tradicionalmente han mantenido los españoles y los latinoamericanos en la academia americana. Ya en 1940 Pedro Salinas se lamentaba del rechazo que padecía en Los Ángeles por parte de académicos latinoamericanos, atribuyéndolo al odio de éstos por lo español.[12]

El uso del inglés, único idioma válido en la universidad americana para los documentos oficiales, es otra realidad que afecta a la masculinidad académica de Claudio: "Todavía me da miedo cuando he de usar una palabra de pronunciación difícil, y tengo observado que el desánimo o la melancolía afectan severamente a mi dominio del idioma" (33). No cabe duda de que los profesores españoles que tienen una pronunciación marcada o problemas a la hora de hablar en inglés sufren marginación en su universidad y no podrán nunca ocupar altos puestos administrativos porque toda comunicación oficial, oral y escrita, se realiza exclusivamente en ese idioma. Además, las dificultades con el inglés afectan a la carrera investigadora, ya que las propuestas de beca o investigación, las charlas académicas o de búsqueda de trabajo e incluso las publicaciones en prestigiosas editoriales americanas se realizan todas en inglés. Los profesores españoles que se exiliaron en Estados Unidos también padecían una situación similar. Pedro Salinas, por ejemplo, menciona en una carta que da lástima a sus oyentes americanos "al pelear con la pronunciación" (91), mientras que Juan Ramón Jiménez se negaba a aprender inglés.[13] El no hacerse entender o el no comprender a otras personas en un idioma extranjero produce en el hombre sentimientos de inseguridad, soledad y extrañamiento que sin duda afectan la manera en la que percibe su propia masculinidad.

El alto nivel de estrés e inseguridad al que se ven sometidos en su trabajo provoca que ambos protagonistas padezcan episodios febriles o momentos de enajenación mental. Estudios recientes han demostrado que numerosos académicos sufren enfermedades psicológicas debido al gran número de horas de trabajo, la falta de apoyo institucional y el aislamiento en sus proyectos de investigación (Shaw). Alan Swann señala al respecto que la mayoría de los académicos se encuentran estresados por las continuas evaluaciones internas y externas a las que se enfrentan, pero que, a pesar de ello, la academia no ofrece ayuda a estas personas porque se sigue pensando que los que no pueden soportar ese ritmo de trabajo deberían abandonar la universidad (cit. Shaw y Ward). El resultado es que las enfermedades de tipo mental van en aumento entre los profesores universitarios.

El incidente con Simpson Mariátegui resulta tan traumático para Claudio que deriva psicosomáticamente en fiebre y en "un estado físico y moral deplorable" (178), por el cual tiene que cambiar su billete de regreso a los Estados Unidos y permanecer en el hotel varios días más para recuperarse. El fuerte impacto emocional al que se ve sometido a su vuelta le lleva a comparar la academia con una cárcel: "Me sentía como si estuviera a punto de ser enviado a un campo de reeducación norvietnamita" (189).[14]

Otro episodio de enajenación mental de Claudio se produce cuando imagina ver a Carlota Fainberg en el hotel de Buenos Aires en el que se alojó Abengoa. El espejismo de Claudio se explica por su sentimiento de emasculación y por la estimulación provocada por el relato sexual de Abengoa. Es entonces cuando, a través del personal del hotel, Claudio descubre que Carlota lleva muerta veinte años. Ante esta revelación, al principio cree que Abengoa le mintió y que se inventó toda la historia, pero después parece pensar que el fantasma de Carlota sigue rondando el hotel, que Abengoa pudo haberse acostado con ella y que por eso él también la vio.

En el caso de Mario, hay numerosos indicios del desequilibrio mental que padece como consecuencia de su trabajo. De hecho, en diversas ocasiones describe su vida como profesor "como una pesadilla" (70, 95). También tiene pesadillas al dormir y despierta bañado en sudor tras haber soñado con Berkowickz (119). Además, manifiesta episodios de paranoia o de manía persecutoria cuando siente que todo el departamento se ha confabulado en contra de él. Por ejemplo, comienza a imaginar que varias personas diferentes son una misma y se burlan de él: "la sonrisa de Ginger flotaba en los labios de la alumna pelirroja, en los de Joyce, en los de Wojcik y en los de Hyun, en los de Olalde" (111). Más adelante cree que Berkowickz se ha apropiado de su vida, robándole todo lo que posee. Así, cuando visita el apartamento de Berkowickz para hablar con él, imagina que es una réplica exacta al suyo, incluyendo los muebles, ante lo cual sufre un ataque de pánico. El desequilibrio mental de Mario se revela en la desmejora que experimenta su aspecto físico: "Se miró en el espejo; apenas se reconoció: tenía la piel muy pálida, los labios y los pómulos afilados, el mentón tenso" (69).

En realidad, toda la novela de Cercas consiste en la narración de un periodo de demencia de Mario durante una semana, ya que la llegada de Berkowickz a su universidad y los subsiguientes sucesos son todos fruto de su imaginación febril. Ya el comienzo de la novela apunta al carácter imaginario de lo narrado cuando se hace referencia a la bruma y a "la existencia inestable y borrosa" (11). Las constantes alusiones posteriores a su vida como una pesadilla también revelan que el protagonista se lo está imaginando todo. El episodio paranoico comienza cuando Mario lee un artículo de Berkowickz, lo que le hace sentirse inseguro de su capacidad intelectual e imaginar que el autor es contratado en su departamento. Del Pino considera que Berkowickz representa un *dopplegänger* o doble de Mario, "un alter ego con éxito," producto de "una proyección de la ansiedad y también de la tentación del protagonista por integrarse en el mundo americano" ("Pasión y horror" 46–47). En mi opinión, Mario no se proyecta en Berkowickz ni teme llegar a ser como él y perder así su identidad nacional, sino que Berkowickz más bien encarna la competitividad masculina de la academia americana. Es decir, es resultado del miedo de Mario a perder su estatus profesional; de hecho, a Mario le gustaría llegar a poder ser como él.

De esta manera, las dos novelas coinciden en cuestionar la existencia de dos de los personajes centrales—Carlota y Berkowickz—que sirven para catalizar la crisis de masculinidad de los protagonistas. Tanto Carlota como Berkowickz sólo existen en la imaginación de Claudio y Mario, y ambos suponen una amenaza a su masculinidad: Carlota representa a la mujer sexualmente dominante, mientras que Berkowickz usurpa el trabajo y a la estudiante amante de Mario. Los dos generan miedo pero también atraen a los protagonistas: Claudio se aproxima a Carlota con el deseo de conquistarla, mientras que a Mario en realidad le agradaría ser como Berkowickz.

Ante las injusticias y humillaciones cometidas contra ellos, ambos protagonistas mantienen una actitud pusilánime, seguramente debido a la imposibilidad que sienten de enfrentarse a todo el sistema académico y al miedo de ser objeto de represalias o de perder su puesto de trabajo. Por ejemplo, Claudio acepta sumisamente los ataques de Simpson Mariátegui: "¡Y yo no me había defendido, no había contestado nada, ni una palabra, me había quedado balbuciendo [...]!" (161). Posteriormente tampoco protesta ante la decisión de Morini de negarle la cátedra ni piensa en apelar formalmente contra tal medida. Este comportamiento es el resultado de la emasculación que le ha causado la academia y que le ha llevado a adoptar una posición pasiva y amedrentada.

Mario tampoco reacciona activamente ante su constante pérdida de poder. Así, cuando Ginger le informa de que está pensando en que Berkowickz sea su nuevo director de tesis, Mario no es capaz de protestar ante ella ni de recriminarle: "ni un gesto de contrariedad, ni un gesto de impaciencia, ni un gesto de nerviosismo" (33). Su comportamiento sumiso se vuelve a apreciar cuando Scanlan le reduce el sueldo: aunque Mario susurra un insulto, "Pandilla de cabrones" (54), Scanlan no llega a escucharlo y Mario decide no quejarse ante él: "no estaba resentido: una curiosa calma lo embargaba [...]. Y en vez de pensar en protestar, me callo. Me he vuelto loco" (55).

La masculinidad marginalizada del emigrante académico

Además de hallarse emasculados por su trabajo en la academia, los protagonistas presentan una masculinidad no hegemónica debido a su personalidad tranquila y mansa, y a su alienación y falta de integración como extranjeros en la sociedad estadounidense. Así, Claudio resulta todo lo contrario de un hombre de acción: no le gusta viajar porque le cansa, se considera lento y torpe, y se siente intimidado ante los hombres enérgicos como Abengoa. En referencia a este último, revela así este temor: "Pertenecía a ese tipo de personas enérgicas y prácticas que a mí me han amedrentado a lo largo de toda mi vida [...]. Cada vez que encuentro una persona así noto el mismo principio como de encogimiento" (40–41). Más adelante Claudio confirma su personalidad aprensiva y su falta de asertividad: "me asusto de cualquiera que me haga un gesto hostil o autoritario" (46).

El apocamiento que Claudio siente ante las personas enérgicas puede explicar sus relaciones problemáticas con las mujeres dinámicas. Claudio se divorció de una mujer americana, quizás debido a la existencia de un modelo más activo de mujer en la sociedad estadounidense. Lo mismo le sucedió a Mario, que se separó de su mujer americana, Lisa, antes de cumplir un año de matrimonio. El hecho de que Lisa rompiera con él, disfrutara de un gran éxito profesional en la academia y posteriormente se casara con uno de sus alumnos pudo seguramente afectar a la autoestima masculina de Mario. En ambas novelas se aprecia cómo los hombres españoles heterosexuales no están acostumbrados a que la mujer sea independiente.

Asimismo, ambos protagonistas coinciden en mostrarse amenazados ante la liberación de la mujer o ante figuras femeninas fuertes. En *Carlota Fainberg* aparecen diversos personajes femeninos que resultan castradores y amenazantes para Claudio, como Simpson Mariátegui, las estudiantes negras y la propia

Carlota. En referencia a esta última, el protagonista reconoce que le amedrentan las mujeres que resultan decididas y enérgicas (93). Puede que esto se explique por el temor de Claudio al disfrute de la sexualidad, ya que confiesa que en su juventud nunca tuvo una vida sexual plena al hallarse interno en un colegio salesiano donde sólo podía practicar el "onanismo, contaminado de culpa" (121).

Por su parte, Mario también tiene problemas con numerosas mujeres. Su casera, la señora Workman, le amenaza con echarle del apartamento por las quejas de una vecina y su comportamiento errático. Nótese que su apellido—el cual significa "hombre que trabaja"—apunta a su masculinización y consiste en una burla hacia Mario, ya que supone trasladar al ámbito de su vida privada los problemas que padece por su trabajo en la academia. La vecina de Mario, Nancy, es una fuente constante de conflictos para él, ya que le acusa de emborracharse a solas y de espiarla y estuvo a punto de denunciarle por acoso sexual porque aseguró haberle visto masturbarse mientras ella estaba tomando el sol en el jardín. La descripción caricaturesca y misógina de Nancy enfatiza su falta de atractivo físico y altos niveles de libido: "gruesa, de aspecto descuidado, de pelo pajizo y seco, francamente fea pero dotada al mismo tiempo de una sexualidad tan evidente como agresiva" (27). La sexualidad de este personaje resulta amenazante para Mario, como también lo son sus ideas feministas "y los prejuicios respecto a los hombres latinos" (27). Como Claudio con Simpson Mariátegui, Mario se erige como una víctima de la liberación de la mujer. En ambas novelas, por tanto, se ofrece un mensaje claramente antifeminista y misógino al culpar a las mujeres independientes de los fracasos y las inseguridades de los hombres.

Respecto a su vida como emigrantes, ambos protagonistas manifiestan una falta de integración en la sociedad americana que les hace sentirse marginados y afecta a su autoestima masculina. Aunque Claudio parece haberse adaptado al estilo de vida americano al rechazar la típica personalidad española,[15] en realidad lleva una existencia marcada por su sentimiento de exclusión en los Estados Unidos.[16] Precisamente, el uso continuado de anglicismos en el discurso de Claudio se puede explicar, según Lola Pons Rodríguez, por el deseo del protagonista de manifestar su adhesión lingüística y social a los Estados Unidos, cuando en realidad "su situación sociocultural es de un gran desarraigo" (293). A medida que pasa más tiempo con Abengoa en el aeropuerto, crece su espíritu crítico hacia los americanos, lo que sirve para subrayar su carencia de felicidad en ese país.

Claudio reprueba ciertas realidades de la sociedad americana como el ambiente de los aeropuertos, la moda deportiva de los americanos, su obesidad mórbida, su necesidad de la simpatía inmediata, su tendencia a la falsa amabilidad, las constantes visitas de los camareros en los restaurantes y el café aguado.[17] Pero uno de los aspectos que ha afectado más negativamente a la personalidad del protagonista es el temor de los americanos a llamar la atención o hacer el ridículo, lo que ha provocado que él se halle en un constante estado de cohibición por miedo a que su conducta sea censurada o considerada inadecuada. Así lo expresa Claudio: "las coacciones sutiles que impone en todo la vida norteamericana, y a las que yo suelo tan medrosamente acomodarme, con el mismo miedo al qué dirán que si viviera en una provincia española de los años cuarenta" (99).

El protagonista de Muñoz Molina también revela otras realidades de Estados Unidos que resultan opresivas y deprimentes para él. Entre ellas destacan el clima y la naturaleza intempestivas que provocan inviernos con fuertes tormentas de nieve. Además, la individualidad de la sociedad americana tiene como consecuencia un alto grado de aislamiento para las personas sin pareja como Claudio. Éste confiesa que hay fines de semana en los que no cruza una palabra con otra persona.[18] Aunque Claudio añade en sus comentarios algunos aspectos positivos de su aislamiento, no cabe duda de que mayormente le produce angustia: "Viviendo en América hay veces en las que uno se siente, por sorpresa, horriblemente solo" (136).[19] Esto puede deberse a que, al igual que le sucede a Mario, vive en un pueblo pequeño de un ámbito rural, donde se halla la universidad, lejos de las urbes metropolitanas americanas. Así lo manifiesta el propio Muñoz Molina en *Ventanas de Manhattan* cuando alude a "esa especie de suspensión del tiempo tan propia de los campus universitarios como el de Virginia, situados en medio de extensiones agrícolas" (215).

Además de la falta de comunicación, Claudio lamenta la frialdad en las relaciones personales en la sociedad americana, lo que le obliga a ser muy cauteloso a la hora de solicitar ayudas: "En América hay una frontera muy precisa, pero también invisible para el no iniciado, entre los favores que pueden pedirse y los que no, y un paso inoportuno al otro lado de ella puede traer consigo desagradables consecuencias" (23).[20] Cuando uno se enferma en un país extranjero es cuando más claramente se revela la ausencia de amigos verdaderos. Por eso Claudio se califica a sí mismo como "un paria" cuando cae enfermo en Buenos Aires (180).[21]

La situación de Mario resulta parecida a la de Claudio. Mario llegó a los Estados Unidos en 1981 para hacer un doctorado en lingüística y en su primera estancia "no le fueron gratos los primeros meses en el nuevo país," siendo incapaz de entablar amistades (39). Cuando es contratado en la Universidad de Illinois, tampoco le gustan ni la universidad ni el departamento donde trabaja y manifiesta su descontento con el ambiente y la ciudad en los que vive. Aunque en esta novela no se especifican las críticas a Urbana, en *La velocidad de la luz* Cercas detalla su visión negativa sobre dicha ciudad: "aquel horno sin alivio perdido en medio de ninguna parte era un cementerio en el que a no mucho tardar acabaría convertido en un fantasma o un zombi" (21). Al igual que Claudio, Mario se encuentra alienado, pero recurre al alcohol y al tabaco para intentar contrarrestar su soledad y olvidar sus problemas. En diversos momentos se menciona que fuma grandes cantidades de tabaco y que se emborracha solo, lo que son señales de posibles adicciones. La casera incluso le insta a que abandone la bebida porque piensa que su obsesión con Berkowickz es consecuencia de su ingesta de alcohol (134).

El profesor conquistador de alumnas

Para hacer frente a la soledad y por su necesidad de apoyo y compañía, Mario comienza una relación con una de sus estudiantes graduadas, Ginger Kloud. Las relaciones entre profesores varones y alumnas han sido frecuentes en la academia, aunque en la actualidad existen unas claras normas prohibiéndolas. Entre los motivos que se suelen aludir en su contra es que en estas relaciones existe una desigualdad de poder entre el profesor y la alumna y es posible que se produzcan como resultado del acoso sexual por parte del profesor. A pesar de ello, Janice Rushing señala que incluso hoy en día siguen siendo muy comunes en la academia americana (25). La misma situación se ha dado tradicionalmente en la universidad española. Resultan interesantes al respecto los comentarios que realiza Francisco Ayala en sus memorias de académicos españoles que, aun siendo de avanzada edad, seguían rigiéndose por el modelo donjuanesco de conquistar a estudiantes jóvenes.[22]

Se han ofrecido diversas razones para explicar la existencia del acoso sexual en el ambiente académico. Así, el modelo natural-biológico considera que es una expresión natural del alto libido del hombre, mientras que el modelo sociocultural y organizativo cree que es el resultado de las relaciones jerárquicas de las instituciones, es decir, de la desigualdad de poder entre los profesores y las alumnas (Paludi 7–8). Es muy posible que profesores como Mario busquen un reconocimiento de su masculinidad en crisis en la conquista amorosa de jóvenes estudiantes que les admiran por su autoridad e inteligencia. Como indica Sue Rosenberg Zalk, esta admiración es más fácil de conseguir que el respeto académico por parte de colegas de la profesión y resulta muy gratificante para el hombre, incrementando su autoestima y sensación de importancia y superioridad (145). En *El inquilino* se confirma que la relación con Ginger aumenta el ego de Mario: "era consciente de ejercer algún tipo de atractivo sobre ella, y este hecho, quizá paradójicamente, lo halagaba sin dejar de incomodarlo" (77).

En su trabajo clásico *The Lecherous Professor*, Billie Dziech y Linda Weiner ofrecen varias teorías psicológicas relacionadas con la masculinidad para explicar las relaciones de profesores con alumnas. Estos críticos consideran que uno de los posibles motivos es que la profesión académica, por su carácter intelectual, se considera femenina y poco popular entre los jóvenes varones, quienes prefieren carreras tecnológicas. Así, al mantener una relación con una joven estudiante, el profesor probaría a los otros hombres y a sí mismo que es viril y puede atraer a las mujeres (143). Dziech y Weiner también señalan que los hombres académicos eran poco populares en la adolescencia, una época en la que los varones más admirados son los que tienen un buen físico y practican deporte. Por medio de la relación con una estudiante el profesor redimiría su pasado de marginado social (135). Por otro lado, el acoso sexual también puede ser el resultado de una crisis profesional, como le sucede a Mario. Al sentirse frustrado o poco exitoso en su trabajo, el profesor busca confort y gratificación en una de sus alumnas (140).

Dziech y Weiner clasifican al profesor acosador en distintos tipos, de entre los cuales Mario pertenecería al del "confidente," es decir, el que se comporta como un igual y un amigo con la estudiante, está abierto a las confesiones de ella y al mismo tiempo le cuenta sus problemas personales y profesionales (122). Zalk, por su parte, crea otro tipo de categorías con términos binarios, de entre las cuales Mario formaría parte de la del profesor "locamente enamorado" (*infatuated*) (162). Éste es el profesor que está descontento con el estatus y el tratamiento en su departamento y halla en la estudiante una pareja empática que le acepta incondicionalmente y que le asegura que él tiene razón (Zalk 162). Este tipo de profesor puede llegar a maltratar psicológicamente a la estudiante, convirtiéndose en lo que Zalk califica como "malévolo enamorado" (*malevolent infatuated*) (163). Mario muestra esta actitud cuando decide no comprometerse emocionalmente con Ginger para controlar de esta manera la relación: "observó que la distancia era un instrumento de dominación: Ginger seguiría a sus expensas mientras lograra mantenerla" (77–78). El comportamiento de Mario de hecho hiere a la joven.

De esta forma, a pesar de su intelectualidad y de que no se amoldan al modelo hegemónico de masculinidad, los varones académicos como Mario suelen mantener las típicas actitudes tradicionales respecto a las mujeres. En un estudio al respecto, la mayoría de los profesores encuestados indicó su preferencia por las mujeres físicamente atractivas, muy por encima de las mujeres inteligentes (Dziech y Weiner 134). Michael Armato también considera que tras la imagen de racionalidad y de sensibilidad que proyecta el hombre académico puede existir una ideología sexista respecto a las mujeres; pueden ser lobos con piel de cordero (578). Posteriormente, Mario reconoce estar enamorado de Ginger, pero ella se ha cansado de su falta de atención y comienza una relación con Berkowickz. Es posible que Mario desee de nuevo a Ginger precisamente porque ella ya no está interesada en él. Ginger llega a rechazarle, confirmándole que no le quiere, lo que supone para él una herida en su orgullo masculino.

La masculinidad cómplice y el futuro incierto

Ante el sentimiento de emasculación que experimentan, los dos protagonistas reaccionan aferrándose y aspirando a la masculinidad tradicional al intentar conquistar a mujeres y continuar de manera acrítica en la academia. En este sentido, ambos presentan una "masculinidad cómplice," pues a pesar de no poseer los rasgos de la masculinidad hegemónica, los aceptan y desean imitarlos (Connell, *Masculinities* 79). Claudio encuentra en la masculinidad tradicional de Abengoa un modelo para recuperar la virilidad que ha ido perdiendo al trabajar en la academia americana. Si al principio se siente intimidado por él, calificándolo de "compatriota rudo y provinciano" (121), a medida que pasan tiempo juntos en el aeropuerto le comienza a admirar. En Claudio se aprecia lo que Chavira-Prado indica respecto a su experiencia personal en la academia americana como emigrante: al entrar en la academia, Claudio ha ido perdiendo su identidad cultural como español, pero al mismo tiempo tampoco ha sido aceptado completamente por parte del sistema universitario americano. De esta manera no pertenece totalmente a ningún sitio y lleva una vida solitaria y alienada ("Ni eres ni te pareces" 142). Por eso Claudio ve en la actitud de Abengoa un medio para recuperar los valores de la cultura española y sentirse enraizado de nuevo.

La atracción de Claudio hacia Abengoa también se puede deber a que le recuerda a su padre y siente la necesidad de conectar con su origen familiar y su pasado tras vivir tantos años en el extranjero. Durante su charla con Abengoa, Claudio comienza a acordarse de su padre, un hombre masculino y estiloso en el vestir. La admiración de Claudio por Abengoa se revela cuando se va dejando atrapar lentamente por el relato de éste y abandona el comentario textual del mismo para caer en las redes narrativas y en el modelo de masculinidad representado por él: "yo le seguía embobado por donde él quería llevarme, como las ratas y los niños seguían el sonido de la flauta del proverbial Pied Piper" (110–11). Es entonces cuando Claudio comienza a valorar el disfrute de la vida en vez de su trabajo en la universidad y la masculinidad tradicional española en vez de su masculinidad académica emasculada. Abengoa se erige, por tanto, en el modelo y figura paterna que Claudio desea imitar. De ahí que Scarlett Winter considere que Claudio se convierte en el *doppelgänger* o un *homme-copie* de Abengoa (193). Aunque la masculinidad de Claudio es marginalizada, al vivir en una sociedad que valora la masculinidad hegemónica, aprende a aceptarla y al final incluso a imitarla porque cree hallar en ella una solución a su sentimiento de emasculación y con ello la esperanza de una vida más plena y feliz.

En Buenos Aires se aprecia el cambio de actitud de Claudio, ya que se fija en las mujeres que pasan por la calle, come frugalmente en un restaurante e intenta acercarse y conquistar a Carlota cuando cree verla en el hotel. El hecho de que esta transformación suceda en Argentina no es casual; no hubiera sido posible en los Estados Unidos, sino en un país hispano con algunas costumbres y formas de vida similares a las que se hallan en España. Tras conocer a Abengoa, Claudio también parece plantearse su retorno a su país para recuperar su antiguo estilo de vida: "me veía aquejado [...] de un deseo inaplazable de caminar y respirar en una calle de mi país, de tomarme una ración de gambas o de berberechos y una caña de espuma blanca" (161). Al final de la novela expresa que planea viajar a Madrid en verano por primera vez en tres años y encontrarse con Abengoa. La decisión de Claudio de volver a España se debe a la necesidad que siente de contactar con la masculinidad tradicional española para adoptarla en su vida y hallarse así más enraizado. Su deseo de ver de nuevo a Abengoa manifiesta la importante función de mentor que le asigna Claudio en su proceso de reaprendizaje de la masculinidad tradicional española.

Ahora bien, Claudio no parece pensar en retornar de manera definitiva a España porque se ve mayor para ello: "¿Voy a volver a España, a estas alturas de mi vida, voy a empezar otra vez de cero en cualquier otra parte, ahora que tengo casi pagado el mortgage de mi casita [...]?" (190–91). A pesar de ello, su futuro en la universidad resulta incierto, no sólo porque no le han ascendido, sino porque sobre él existen acusaciones de racismo y dudas sobre la innovación de su investigación. Morini se lo advierte así: "No te oculto que tu situación en Humbert College no es envidiable. Te he defendido mucho, pero eso no basta, también tienes tú que poner de tu parte" (189). Por lo tanto, es muy posible que su estatus y situación en la universidad empeoren y que padezca más desaires y marginaciones que minen todavía más su masculinidad y autoestima. Ante este panorama, Claudio llega a escribir una carta de dimisión, pero después se lo piensa mejor y no la llega a entregar. Es decir, sacrifica su masculinidad y dignidad personal para seguir formando parte de un sistema, la academia americana, que le margina.

En *El inquilino*, después de percatarse de que la llegada de Berkowickz a la universidad era fruto de su imaginación, Mario también adopta un modelo de masculinidad hegemónica al intentar reconquistar a Ginger. Al final de la novela queda con su estudiante, la besa en los labios y se ríen juntos. Al igual que

Claudio, Mario presenta una masculinidad cómplice porque no hace nada para cambiar el modelo dominante de masculinidad académica que causa su marginación. Su futuro académico es también claramente incierto. Aunque Berkowickz no ha sido contratado en su universidad y, por lo tanto, Mario no ha perdido todavía su estatus académico, es muy posible que eso suceda en un futuro próximo. Esta teoría se ve apoyada por la repetición de frases y situaciones a lo largo de la novela, como la de "Todo se repite" (64, 87) y "a veces las cosas más tontas nos complican la vida" (20, 44, 115, 131). La ficción relatada e imaginada en la mente de Mario, por tanto, seguramente se repetirá, pero esta vez en la realidad, como apunta el hecho de que tanto la casera como Scanlan terminen pronunciando el nombre de Berkowickz porque Mario se lo revela durante su delirio. La estructura circular de la novela—el último capítulo comienza como el primero, con Mario corriendo por su vecindario—confirmaría la hipótesis de la repetición de los hechos, de que lo imaginado por Mario va a ocurrir en la realidad.

A pesar de su inseguro porvenir en su universidad, Mario, como Claudio, tampoco parece desear volver a su país de origen de manera definitiva. De hecho, si estuviera pensando en dejar la academia, no sentiría tanta ansiedad como para imaginar la contratación de Berkowickz. Esto se puede deber al orgullo masculino: regresar a sus países y abandonar su puesto en la universidad después de haber trabajado tanto para obtener un doctorado y una posición académica como profesor, sería considerado socialmente como un fracaso. Quizás por este motivo, hay un seis por ciento menos de hombres que de mujeres dispuestos a dejar las universidades en las que trabajan y su carrera académica (Dryfhout y Estes 118). En vez de abandonar la institución que les oprime, tanto Claudio como Mario continúan inmersos en ella, bien por la comodidad, el respeto social y los beneficios que les puede reportar su puesto como profesores, o bien por miedo al cambio que supondría buscar un nuevo trabajo en la academia o fuera de ella. Son cómplices con el sistema que les subyuga, apoyando de esta manera la masculinidad hegemónica de la academia.

Carlota Fainberg y *El inquilino* son dos obras que revelan la masculinidad en crisis de los académicos españoles que trabajan en la universidad americana. A pesar de que se usen la sátira y el humor en la presentación de episodios exagerados y absurdos, ambas novelas manifiestan una acérrima crítica a la situación de la academia americana, cuya manera de funcionar resulta opresiva para los protagonistas. Claudio y Mario no son capaces de cumplir con las expectativas de la universidad americana debido a las diferencias culturales, las cuales provocan también su marginación. De esta manera, no siguen valores importantes de la academia americana como la necesidad constante de publicar y de estar al corriente de las nuevas tendencias teóricas. Además, no poseen habilidades sociales, lo que les sitúa en una mayor desventaja en sus departamentos dominados por las intrigas, la hipocresía y las decisiones arbitrarias de sus jefes. Por la emasculación que sufren en su trabajo llegan a experimentar episodios de locura o enajenación mental. A esto se suma su falta de integración en el país tras experiencias matrimoniales fallidas con mujeres americanas. Los dos protagonistas carecen de una relación sentimental sólida y su masculinidad se siente amenazada por las mujeres activas y decididas. Tampoco poseen un grupo estable de amigos, lo cual acrecienta aún más su sensación de soledad.

Ambas novelas muestran diferencias significativas en la representación de la masculinidad académica hegemónica. En *Carlota Fainberg* la universidad americana aparece dominada por los estudios de género y el poder de las feministas, mientras que en *El inquilino* la academia se describe como un ambiente homosocial con valores masculinos tradicionales como la conquista amorosa de alumnas por parte de los profesores. Esta divergencia puede explicarse por la distancia temporal que separa la escritura de las dos obras—de finales de los ochenta a finales de los noventa—y el desarrollo de las políticas de acción afirmativa y de protección de las minorías en época más reciente. En cualquier caso, aunque el acoso sexual no sea ya tan dominante en la academia, la visión que nos ofrece Muñoz Molina de que los académicos con una sexualidad flexible y las feministas controlan la universidad americana dista mucho de ser real y supone una generalización de casos específicos. La academia sigue siendo masculinista y continúa imponiendo valores masculinos de producción en un ambiente homosocial donde las posiciones administrativas superiores están dominadas por los hombres.

Las medidas de efectividad y de obtención de beneficios que permean en las universidades americanas afectan negativamente no sólo a las mujeres, sino también a los hombres cuya masculinidad no es competitiva o ambiciosa. Si estos hombres, como les sucede a Claudio y Mario, son extranjeros, suelen ser incomprendidos y marginados por su inglés imperfecto o por diferencias culturales, lo que acrecienta aún más su sensación de inadecuación, minando su masculinidad. Esto no implica que estos hombres promuevan la masculinidad marginalizada que personifican, ya que los dos protagonistas son cómplices del mantenimiento de la masculinidad hegemónica al intentar conquistar a mujeres y al continuar en el sistema académico que les oprime y discrimina, mostrando una actitud pusilánime y pasiva en vez de luchar por cambiar las normas de la universidad o dimitir y buscar otro tipo de trabajo en el que no se sientan constantemente amenazados y emasculados.

Conclusiones

Las obras que se han analizado muestran cómo el exilio y la emigración marcan de forma indeleble a los hombres que por motivos políticos, sociales y/o económicos se ven obligados a abandonar España. La masculinidad, como rasgo esencial de la identidad del hombre, resulta afectada por los desplazamientos territoriales, ya que en el nuevo país los exiliados y emigrantes se suelen enfrentar a un entendimiento del género distinto al suyo, a unas ideas y expectativas sobre el comportamiento de los hombres que tienden a diferir, ligera o significativamente, de las que son comunes en su cultura de origen. Además, como extranjeros, los hombres desplazados experimentan múltiples realidades en la sociedad de acogida que influyen en su autoestima y valía masculina. Al vivir en un nuevo país y compararlo con España, adquieren una mayor conciencia del género y de la masculinidad como constructos sociales y de sus propios valores como hombres. Asimismo se percatan más claramente de los rasgos que definen su propia cultura.

Aunque cada una de las obras estudiadas se enfoca en un tipo de masculinidad diferente, en todas ellas se aprecia una serie de aspectos recurrentes. Por un lado, los personajes muestran cómo viven su propia masculinidad, es decir, cómo influye el desplazamiento territorial en su identidad masculina. Por otro, también revelan si su concepción de la masculinidad, esto es, su visión de lo que es o debería ser un hombre, se ha modificado o no durante su estancia en el país de acogida. Estas dos realidades no tienen por qué coincidir. De hecho, no coinciden en la mayoría de las obras, en las que se aprecia, en líneas generales, cómo los protagonistas se consideran emasculados como consecuencia del exilio o la emigración, pero mantienen o incluso refuerzan su concepción tradicional de la masculinidad. Aunque sienten que su virilidad ha decrecido, o quizás precisamente por ello, se aferran a modelos conservadores de masculinidad.

A pesar de que el desplazamiento territorial mina mayormente la masculinidad de los protagonistas, también se advierten algunas consecuencias positivas como resultado de su vida en el nuevo país. Las novelas de Castresana, Chamizo y Canicio manifiestan cómo el exilio o la emigración se convierte en un rito de paso y de crecimiento en la masculinidad, a través del cual los protagonistas demuestran su capacidad para superar situaciones difíciles y su valía como hombres. De manera similar, Domenchina experimenta su exilio como una prueba del destino a la que se enfrenta con estoicismo y aguante, sintiéndose como un mártir o un ser superior. Por otro lado, las obras de Chamizo y Canicio muestran cómo en el país de acogida los hombres pueden encontrar posibilidades laborales imposibles de lograr en España y mejorar así su situación económica. Al ganar más dinero y poder mantenerse a sí mismos y a sus familias, aumenta su satisfacción personal y su autoestima masculina.

Relacionado con el desarrollo profesional, otro posible aspecto positivo son las opciones de crecimiento intelectual y la adquisición de educación y cultura. Por ejemplo, el protagonista de Cercas puede llevar a cabo sus estudios de doctorado en Estados Unidos, mientras que Moix tiene acceso en Francia e Inglaterra a los libros y películas prohibidos en España por el franquismo y es en el extranjero donde comienza a germinar su carrera como escritor. Durante su exilio el protagonista de Castresana tiene la oportunidad de leer los clásicos de la literatura española y aprender sobre la realidad de las distintas regiones de España. La vida en el extranjero también motiva al protagonista de Canicio a leer e ir a clases, e incluso potencia su creatividad artística y literaria por medio de la escritura y la pintura en su casa. Asimismo, a Gil-Albert el exilio le despierta su vena poética después de la guerra. El contacto con nuevas realidades y ambientes provoca que numerosos exiliados y emigrantes acudan a la escritura como una forma terapéutica para relatar sus experiencias personales y así conocerse mejor a sí mismos y reflexionar sobre su vida. La escritura asimismo puede realizar una función social o de denuncia para ellos, plasmando sus vivencias como un testimonio para otras personas.

Otra consecuencia positiva de los desplazamientos territoriales es que pueden posibilitar descubrir nuevos paisajes y realidades y ampliar la percepción vital. Para los hombres que han padecido horribles experiencias durante una guerra, el exilio puede simbolizar un espacio y tiempo de tranquilidad, descanso y reconexión con la vida, como le sucede a Gil-Albert. En Alemania es donde el protagonista de Chamizo adquiere una conciencia social y política y se percata de sus derechos como trabajador y persona. En otras ocasiones, vivir fuera de España permite a los hombres alejarse del control familiar y social y sentirse más libres, como en el caso del protagonista de Ayala. A los hombres homosexuales, el hallarse lejos de su país, donde son anónimos y desconocidos, también les posibilita explorar su sexualidad y establecer relaciones sentimentales. Es en el extranjero donde por primera vez Moix y Gil-Albert disfrutan del amor de una manera plena. Moix también descubre nuevas y múltiples formas de vivir la sexualidad. Esto mismo les puede acontecer a los hombres heterosexuales. Chamizo y Canicio reflejan cómo había emigrantes que consideraban su estancia en Alemania como una aventura en la que disfrutan de los placeres de la vida y acumulan conquistas sexuales.

Ahora bien, las obras analizadas muestran que el exilio y la emigración mayormente provocan consecuencias negativas en la masculinidad de los hombres, bien por ataques directos por parte de la sociedad de acogida a través de la marginación, la xenofobia y la explotación laboral, bien por los sentimientos de tipo existencial e identitario que padecen—inadaptación, extrañeza y soledad—a causa de vivir en un país extranjero. Los ejemplos de discriminación y desprecio son abundantes y provocan que a menudo los hombres no consigan integrarse en la sociedad de acogida y se sientan ciudadanos de segunda o tercera clase. La novela de Castresana expone los abusos de poder que sufren los niños exiliados por parte de una cuidadora belga y los ataques contra España que realiza un profesor belga de historia. Por su parte, Gil-Albert relata cómo fue detenido por la policía mexicana por no llevar documentos de identificación, mientras que Moix denuncia los prejuicios que hacia España se tenían en París y Londres y el nulo interés y desconocimiento de la cultura española. Las obras de Chamizo y Canicio explicitan aún más la discriminación contra los españoles. En la primera de ellas Rocío es arrestada por la policía debido a una falsa acusación de una portera alemana. El narrador protagonista de Canicio también es objeto de una denuncia inventada de un alemán por la que se ve obligado a pagar una multa y tiene que aguantar las constantes burlas sobre España de un compañero de trabajo. Otros casos de xenofobia que ofrece son los insultos contra los españoles y los ataques físicos a emigrantes. Finalmente, en la novela de Muñoz Molina se aprecia la pervivencia de la leyenda negra y el odio hacia los españoles por la conquista de América. Su protagonista es asimismo tachado de machista por el mero hecho de ser español.

En el ámbito laboral, los hombres exiliados y emigrantes asimismo pueden vivir experiencias que les resulten humillantes. Los exiliados suelen enfrentarse a una pérdida del estatus económico y social respecto al que tenían en su nación. Domenchina resulta un ejemplo representativo, ya que pasó de disfrutar de una posición acomodada en España a tener que ser más cuidadoso con el dinero en México. En los países de acogida numerosos intelectuales españoles tuvieron que comenzar a trabajar de traductores, profesores o editores para poder ganarse la vida. En el caso de los emigrantes es común la explotación laboral. Chamizo muestra claramente la situación de abuso que padecían los españoles en Alemania al vivir en barracas al lado de las fábricas, tener que trabajar bajo cronómetro y poder sufrir accidentes laborales en las máquinas. Canicio ofrece un panorama similar con su protagonista viviendo en una habitación de su jefe para hacerle trabajar más horas. Ambos autores subrayan la deshumanización de los trabajadores españoles. Moix también se siente explotado en los diversos puestos de limpieza que desempeña en Francia e Inglaterra y se lamenta del maltrato de sus jefes. Por último, en las novelas de Muñoz Molina y Cercas se aprecia cómo la discriminación afecta no sólo a los emigrantes de la clase trabajadora, sino también a los de la clase media que trabajan como profesores universitarios, quienes tienen que soportar las decisiones arbitrarias de sus jefes y son marginados en sus departamentos por sus diferencias culturales respecto a las normas académicas americanas.

Los hombres desplazados territorialmente también sufren discriminaciones veladas en la sociedad de acogida, por ejemplo las miradas indirectas, los murmullos y las habladurías que padece el protagonista de Cercas, o los comentarios sarcásticos de los amigos ingleses del compañero de Moix. En otras ocasiones los hombres son considerados exóticos y tratados como si fueran animales de feria. Esta orientalización e infantilización se manifiestan cuando el protagonista de Castresana es exhibido ante los amigos de sus padres de acogida y el protagonista de Canicio tiene que soportar las miradas escudriñadoras y curiosas de los familiares de su jefe. Por otro lado, la marginación no se produce sólo en el país de acogida, sino también en el de origen cuando los hombres deciden regresar. Ayala y Aub muestran en sus obras las críticas y los reproches que reciben los exiliados que retornan a España. Al protagonista de Aub se le recrimina que no haya sufrido la posguerra ni la represión franquista y que vuelva a España sólo cuando la situación del país ha mejorado.

Además de por el rechazo por parte de la sociedad en la que viven, la masculinidad de los hombres desplazados puede verse afectada negativamente por su propia sensación de inadaptación y alienación. El protagonista de Muñoz Molina se pasa fines de semana enteros sin cruzar una palabra con nadie y se lamenta de lo difícil que es en Estados Unidos hacer amigos y establecer un trato cordial y cercano con personas. De manera similar, la inseguridad que padece el protagonista de Cercas le lleva a no socializar y a recurrir al alcohol como una salida a su aislamiento. Por su parte, Domenchina se siente como un extraño en el exilio y se niega a adaptarse al país de acogida, mientras que el paisaje y la sociedad mexicanos le resultan ajenos a Gil-Albert, quien comienza a sentirse como un intruso. En el caso del protagonista de Aub, la falta de lectores españoles de sus obras provoca en él una agónica sensación de inutilidad.

Para expresar el dolor existencial y la identidad alienada y partida de los hombres desplazados, los autores recurren a diversos símbolos. Domenchina ofrece una gran variedad de ellos, como la figura del doble, la sombra, el niño, la pérdida de la voz y la desaparición de la firmeza de sus pasos. El desdoblamiento como señal de la fragmentación del yo también lo experimenta el protagonista de Ayala, quien siente que está viviendo una pesadilla, lo mismo que le sucede al personaje de Cercas. El fantasma es otro símbolo que utiliza Aub para referirse a cómo los exiliados no reconocen su país cuando regresan a él debido a los cambios acaecidos y tampoco son reconocidos por sus compatriotas porque éstos no tienen ningún interés en la política del pasado. Aub asimismo usa la imagen de la ceguera para aludir a su imposibilidad de ver la España del presente. Cercas también se sirve de la metáfora del fantasma y del zombi, pero en su caso para describir la vida del extranjero en los Estados Unidos. Por su parte, Castresana utiliza el símbolo del árbol para mostrar la necesidad del protagonista de vivir en tierra española y el término "desarbolado" para referirse al desarraigo.

Como consecuencia de la discriminación que padecen y de su sensación de alienación, los hombres exiliados y emigrantes pueden adoptar comportamientos tradicionalmente considerados poco viriles como el lamento, la cobardía, el miedo, el llanto y la locura. Así, Domenchina se queja constantemente de su situación de desterrado y manifiesta su temor de morir en tierra extranjera. En la obra de Chamizo, el Gallego se muestra como un cobarde al no atreverse a protestar por sus condiciones laborales, al igual que los protagonistas de Muñoz Molina y Cercas, quienes no son capaces de quejarse y enfrentarse a sus jefes del departamento. El miedo se manifiesta también en el personaje de Ayala, quien se siente espiado y observado cuando regresa a España. Por el mismo motivo el protagonista de Canicio confiesa que no se mueve libremente por las calles y los bares alemanes. El llanto asimismo se apodera de varios personajes de Chamizo debido a la nostalgia o las injusticias cometidas contra ellos. Finalmente, cuando la alienación que sufren les resulta insoportable, los hombres pueden llegar a perder su cordura. Las obras de Chamizo y Canicio ofrecen casos de españoles que se volvieron locos como consecuencia de una nostalgia enfermiza. Los constantes abusos y ataques que padecen los personajes de Muñoz Molina y Cercas asimismo les provocan episodios psicosomáticos de fiebre, enajenación mental y delirio.

Otra realidad que manifiesta la emasculación de los hombres desplazados territorialmente es su pérdida del deseo sexual. Domenchina reconoce que ya no posee el vigor de antaño por medio de imágenes referidas a la caída y al ocaso del sol. El protagonista de Canicio también confiesa que la emigración ha causado un decrecimiento de su libido debido al estrés y las preocupaciones. En el caso de Moix, la alienación en el extranjero acentúa sus tendencias onanistas y su falta de relaciones sexuales con otras personas.

A pesar de que en las obras analizadas los protagonistas muestran su masculinidad en crisis, su concepción de la masculinidad y de lo que es o debería ser un hombre no necesariamente se modifica. En la mayoría de los casos se aprecia cómo los personajes mantienen la misma visión tradicional de la masculinidad que tenían en España y si la cambian, lo hacen sólo ligeramente. En general se aferran a modelos de la masculinidad hegemónica y a una división clara y misógina de los papeles del hombre y de la mujer porque esto les confiere una sensación de naturalidad, arraigo y seguridad, de pertenencia, de estabilidad identitaria. Les hace sentir que no han perdido sus valores como hombres a pesar de las circunstancias emasculadoras que viven cotidianamente. Aunque no puedan alcanzar esa masculinidad hegemónica en el exilio o la emigración, muestran que aspiran a ella y, al aceptarla como prototipo, su masculinidad marginalizada no resulta tan criticable o desdeñable por parte de los otros hombres. Aquí se aprecia cómo la masculinidad es generalmente un acto homosocial en el que son los hombres los que controlan y juzgan la masculinidad en la sociedad.

La concepción tradicional de la masculinidad se aprecia cuando los personajes adoptan la masculinidad de protesta y recurren a la agresividad y la violencia para compensar la opresión que sienten en la sociedad de acogida y demostrar que siguen siendo viriles. En las obras de Chamizo y Canicio hay españoles que se enfrentan a sus jefes en las fábricas debido a su compromiso social. El protagonista de Canicio llega a atacar furiosamente a un compañero de trabajo porque éste se burlaba de España. En la novela de Castresana, Santi también se encara con diversos personajes belgas que minusvaloran la nación española y llega a dirigir una rebelión de los niños españoles del internado para protestar por las humillaciones sufridas.

En otras ocasiones las obras revelan comportamientos hipermasculinos como el rechazo a la debilidad, la homofobia, la misoginia y la conquista de mujeres para contrarrestar la emasculación de los protagonistas y evitar que se dude de su masculinidad. Como ejemplos de homofobia, el protagonista de Ayala manifiesta su miedo a una posible atracción hacia su amigo de la infancia, mientras que Aub realiza comentarios denigrantes sobre personajes homosexuales, negándoles la pertenencia al sexo masculino. El protagonista de Canicio asimismo muestra su oposición a los actos homosexuales de su compañero de piso. Los autores homosexuales también presentan ideas homófobas. Gil-Albert rechaza la unión duradera entre homosexuales y la feminidad en ellos, mientras que Moix enfatiza el narcisismo del homosexual y la imposibilidad de una relación sexual satisfactoria. A pesar de ello, ambos escritores reivindican la homosexualidad y por medio de sus respectivas defensas del ocio y del onanismo atacan los valores heteronormativos.

La misoginia y la degradación de las mujeres es otra realidad que aparece en bastantes de las obras. Por ejemplo, Domenchina reduce a las mujeres a meras receptoras pasivas en las relaciones sexuales y las caracteriza como inseguras y causantes de distracciones, mientras que el personaje de Ayala desprecia a diversas mujeres. En la novela de Muñoz Molina se transmite asimismo un mensaje antifeminista al ser el protagonista una víctima del feminismo académico americano y, al igual que en la narración de Cercas y de Canicio, la mujer sexualmente activa resulta amenazante para el hombre. En las obras de Ayala y Aub se aprecia, además, un comportamiento hipermasculino tradicionalmente español, el del don Juan, cuando los protagonistas desean reivindicar su lugar en España acostándose con una mujer que representa alegóricamente la nación. El donjuanismo aparece también en el personaje de Abengoa, de Muñoz Molina. Ahora bien, estas figuras donjuanescas son tratadas de forma paródica en las obras cuando son ellos los conquistados en vez de los conquistadores o no logran acostarse con las mujeres. Este hecho parece revelar que este modelo de masculinidad resulta anacrónico.

Otro aspecto sexista de la masculinidad propiamente española es el del honor, el cual adquiere relevancia en el protagonista de Ayala, que busca vengarse de una afrenta contra él. Si en esta narración el honor también se plantea desde un punto de vista paródico, ya que el enemigo al que se persigue lleva muerto muchos años, en la obra de Chamizo, en cambio, el honor se trata de forma seria basándose en la reputación sexual de la mujer, lo que le lleva a Felipe a defender a su novia de las críticas de otros españoles.

Por otro lado, la imagen del torero como prototipo de la masculinidad española tradicional también se halla en algunas obras. Así, Aub se refiere a sí mismo como un torero, a España como el toro y a sus libros publicados como las corridas. En su obra también se usa la alegoría del toreo para hacer referencia al acto sexual. Además, del protagonista de Ayala se señala que quiere enfrentarse a Abeledo como si éste fuera un toro, mientras que Claudio en la novela de Muñoz Molina es calificado como un toro al que una profesora sacrifica en una conferencia. Como se aprecia, los autores utilizan la imagen del toreo para aludir a las luchas y exhibiciones públicas inherentes a la masculinidad de los hombres.

En otras ocasiones los escritores muestran su admiración por modelos de la masculinidad española tradicional. Es el caso de Domenchina, quien dedica una serie de poemas a ensalzar la masculinidad austera y fuerte de Castilla, y el de Gil-Albert, quien asimismo idealiza la masculinidad rural en las figuras del campesino y el carretero. Una similar fascinación hacia la masculinidad hegemónica se halla en los protagonistas de Muñoz Molina y Cercas, quienes desean emular a los hombres que ostentan poder y conquistan a mujeres. En estos casos, aunque los hombres padezcan una crisis de masculinidad, al aprobar y aspirar a los modelos de masculinidad hegemónica, ostentan una masculinidad cómplice típica del patriarcado.

Al vivir en el extranjero los hombres también pueden modificar su concepción de la masculinidad y adoptar una más fluida o flexible. Las únicas obras en las que se aprecia este cambio, aunque de manera limitada, son las de Chamizo, Canicio y Muñoz Molina. En la primera de ellas se critica la opresión que sufre la mujer trabajadora. El protagonista de Canicio también reconoce los abusos que padece la mujer emigrante y colabora un poco en las tareas domésticas, sustituyendo la "masculinidad de la calle" típica de España por la "masculinidad del hogar." Finalmente, en la novela de Muñoz Molina se revela cómo el protagonista ha adoptado una masculinidad menos machista, propia de las normas sociales estadounidenses, como el no fijarse en el físico de las mujeres o no hablar demasiado alto. Sin embargo, en los tres casos el cambio de modelo de masculinidad ha sido más bien impuesto por las circunstancias y el contexto social y no completamente voluntario. Así, los protagonistas de Chamizo y Canicio afirman que las tareas del hogar deben recaer mayoritariamente en la mujer, mientras que el de Muñoz Molina es infeliz en su vida y desea modificar su masculinidad hacia conductas más tradicionales y machistas.

En las obras analizadas la concepción mayormente tradicional del género va de la mano de una idealización de la nación y de la cultura nacional, como la novela de Castresana ejemplifica significativamente. Domenchina también mira nostálgicamente a la Reconquista como una de las hazañas de la historia de España, mientras que Gil-Albert idealiza el ámbito rural español y su tierra natal. De manera similar a lo que sucede con la masculinidad, al ensalzar a España, los hombres desplazados contrarrestan su incertidumbre y logran una mayor sensación de estabilidad identitaria. Aunque estén sufriendo el exilio o la emigración, sienten que no lo han perdido todo y que siguen perteneciendo a su país. El vivir en el extranjero les lleva a menudo a adquirir una mayor conciencia de los valores que configuran la españolidad y a buscar a otros españoles para ayudarse mutuamente. La unión y el apoyo de compatriotas en los momentos difíciles aparecen en las obras de Castresana, Gil-Albert y Chamizo.

A pesar de su nostalgia, hay momentos en los que los autores critican algunas realidades de su país natal. Por ejemplo, al volver a España el protagonista de Ayala se queja de la suciedad de Vigo y la escasez de diversiones disponibles, mientras que en la obra de Aub, Rodrigo se lamenta de la comercialización de la cultura, la conformidad de la gente y el patriotismo exacerbado. Por su parte, Chamizo y Canicio critican la mala situación económica y la despreocupación del gobierno por sus ciudadanos. Moix también protesta por la censura y la represión del franquismo, mientras que el protagonista de Muñoz Molina rechaza cualidades típicamente españolas como la franqueza, la excesiva confianza con extraños y la desconsideración con el tiempo y el espacio de otras personas.

Pese a estas críticas, en todas las obras hay referencias a la nostalgia y al deseo de retornar a España, el cual se cumple en bastantes ocasiones. El protagonista de Castresana se muestra feliz al reencontrarse con sus padres en Bilbao; Domenchina sueña con poder morir en tierra española; Gil-Albert es uno de los primeros exiliados en regresar a España por la añoranza de su tierra y su familia; los protagonistas de Ayala y Aub retornan pero, voluntaria o involuntariamente, se van de nuevo; los personajes de Chamizo y Canicio planean regresar pronto a España; Moix vuelve a Barcelona tras su etapa de aprendizaje en el extranjero; y los protagonistas de Muñoz Molina y Cercas parece que volverán a sus países, pero sólo temporalmente.

Los personajes ansían regresar a España para sentirse completos, eliminar su sensación de impotencia y recuperar su masculinidad perdida. No obstante, los resultados de su vuelta son diversos. Si bien Ayala y Aub defienden que el retorno es imposible porque la realidad que se encuentra no coincide con la visión idealizada que se tenía de España, Castresana ofrece una imagen idílica del regreso a la España franquista, mientras que Gil-Albert y Moix consideran que volver reporta más beneficios que desventajas. Estos dos autores demuestran que no necesariamente los individuos homosexuales que se exilian o emigran desean romper con su nación y poder gozar de una mayor libertad en el extranjero. El hecho de que ambos se entregaran por completo a su carrera literaria y vertieran su vida en su obra podría explicar su regreso a España.

Desde el comienzo del exilio republicano hasta finales del siglo XX numerosos hombres han sido forzados a abandonar España por motivos políticos, económicos y sociales. A pesar del más de medio siglo que cubren las obras analizadas en este libro, se aprecia en todas ellas una similar crisis de masculinidad en los hombres que viven en el extranjero debido a su discriminación y alienación. Es posible que las obras contemporáneas del siglo XXI ofrezcan una visión más optimista, pero a pesar de la globalización y del desarrollo de los transportes y medios de comunicación, al hallarse alejados de su cultura, lugares y personas amadas, los hombres extranjeros siempre se tendrán que enfrentar a una serie de desafíos en la sociedad de acogida que pueden minar su autoestima masculina. Tanto para los que se queden en España como para los que se desplacen por el mundo por un periodo provisional o permanente, la masculinidad seguirá en movimiento.

Notas

Introducción
Hombres en movimiento

1. Además del don Juan, la cultura española ha producido algunos de los arquetipos masculinos más duraderos en Occidente, como El Cid, el torero y el hidalgo (Newman, Carabí y Armengol 343).

2. Como señala Michael Ugarte, cada exilio es único y hay múltiples casos que no siguen la tendencia general: "el exilio desafía la definición y más aún la categorización" ("¿Exilio o emigración?" 764). José María Naharro-Calderón advierte de la misma idea: "el exilio rechaza cualquier tipo de generalización nacional o geográfica, ya que los exiliados, aunque formen una colectividad, denotan diferencias culturales o regionales ostensibles, naciones dentro de naciones, individuos dentro de un grupo" (*Entre el exilio* 27).

3. León y Rebeca Grinberg consideran que las personas que emigran o se exilian solas tienden a padecer más que aquéllas que lo hacen formando parte de un grupo o una familia, ya que para el desplazado resulta un alivio poder compartir sus problemas (94).

4. Hay que tener en cuenta que la manida "crisis de masculinidad" que se suele aplicar a los hombres contemporáneos puede ser una maniobra para generar compasión en las mujeres, consolidar la homosocialidad y continuar así disfrutando de las prerrogativas de su sexo. De acuerdo a Lynne Segal, el hecho de que los hombres muestren una masculinidad menos rígida debido a la mayor independencia de la mujer no implica necesariamente que hayan abandonado sus privilegios patriarcales (634).

5. Como numerosos críticos han señalado, el exilio y la emigración pueden resultar opresivos y/o liberadores (McClennen 2; Faber 8). En el caso del escritor exiliado, Claudio Guillén señala que existen dos polos opuestos de comportamiento: o bien éste transmite su experiencia del exilio de manera constante y autobiográfica como una pérdida, o el exilio le posibilita libertad creativa y un enriquecimiento personal. El primer caso es lo que él denomina "literatura del exilio," mientras que el segundo configura la "literatura del contra-exilio" (272). Diversos críticos han resaltado el carácter positivo que puede encerrar el exilio. Así, Edward Said apunta que el exilio posibilita la originalidad de pensamiento (186).

6. Aunque el término "masculinidad hegemónica" difundido por Connell ha tenido una amplia aceptación y se ha utilizado y sigue utilizándose en incontables ocasiones, ha recibido también algunas detracciones. Connell y Messerschmidt recogieron algunas de estas críticas: es un término que puede esencializar y producir una tipología estática, resulta ambiguo porque hay hombres que poseen poder social pero no representan una masculinidad ideal y puede adquirir una connotación negativa al identificarse con una masculinidad violenta (836–41). A pesar de ello, ambos autores defienden que de la definición del término se debe todavía mantener la existencia de una pluralidad de masculinidades, la jerarquía de éstas y el hecho de que es la masculinidad socialmente dominante (846).

7. Un fenómeno similar al del exilio pero que recibe distinto tratamiento es el de las personas que se ven obligadas a cruzar las fronteras de su país como consecuencia de una guerra o persecución racial. Estas personas, a las que se denomina "refugiados" por huir en grupo, pertenecer a las clases populares y no formar parte de un alto mando político, carecen del estatus que encierra el término "exiliado." Said relaciona el término "refugiados" con el colectivo de personas inocentes que necesitan urgente asistencia internacional, mientras que "exilio" encierra para él un carácter de soledad y espiritualidad (181). Sin embargo, la división entre "refugiado" y "exiliado" resulta a veces difícil de discernir. De hecho, Carlos Blanco Aguinaga señala que a los españoles exiliados tras la Guerra Civil se les llamaba "refugiados" y no "exiliados" en los países de acogida ("Sobre la especificidad" 14). El clasismo existente en el uso de estos términos—"refugiados" para designar a los exiliados pobres y "exiliados" para los burgueses o intelectuales—se aprecia también cuando al emigrante de alta clase social que se muda a otro país para trabajar en una filial de su empresa se le llama "expatriado" para evitar la connotación negativa que acarrea la palabra "emigrante."

8. Curiosamente, hasta 1950–60, debido a la manipulación interesada del franquismo, se utilizaba el término "emigración" para referirse al exilio republicano español. Los propios exiliados como Vicente Llorens usaban esa palabra en los títulos de sus libros y en sus escritos. En concreto, se llamaba "emigrado" al exiliado, al forzado a irse por motivos políticos, frente al "emigrante," el cual abandonaba el país en busca de una posición económica mejor (Aznar Soler, "Los conceptos" 55).

9. Adolfo Sánchez Vázquez expresaba así esta idea del exilio sin fin: "el exiliado descubre, con estupor primero, con dolor después, con cierta ironía más tarde, en el momento mismo en que objetivamente ha terminado su exilio, que el tiempo no ha pasado impunemente, y que tanto si vuelve como si no vuelve, jamás dejará de ser un exiliado" (*Del exilio* 38).

10. Otro libro, titulado *Migración y exilio españoles en el siglo XX*, editado por Luis Calvo Salgado et al., a pesar de su título, realmente no compara ambos desplazamientos territoriales, ya que sólo dedica un capítulo a una figura del exilio, Cernuda, mientras que los ocho restantes versan sobre la migración.

11. La ausencia de estudios sobre la conexión de la masculinidad española con el exilio y la emigración puede deberse a diversos factores. Por un lado, los estudios de género se reducen casi exclusivamente al estudio de las mujeres. Por otro lado, analizar la masculinidad de los hombres desplazados puede verse desde una perspectiva tradicional como algo nimio o innecesario frente a los problemas culturales, políticos y económicos que éstos padecen.

12. En cambio, cuando consiguen ahorrar dinero y mandárselo a los familiares que permanecen en sus países, los hombres emigrantes reafirmarían su masculinidad tradicional y su valía como hombres.

13. Algunos hombres desplazados intentan controlar el cuerpo y el comportamiento sexual de sus mujeres para poder proclamar así que su cultura de origen es más pura y superior a la de la sociedad de acogida (Espín, *Women* 129).

14. Rafael Torres recoge el testimonio de Daniel Rullo Peño, quien reconoce que al estar solo en Alemania mientras su mujer seguía en España, mantuvo relaciones sexuales con mujeres alemanas. Su mujer era consciente de la situación: "Yo sabía, cuando se fue, que mi hombre era joven..." (270), pero su matrimonio continuó porque Daniel cuidaba de su familia al trabajar bien y mandarle a su mujer gran parte del jornal.

15. Esta circunstancia también puede causar una objetificación y denigración de los hombres desplazados. Uno de los informantes de Carlos Ulises Decena lo expresaba de esta forma: "Cuando yo llegué aquí, a Nueva York, yo me convertí en un pene" (197).

16. A pesar de que los desplazados gays puedan crear en el nuevo país una red de amigos que mitigue el rechazo de su familia, a menudo sufren discriminación no sólo por parte de sus compatriotas, sino también por parte de la comunidad gay convencional (Manalansan, "Queer" 236).

17. Según Abellán, se exiliaron unos cinco mil intelectuales, incluyendo a los que pertenecían a profesiones liberales (71).

18. En Venezuela se asentaron sobre todo exiliados vascos.

19. En Estados Unidos se exiliaron escritores e intelectuales que se dedicaron a enseñar en las universidades, desarrollando el hispanismo (Guardia Herrero 681). A diferencia de la situación en otros países americanos, en Estados Unidos no existía un sentido de comunidad entre los exiliados republicanos, lo que generó en ellos aislamiento y marginación, junto con un bajo perfil político, predominando un liberalismo moderado (Faber y Martínez-Carazo 16).

20. Consuelo Soldevilla Oria apunta que al SERE se le acusó de servir sólo a los comunistas, mientras que a la JARE se le criticaba que buscaba su propio beneficio político y no era eficiente en la evacuación de los exiliados (56–57).

21. Los españoles que emigraban clandestinamente se hacían pasar por turistas o atravesaban la frontera de forma no controlada, en ocasiones con la ayuda de un traficante (Muñoz Sánchez 30).

22. A Francia se dirigió el 48% de los emigrantes; a Alemania, el 19%; a Suiza, el 16%; a Bélgica, el 6%; a Holanda, el 6%; y al Reino Unido, el 5% (Santos 34).

23. Ugarte ha apuntado como característica de la literatura del exilio republicano español su componente testimonial y autobiográfico (*Shifting Ground* 20). La escritura se convierte para numerosos exiliados y emigrantes en una forma de ordenar el caos producido por su desplazamiento (Naharro-Calderón, *Entre el exilio* 48).

Capítulo uno
El nuevo hombre: Luis de Castresana

1. Como explica Kimmel, hoy en día los jóvenes tienen más dificultades para demostrar su transición al mundo de los hombres, por lo que tienden a participar en actividades extremas relacionadas con el sexo y el alcohol para probar su masculinidad (*Guyland* 19). De acuerdo a este sociólogo, en los últimos años la adolescencia de los varones comienza cada vez antes, mientras que la entrada a la adultez se ha retrasado hasta los treinta años porque los jóvenes equiparan ese periodo vital con la responsabilidad y el aburrimiento (25–26).

2. Otros países que recibieron a niños fueron México, que acogió en torno a 450; Suiza, a unos 800; y Dinamarca, alrededor de 100 (Alted Vigil, "Los niños" 115).

3. Dorothy Legarreta recoge testimonios que prueban cómo al principio los padres se mostraban contrarios a la evacuación de sus hijos, pero tras diversas campañas del Gobierno Vasco, cambiaron de opinión al confiar en las personas que cuidarían de los niños (43).

4. Algunos de los titulares y expresiones que utilizaban los periódicos franquistas para enfatizar que la evacuación de los niños no era voluntaria eran: "Nos roban nuestros niños," "secuestro de niños" o "trágicas expediciones" (Alonso Carballés, *1937* 133).

5. Durante la guerra se evacuó a cinco mil niños a Bélgica, de los cuales tres mil quinientos eran vascos (Alted Vigil, "Los niños" 115).

6. Castresana se mostraba especialmente orgulloso de la buena recepción generalizada que tuvo su novela: "Casi todos los comentarios que se han escrito sobre *El otro árbol de Guernica* tocan esos dos puntos: su melancólica serenidad y su odio a la guerra. Y poco más o menos en iguales términos la han elogiado los de aquí y los de allí, los que ganaron y los que perdieron, los que viven en España y los que continúan en el exilio" (*La verdad* 126–28).

7. Numerosos testimonios de niños exiliados han subrayado que su vida en el exilio les marcó profundamente: "Nuestra mente cambió. [...] Parece que no, pero fueron dos años y pico, pero cambiamos totalmente, ¡eh!" (Alonso Carballés, "Educación" 208).

8. De acuerdo a Ken Corbett, a los niños se les enseña a separarse de sus madres para que se identifiquen con lo que no es femenino (7).

9. El sentimiento fraternal entre los niños exiliados que vivían juntos en las colonias se halla en numerosos testimonios reales: "¡Lo bien que lo pasamos todos en unión! ¡Éramos todos hermanos!" (Alonso Carballés, *1937* 341).

10. La cercanía y cooperación entre los niños españoles era común en las colonias e internados del exilio ya que, como indica Mercedes Acillona, su identidad grupal consistía en un medio de supervivencia: "La debilidad de su situación les obliga a vivir el momento de la lejanía en el amparo de lo colectivo" (197).

11. Castresana recuerda este episodio en su novela *Adiós* (1969): "Durante la guerra, en Bélgica, donde había sido evacuado con otros niños, vi morir a uno de mis compañeros, Eusebio, Eusebio se llamaba; tenía seis o siete años. Se fue hablando ininteligiblemente en castellano y en francés y sonriendo con una ancha sonrisa beatífica" (191).

12. Castresana también admiraba a los místicos: "Creo en Dios: creo que la mística es la más alta y noble de todas las aspiraciones del ser humano [...]. Creo, en fin, que, como escribió Teilhard de Chardin, sólo una cosa es necesaria: encontrar a Dios en la vida cumplida" (*Elogios* 15). En su novela

Adiós, Castresana desarrolla su interés por la mística al narrar la historia de un hombre que muere y experimenta su fallecimiento como una liberación.

13. Ángel Gutiérrez, que fue enviado a la Unión Soviética como niño del exilio, corrobora cómo en la colonia infantil en la que vivía los niños se ocupaban del bienestar de las niñas: "Éramos como hermanos. Todo lo compartíamos. Protegíamos a nuestras chicas: no les dejábamos que cortaran la leña, ni ir a por el agua en unos barriles grandes, en trineo. Éramos caballeros, éramos sus hermanos" (99).

14. César Alcalá apunta que la separación de hermanos fue tan traumática que hubo niños que hasta dejaron de comer (61). El testimonio que recoge Eduardo Pons Prades confirma este padecimiento: "Siempre he creído que la pérdida de mi hermano fue algo mucho más grave que todos los sufrimientos debidos a la guerra" (70).

15. En la novela Santi experimenta sensaciones muy similares a las recogidas en los testimonios orales: "para él 'casa' significaba su padre y su madre y sus hermanos y Baracaldo y su pasado y su futuro. La expresión 'a casa' en labios de monsieur Dufour le produjo una sorda irritación" (111).

16. En la versión fílmica de la novela dirigida per Pedro Lazaga, se subraya el componente patriótico al incluir una escena en la que Santi se pelea con un estudiante belga porque se burla de los españoles tras la exposición del asistente. Asimismo, antes de escapar del Ateneo, Santi escribe en la pizarra "¡Viva España!"

17. De acuerdo a César Alcalá, la integración también se debió al hecho de que los niños fueron escolarizados en centros educativos de Bélgica y al comienzo no se pensó en darles clases de español (64).

18. El término "desarbolado" es especialmente recurrente en la narrativa de Castresana como sinónimo de "desencajado." En *El otro árbol de Guernica* se utiliza el adjetivo o su correspondiente verbo cuando Santi recibe la noticia de la muerte del tío Lázaro (76), cuando se enfrenta al asistente del Ateneo sin importarle las posibles consecuencias (214) y cuando se halla en casa de los Dufour: "Una gran lástima de sí mismo le corrió por todo el cuerpo, por dentro, y le desarboló" (106).

19. Castresana también se muestra contrario al exilio en *Adiós*: "¡Qué triste afán, este afán tan humano de querer marcharse, de querer huir; porque marchar es casi siempre, en el fondo, eso: huir de algo, acaso de uno mismo! ¡Ay, si yo [lo] hubiera sabido [...]! Me hubiera plantado en esta tierra como un árbol, con las raíces muy hondas, muy metidas en tierra, y nada ni nadie me hubiera desarbolado, nada ni nadie me hubiera desarraigado" (176).

20. En sus países de acogida los exiliados republicanos solían alardear de los logros imperiales de España como una reacción a su desarraigo personal. En el cuento "La verdadera historia de la muerte de Francisco Franco" Max Aub se burla del patriotismo de los exiliados en México al describirles como orgullosos de "la obra hispana que descubrieron como beneficio de inventario ajeno, de pronto propio. Jamás las iglesias produjeron tanta jactancia, y más en cabezas, en su mayor número, anticlericales" (*La verdadera historia* 16).

21. Eduardo Pons Prades recoge testimonios de algunos niños que, debido al adoctrinamiento al que se vieron sometidos a su regreso a España, decidieron abandonar el país de nuevo. Tal fue el caso de Emilia Labajos-Pérez: "Volví a España en 1949, en julio, con mis dieciocho años a punto de cumplir. Pensaba quedarme, pero me negué a seguir las obligadas lecciones de formación cívica, que era como adherirme al régimen de Franco, y debía encontrar dos personas, adictas al franquismo, que me avalasen para poder encontrar trabajo. Así que tomé el tren en dirección contraria y regresé a Bélgica, sin esperanzas de volver a mi tierra" (62).

22. Compárese la reacción de Santi con el testimonio verídico del siguiente niño: "yo era consciente de que volvía derrotado, yo era un español, yo volvía a mi tierra, pero a mi tierra ocupada" (Alonso Carballés, *1937* 437).

23. Fernando González señala otras diferencias relevantes entre la novela y su versión fílmica, como la supresión en esta última de referencias a la Segunda Guerra Mundial, la eliminación del tío republicano enfermo y la no inclusión de señales del Gobierno Vasco en el momento de la partida de los niños (223).

Capítulo dos
El ex-hombre: Juan José Domenchina

1. Todas las citas de los poemas de Domenchina proceden de su libro *Obra poética*, volumen II, editado por Amelia de Paz.

2. Domenchina relaciona la expresión incontrolada de los sentimientos con el Modernismo de Rubén Darío. Por eso, en el prólogo de su *Antología de la poesía española contemporánea (1900–1936)*, rechaza abiertamente el estilo del poeta nicaragüense y de sus seguidores: "las musas en remojo de los poetas fúnebres y alagadizos contrajeron sendas palúdicas, que las depauperaron y estilizaron, hasta convertirlas en hirientes espátulas" (13). Incluso se opone a que se califique de "modernistas" a sus poetas preferidos: "no puede decirse que Juan Ramón, Antonio Machado, Pérez de Ayala, Díez-Canedo, ni incluso Manuel Machado y Valle-Inclán, hayan sido nunca poetas modernistas" (14).

3. El rechazo que sentía Domenchina hacia lo femenino se aprecia también en las siguientes líneas que escribe en 1952 en referencia a la publicación de su poemario *Dédalo*: "El auge de lo andrógino, lo blandengue, lo sibilino y lo contrahecho—es decir, de lo jorobado, de lo confeccionado, contra la naturaleza, adrede—me exasperaba" (Paz 28).

4. En el Prólogo a *El extrañado*, al hablar de la sociedad de su época, Domenchina piensa que el hombre que ya sólo busca saber las cosas a medias pierde su masculinidad: "Por esta cuesta, el hombre baja a ser un homúnculo" (304).

5. En la "Carta rota, incoherente e impertinente a Alfonso Reyes," que funciona como prólogo de un poemario posterior, *Nueve sonetos y tres romances* (1952), Domenchina, en cambio, no se muestra ya orgulloso de su estatura, sino que la considera como una carga pesada en su vida: "mi estatura—o mi alzada, a elegir—puede decir que mide 1.82. Pero tal descuello, que a mí ya no me produce ninguna ufanía, se reduce a contar con unos centímetros más de miseria orgánica que la mayoría de mis semejantes" (285–86).

6. En su *Antología*, Domenchina ensalza la poesía de Antonio Machado porque considera loable su "dolor balbuciente" (74). De Vicente Aleixandre, Domenchina también alaba la expresión de su sufrimiento contenido: "No nos compunge, no nos agobia con lágrimas ni aspavientos de plañidera. Pero padece—a todo fervor—el dolor que le corresponde" (391). Frente a estos poetas, Domenchina critica la poesía de García Lorca por lo que él considera excesiva afectación: "es contoneo, jipío y zigzag de pinreles, esto es, poesía abemolada, tiple, amanerada, impropia" (320). La misma actitud se halla en su breve introducción a la poesía de Luis Cernuda, de quien escribe que su numen "es absolutamente anómalo," califica su sintaxis de "anormal" y describe su poesía como "reminiscente y descarriada" (405). Los calificativos que Domenchina utiliza aquí demuestran que su desestimación de la poesía de Lorca y de Cernuda se debe a la homosexualidad de éstos. Su temor de la homosexualidad y su completa oposición a ella podrían deberse al miedo a no considerarse lo suficientemente masculino o a que se cuestione su masculinidad.

7. En el poema "8 de marzo" de *Pasión de sombra* (1944) también se jacta de su soledad y proclama arrogantemente: "No me sumo a la vida con el resto / [...] / No os necesito" (127).

8. Un crítico anónimo escribía en 1940 que "no tiene nada que ver con nadie [...] aparece independiente y singular—nos atreveríamos a decir que también orgulloso—entre sus contemporáneos (Paz 33). La particularidad de Domenchina llevó a este crítico a acuñar el término "domenchinismo" para referirse a su peculiar estilo (33).

9. Richard Meux señala al respecto que hasta 1931, cuando empezó a trabajar como secretario de Manuel Azaña, los contactos sociales de Domenchina se reducían a su familia y a un pequeño grupo de amistades, ya que "salía raramente de la casa familiar" (524).

10. En el prólogo a la tercera edición de su *Antología de la poesía española contemporánea*, Domenchina critica a algunos de los poetas españoles más reconocidos de su tiempo, de los que rechaza "su virtuosismo mimético y despersonalizado" (16). Se refiere a "Pedro Salinas, Jorge Guillén, Dámaso Alonso, Gerardo Diego y a sus aduladores y satélites" (16). Para apoyar su denostación, Domenchina incluye una cita de su admirado Juan Ramón Jiménez sobre este grupo de poetas, cita en la que se califica la lírica de éstos como "artificial," sin emoción y sin individualidad (17).

11. El poema número siete de "Burlas y veras castellanas" también manifiesta la actitud crítica del poeta hacia las mujeres que no se ciñen al modelo tradicional femenino. La mujer que no es capaz de dar descendencia a su marido es descrita en el pueblo como "hombruna y marimandona," recibiendo el apodo de "La Machorra" (46).

12. En cambio, Zardoya considera que Domenchina no llegó a experimentar la fe religiosa y, curiosamente, apela a su masculinidad para negar tal posibilidad: "Pero Domenchina, naturalmente, no se aferra a la fe religiosa; es demasiado viril y civil para hacerlo" (129).

13. Ahora bien, en el poema titulado "4 de marzo," Domenchina muestra una cierta esperanza en su potencial masculino a pesar de hallarse dividido en dos: "Pudo Onán—el en balde derramado— / con su semen sin fin, diseminado / en estéril placer, aniquilarse, / y Orígenes senil originarse / de su entereza para mutilarse... / Tú, roto en dos, no estás descabalado" (125).

14. En el texto que precede a los sonetos se incluye un epígrafe de una "Nana motrileña de principios del siglo XIX" en el que se utiliza la metáfora popular de la luna como cuna del niño: "En el menguante—ea / la ea—, ajo de plata, / tienes tú, mi niño, / la cuna más alta" (309). Domenchina se sirve de esta metáfora en el primero de los sonetos.

15. En el poema titulado "Cosecha final," de *La sombra desterrada*, Domenchina utiliza las imágenes de la siembra para reflexionar sobre los logros alcanzados a lo largo de su vida: "Ya mi vida cabal de prosperado / varón ganoso, atroja la cosecha / opima de sus hazas. / [...] / La espiga de mis surcos, áurea flecha, / es hoy ardiente cereal, salvado / y polvo" (262). Sin embargo, el recuento final no resulta totalmente positivo para el poeta, como se aprecia en los últimos versos: "En esta troje, tan estrecha, / caben ya mi horizonte triturado; / mi llanura sin límites, maltrecha, / y mi infinito, en trizas, cosechado" (262).

16. Champourcin revela que Camprubí la llamaba para pedirle consejos sobre Juan Ramón porque ella también tenía "un marido poeta y propenso a la neurosis" (102–03). En una carta a Pilar de Zubiaurre del 1 de mayo de 1954, Camprubí reconoce cómo Champourcin le ayudó a sobrellevar el comportamiento de su marido en los momentos difíciles: "A ella le debo el que me levantara el ánimo cuando más desesperada estaba con la enfermedad de J. R." (Zubiaurre 254).

17. Tras la muerte de Domenchina en México, Ernestina de Champourcin también intentó por todos los medios dar a conocer la poesía de su marido en España. Así lo manifiesta Martos de Baeza, exiliada republicana que había regresado a Madrid, en una carta a Pilar de Zubiaurre fechada el 2 de octubre de 1960: "De Ernestina voy recibiendo cartas tras cartas con motivo de los libros que me ha hecho llegar del desgraciado Juan José, y un día de éstos la escribiré para darle cuenta de lo que estoy gestionando con las dos revistas literarias más importantes de aquí, *Ínsula* [e] *Índice*, a fin de que se ocupen de Juan José y su obra" (Zubiaurre 321).

18. El interés de Domenchina por la poesía española de su época, reflejado en su *Antología de la poesía española contemporánea (1900–1936)*, también es una señal de su nostalgia por España. Así lo confiesa el propio poeta en el prólogo a dicha obra: "Y al añorar mi tierra, releo, deletreo su poesía última, y me noto más cerca de lo que fue toda mi vida: del patrimonio—hoy enajenado, pero inalienable—que nos legó España. Por ende, esta antología [...] aspira a ser una evocación" (32).

19. Amelia de Paz también opina que Domenchina cultivaba los sonetos porque resultaba terapéutico para él: "sólo el pequeño y perpetuo espacio del soneto—según la fórmula herreriana—puede confortar a Juan José en estos instantes en que va viendo alejarse la posibilidad del regreso y se sabe, acaso para siempre, erradicado" (45).

Capítulo tres
El hombre ocioso: Juan Gil-Albert

1. En Buenos Aires colaboró en la revista *Sur* y en el periódico *La Nación* (Malpartida 56). Gil-Albert no pareció disfrutar demasiado de su estancia en Argentina, marcada por las reuniones sociales. En una carta a Salvador Moreno escrita desde Buenos Aires el 27 de agosto de 1944, le expresa su nostalgia por México: "Yo un tanto extenuado por una vida puramente imaginativa y con tan pocos deseos de ver a nadie que llegan a infundirme un cierto miedo. Tendré pronto mi libro, luego de lo cual mi sola aspiración es abandonar este país" (*Cartas* 15).

2. El título completo es *Las ilusiones con los poemas de El Convaleciente*. El poemario se divide, de hecho, en tres secciones: "Las ilusiones," "El convaleciente" y "Los oráculos."

3. Carnero considera que *Las ilusiones* prefigura la poesía que se cultivó en España durante los años cincuenta y sesenta: la tendencia culturalista típica del grupo "Cántico" y de los novísimos ("La poética" 111). Juan Cano Ballesta expone que numerosos poetas españoles durante los setenta y ochenta vieron a Gil-Albert como su maestro porque su ética hedonista y su defensa de la libertad y la tolerancia le convertían en un abanderado de la libertad frente a la opresiva moral cristiana (281–82).

4. Diversos críticos han señalado los nombres de las personas reales que se esconden bajo los personajes del libro. José Ramón López García ofrece la siguiente lista: Juan Gil-Albert (Claudio), Guillermo Sánchez (Tobeyo), Concha de Albornoz (Magda), Ramón Gaya (Bartolomé), Máximo José Kahn (Hugo), Octavio Paz (Edmundo), Elena Garro (Virginia) y Mariano Rodríguez Orgaz (Critias) (499).

5. En una carta a Moreno fechada el 10 de abril de 1969, Gil-Albert revela que su felicidad consiste en una actitud interna y en un desprecio por las cosas materiales y externas a uno mismo: "Estoy contento. ¿Por qué? [...] Nada de lo que se considera hoy causante de felicidad o, al menos, de satisfacción, me es favorable. Perdí lo que tenía, bienes, amor, juventud. [...] ¿A qué se deberá, pues, me pregunto, este sentirme hoy fluido, ligero, cantarín, iluminado por dentro?" (*Cartas* 94).

6. En el libro se hallan otros ejemplos de la presencia de este término, como "ociosidad encantadora" (22), "en las manos del ocio" (78) y "mi ocio" (82).

7. En varias cartas a Salvador Moreno manifiesta la pérdida de la riqueza y la sensación de alivio que eso le causa, como en ésta de 1964: "desde mi venida una serie de golpes ininterrumpidos han reducido nuestra situación económica a un estado tan crítico que raya con la pobreza [...] hay momentos que me resulta inexplicable sentirme flotar, como una nube, llevado por un aura de felicidad. Es como si me hubiera liberado de esa grosería del dinero, que nunca ha tenido nada que ver conmigo" (*Cartas* 41).

8. En diversos textos y poemas Gil-Albert critica la obsesión que existe en la época actual por la acumulación de capitales. En *La trama inextricable* señala que "se ha convertido en el móvil único de la sociedad" (*Memorabilia* 113), mientras que en el último poema de *Drama patrio* se lamenta del "dinero soberano / que nutre hasta los tuétanos del alma esta vida civil" (267).

9. Sánchez Barbudo confirma la ociosidad de Gil-Albert en México: "No hacía nada, salvo ser paseante en cortes, que fue siempre su vocación, y escribir poemas. Yo le veía poco, pues andaba en general muy atareado. [...] Se reunían a menudo con gente rara [...]: jóvenes artistas mexicanos, ingeniosos y divertidos; o unos retraídos mancebos de piel oscura, acólitos tímidos a la par que admirativos" (69). Nótese el ligero desdén homofóbico de Sánchez Barbudo ante las actividades ociosas de Gil-Albert.

10. En *La trama inextricable*, Gil-Albert manifiesta asimismo el reposo que alcanza en el campo: "Llegar, para mí, al campo, ha sido siempre centrarme, sentirme criatura solidaria de esta paz: de este hermetismo, de este silencio" (*Memorabilia* 79).

11. La imagen procede, según la contraportada del libro, de un vaso griego pintado por Exequias de Atenas.

12. La excepción al carácter positivo de los elementos de la naturaleza es el mar, el cual se presenta como engañoso e indiferente a los problemas del hombre. La visión tenebrosa del mar se desarrolla en la sección "Los viajeros" de *Las ilusiones*, donde Gil-Albert relata el viaje por Latinoamérica que realizó con Máximo Kahn. En el poema "El mar," se le describe como "obsesionante rostro ciego" (52), mientras que en "Las aguas" se le califica como "vario, tornadizo, pasivo" (53).

13. En su último poemario antes del exilio, *Misteriosa presencia* (1936), se halla también la comparación del amado con la naturaleza, "equiparando la geografía natural a la 'geografía' de un cuerpo" (Tudón Martínez 427). La misma idea expresa Alfredo Martínez-Expósito en su análisis de este libro, subrayando que en él se presenta "un amor abierta y gozosamente homosexual" ("Homografesis" 12).

14. En poemas posteriores, Gil-Albert insiste en identificar al amado con el sol. Por ejemplo, en "Alegoría solar," el poeta adora el "sol tentacular" del joven amado (*Obra poética* II 306), mientras que en "Arquetipos" describe a "los jóvenes dorados" como hijos resplandecientes del sol que llenan el alma de pasión (386).

15. En *Heraclés* el autor también expresa que la soledad del homosexual resulta fructífera, a diferencia "de lo que le acontece al resto de los hombres, a quienes la soledad aterroriza" (142). Para Gil-Albert, el hombre que acepta su solitaria condición homosexual se convierte en un héroe: "Luchar contra la vida entera a favor de una verdad propia, de una dignificación de sí mismo, es heroico, es hermoso, es edificante" (88).

16. En *Heraclés*, al hablar del enamoramiento homosexual, Gil-Albert ofrece al menos dos ejemplos concretos de su relación con Tobeyo. En un caso menciona cómo se enamoró de él al pedirle una bebida en un bar: "cuando nos tienden, desde tan lejos, la copa, nuestros ojos encuéntranse, cara a cara, con el inesperado motivo de nuestras pesquisas" (104). También relata el episodio de la nota con la que se declaró a Tobeyo: "en un breve papel garabateamos unas estrofas con pulso nervioso y mensaje firme que dejan después, desconcertado de admiración, a aquel que, hasta hace unos instantes, cumplía allí una misión rutinaria" (106).

17. Ya en el barco rumbo a México, su amigo Critias insufló en Claudio la visión de México como un país maravilloso: "se apoderó de su ánimo como un perfume indeleble que no se puede borrar. Verás, le dijo, te pronostico que has de ser feliz como no has presentido nunca o como [no] has imaginado que podría ser. Sentirás en torno a ti una transparencia extraña, como de aire paradisíaco" (*Tobeyo* 41).

18. El poema "El barman," de *El ocioso y las profesiones*, gira en torno a Tobeyo, quien desde un barrio distante se desplaza al centro de la ciudad para trabajar como camarero. En el poema Gil-Albert enfatiza la belleza del joven, "hermoso como un ángel" (*Obra poética* III 46), identificándole con Ganímedes, el copero de Zeus.

19. Por otro lado, cada vez es más frecuente que los homosexuales mexicanos no se adscriban a la división activo-pasivo, sino que prefieran la versatilidad en las relaciones sexuales, denominándose "modernos" o "internacionales" (Vásquez del Águila 162).

20. En el poema "Un mito," de *La meta-física* (1974), Gil-Albert expone las características de las relaciones entre un hombre mayor y uno joven, enfatizando sus papeles respectivos de maestro y educando: "Mi luz antigua, / tu reciente grandeza. / [...] / Lo que declina / con lo naciente. / [...] / Tú, la de aprender; / yo, la de abandonarte lo aprendido" (*Obra poética* II 282).

21. También es cierto que Tobeyo a su vez le enseña a Gil-Albert los nombres de árboles y pájaros mexicanos.

22. El pasado imperialista de España se recuerda en *Tobeyo* cuando el protagonista ensalza la herencia española en América en el Zócalo de la Ciudad de México, aunque reconoce al mismo tiempo la inmensidad americana (82).

23. Las cartas de la intelectual María Martos de Baeza desde España atestiguan la gran consternación que producían las muertes de los amigos exiliados. Así lo expresa en una misiva del 27 de agosto de 1958 en referencia al musicólogo y compositor Adolfo Salazar: "ese 'morir gota a gota' que dices del desgraciado Adolfo me apena tanto que no puedo pensar en él sin derramar unas lágrimas, ya que a éste sí que no lo volveré a ver" (González-Allende, "De retornos" 178).

24. En diversos poemas de *Las ilusiones,* Gil-Albert muestra su admiración por la función tradicional y maternal de la mujer. Por ejemplo, en "Himno a la mujer" menciona la ternura de la madre y ensalza el que las "pruebas amorosas" de la mujer le sirvan al hombre de "refugio" (49).

25. Aznar Soler ofrece como ejemplos de las críticas que padeció Gil-Albert la del escritor Víctor Alba en un artículo titulado "Prófugo" y la de Juan Bundó, quien se dirigía a él espetándole frases como "Ni intentándolo, podría disculparte" y "Donde no encuentro justificación posible, por más vueltas que le dé, es en tu sometimiento voluntario al totalitarismo franquista" ("El polémico regreso" 37–38).

Capítulo cuatro
El hombre fantasmal: Francisco Ayala y Max Aub

1. Las excepciones son el libro de entrevistas de María de la Soledad Alonso, Elena Aub y Marta Baranda, titulado *Palabras del exilio: De los que volvieron*; el volumen en francés coordinado por Rose Duroux y Alain Montandon; y el libro coordinado por Josefina Cuesta Bustillo, que engloba el retorno tanto de los exilios como de las migraciones.

2. Un ejemplo era Juan Ramón Jiménez, de quien su esposa, Zenobia Camprubí, manifestaba a Pilar de Zubiaurre en una carta del 1 de mayo de 1954 su rechazo a retornar a España: "J. R. se ha cerrado del todo a la vuelta a España. No quiere verme hacer cálculos ni de las Baleares que, como no conoce, no sabe lo paradisíacas que son" (Zubiaurre 255).

3. Ayala incitaba así al diálogo: "Ambas Españas, la peregrina y la cautiva, la fugitiva de sí misma y la aherrojada en sí, se anhelan recíprocamente, víctimas de un mismo destino" ("Para quién" 161), mientras que Aranguren promovía lo mismo desde el interior: "Tenemos, pues, que contar con los emigrados españoles" (133).

4. José Ángel Sáinz recoge cómo en sus diarios Max Aub calificaba de amoral el retorno de Bergamín ("A vueltas" 203), mientras que Aznar Soler señala cómo Sender describía a Jarnés como "un espíritu débil" y a Ortega y Gasset como "un emigrado 'amateur,' no profesional, un disidente condicionado" ("El puente imposible" 290).

5. Ayala aparece en la obra como amigo de Rodrigo: "Como me decía Paco Ayala, en Nueva York, hace días: Esta indiferencia frente a las cuestiones 'de principio,' ligada a un sentido práctico, es el rasgo que más desconcierta aquí, bueno, aquí no: en Europa" (62). Ayala le agradecía a Aub esta alusión en una carta del 3 de abril de 1965 (*Epistolario* 135).

6. Ayala cuenta la labor que Aub realizaba durante la Guerra Civil atendiendo a extranjeros que visitaban España para recabar información (*Recuerdos* 227). Asimismo indica que se solían encontrar en México y en Europa y narra un viaje juntos en Italia en el que Aub no resultó un compañero fácil de complacer. A pesar de ello, Ayala escribe que siempre les unió una profunda amistad (444).

7. Emilio, el protagonista de la obra de teatro *Tránsito* (1948), de Aub, expresa así cómo el exilio supone una merma de su masculinidad: "La distancia engendra la impotencia" (26).

8. Cuando el narrador protagonista imagina qué habría sucedido si hubiera estado en la tienda de su tía cuando Abeledo fue a buscarle, persiste su caracterización como cobarde: "harto hubiera hecho, pobre de mí, con agazaparme y esconderme" (165).

9. A pesar de la contraposición que Aub establece aquí entre "volver" y "venir / ver," como explica Naharro-Calderón, si atendemos a la etimología de "volver," la vuelta implica el deseo de ver ("vol-ver," del latín *volo* y del latín *video*) ("El sí-no" 174).

10. En su ensayo sobre *La gallina ciega*, Francisco Ayala escribe que le sorprendió que antiguos republicanos que permanecieron en España desaprobaran el libro. Para Ayala, la vida de los que se quedaron en España, aunque sufrieron, fue muy distinta de la de los exiliados: "Y es que el exilio interior sólo metafóricamente es tal exilio: ellos sí que habían vivido, y bien duramente por cierto, la realidad española de estos treinta años, y por eso les chocaban las reacciones de extrañeza que el 'diario español de Max Aub' documenta" (64).

11. La idea del honor como parte intrínseca de la masculinidad española se aprecia en uno de los relatos de los exiliados que llegaban a Buenos Aires, el de un niño que al crecer mata al que había asesinado a su padre diez años antes (137). Esta historia seguramente influye en el comportamiento posterior del protagonista respecto a Abeledo.

12. El relato cuenta la historia de un hombre que en la postguerra sale de su escondite después de nueve años porque deja embarazada a su mujer y no quiere que nadie piense que ella le ha engañado con otro hombre: "Felipe era hombre de honor. [...] ¿a dónde iría a parar ese honor cuando se hiciera notorio y no pudiera ocultarse más el embarazo de su esposa?" (245).

13. En su relato "El rapto," Ayala también desarrolla de manera velada la atracción homosexual que Vicente siente por su amigo Patricio. Como explica Estelle Irizarry, en este cuento Ayala sigue el modelo de *El curioso impertinente*, de Cervantes, sobre el cual escribió un ensayo en el que argumentaba la existencia del deseo homosexual en el personaje de Anselmo (*Teoría* 162).

14. En otra ocasión Aub se extiende en su ridiculización de otro personaje homosexual: "Y este delicado, fino, frágil—sutil—, ingenioso músico, nimio y melindroso, capaz de tantas damerías, melifluo, gazmoño, montado en tantos escrúpulos de monja y en filigrana" (*La gallina* 256–57).

15. Durante la Guerra Civil fue común presentar al enemigo como bárbaro y animal, relatando las atrocidades y asesinatos que cometía. Los republicanos solían demostrar la masculinidad bestial de los sublevados al denunciar sus violaciones de mujeres y bombardeos de la población civil (González-Allende, *Líneas de fuego* 217).

16. Ahora bien, el nombre de "Abeledo" quizás implique que no se trata de un personaje meramente unidimensional. Con su referencia a "Abel," es posible que Ayala quiera mostrar que él también fue una víctima de la guerra, como se ve al final del relato con su muerte, es decir, que él actuó de esa manera debido a las circunstancias extremas de la contienda bélica. Irizarry ofrece como explicación del nombre de "Abeledo" la teoría de Unamuno de que "si Caín no hubiera dado muerte a Abel, Abel habría matado a Caín" (*Teoría* 68).

17. Manuel, uno de los personajes en la obra de Aub, reflexiona cómo en España los hombres sienten la necesidad de demostrar su masculinidad: "¡Hombre!, decimos a cada momento los españoles para probarnos que lo somos" (88). A esta intervención responde Melchor: "Por lo visto hace falta" (88).

18. Diversos críticos como Aznar Soler y Sáinz han incluido en sus trabajos esta relevante cita de Aub, pero no comentan la misoginia que implica su uso de la alegoría de la mujer nación (Aznar Soler, "Max Aub" 75–76; Sáinz, "Max Aub" 215). En *Tránsito*, Aub utiliza este mismo procedimiento con los dos personajes femeninos: Cruz representa a España, el dolor del protagonista por hallarse lejos de ella, mientras que Tránsito simboliza a México, la tierra de paso para el protagonista. Nótese cómo estos dos personajes femeninos sólo adquieren relevancia en función del protagonista masculino.

19. En "El remate" el protagonista, Remigio Morales Ortega, también identifica a España con una mujer e igualmente reconoce que su masculinidad ya resulta insuficiente para ella: "No sé por qué creímos que faltando nosotros el país se quedaría dormido, inmóvil como la Bella Durmiente; esperándonos, como si fuésemos el Príncipe imprescindible para echar a andar de nuevo..." (470).

20. En "Para quién escribimos nosotros" (1948), Ayala asimismo anticipa el sentimiento de extrañeza del exiliado que retorna: "Nosotros, en cambio, ¿qué hallaríamos de nuestro pasado, de nuestra España? No mucho más que la tierra y el cielo, y los testimonios inertes del pasado" (156).

21. El desdoblamiento de los protagonistas también se debe a su identidad dividida por sentir que pertenecen no sólo a España, sino también a su país de acogida. Así, el personaje de "El regreso" extraña Buenos Aires: "me sentía en aquel país como en mi propia casa" (154), echa de menos a Mariana y la realidad vivida en Argentina se convierte en la única experiencia auténtica para él (182). Por su parte, Rodrigo, al ser llamado mexicano, responde: "¿Qué queréis que sea? Veinticinco años son muchos en la vida de un hombre" (104).

22. En *La gallina ciega* Aub manifiesta la misma sensación de vacío: "Nadie me pregunta por nadie. Nadie manifiesta el menor interés por verme otro día, por preguntarme acerca de lo que sea. Les tiene sin cuidado. [...] No contamos" (507).

23. En *La gallina ciega* Aub ofrece numerosos comentarios sobre la ignorancia de los jóvenes respecto a la guerra y la Segunda República: "Lo verdaderamente inaudito es el desconocimiento que tiene la actual generación, por llamarla de alguna manera, los que tienen de 20 a 45 o 50 años, de lo que pudo ser la nuestra" (243). Como apunta Aznar Soler, lo que más indigna a Aub es que esa desmemoria es una prueba de la victoria del régimen franquista ("Max Aub" 30).

24. En una entrevista de 1970 Ayala expresa la misma idea: "para mí la condición de exiliado no estuvo configurada en los términos dramáticos tan frecuentes [...] jamás he sufrido el dolor 'literario' de la patria ausente, en el que me parece que hay mucho de 'idea'" (*Confrontaciones* 74).

Capítulo cinco
El hombre trabajador: Patricio Chamizo y Víctor Canicio

1. Hubo también mujeres jóvenes que emigraron a Alemania con el objetivo de ayudar económicamente a sus familias que se quedaban en España. El documental *El tren de la memoria* (2005), dirigido por Marta Arribas y Ana Pérez, recoge, entre otros, los testimonios de Josefina Cembrero Marcilla y Victoria Toro, quienes se sentían responsables de sus familias y realizaban el papel de proveedoras al enviarles divisas a España desde Nuremberg.

2. Esta novela tiene su origen en una obra de teatro escrita por Chamizo en 1964—y revisada en el año 2000—, lo que provoca que mantenga numerosos rasgos de ese género, especialmente el dominio del diálogo (Rodríguez Richart, *Emigración* 66). Sin embargo, la novela presenta diferencias significativas respecto a la versión teatral original. Además de cambiar el nombre de algunos personajes, en la obra de teatro Felipe realiza una labor de líder sindical más clara, pero es sobre todo el personaje de Rocío el que muestra un mayor compromiso social, liderando una manifestación para que un trabajador español sea readmitido en la fábrica.

3. La emigración clandestina a Alemania fue común entre los españoles. Según datos de Antonio Muñoz Sánchez, entre 1960 y 1974 emigraron 600.000 españoles a Alemania, de los cuales 400.000 lo hicieron con un contrato de trabajo por medio del Instituto Español de Emigración, mientras que los 200.000 restantes o bien emigraron tras ser invitados directamente por una empresa alemana, o bien entraron a Alemania de manera irregular (30).

4. Ruiz Sánchez incluye dos etapas más después de la primera. En la segunda, de 1980 a 1989, autores como Antonio Hernando muestran un interés por integrarse en la sociedad alemana y sus obras se publican en español y en alemán, mientras que en la última etapa, de 1989 al 2000, escritores como Guillermo Aparicio y José F. A. Oliver pertenecen ya a la segunda generación de emigrantes, están bien integrados en su entorno y escriben en alemán para un público alemán (8–9).

5. Lera dedicó al tema de la emigración novelas como *Hemos perdido el sol* (1963) y *Tierra para morir* (1964), así como un libro de impresiones sobre su visita a los emigrantes españoles en Alemania, *Con la maleta al hombro* (1965). También publicó sobre el mismo tema una serie de artículos en *ABC* en febrero y marzo de 1963.

6. Nótese que Chamizo reproduce en esta obra el lenguaje popular de los personajes, transcribiendo de manera literal su pronunciación del castellano.

7. De acuerdo a Gilmore, en la mayoría de las sociedades ser un hombre implica tres requisitos: dejar embarazada a las mujeres, proteger a los familiares del peligro y mantenerles materialmente. Es lo que este investigador denomina el "Hombre Ubicuo": "Man-the-Impregnator-Protector-Provider" (223).

8. Joan Prat i Carós indica que los españoles que emigraron a Europa en esta época lo hicieron motivados mayormente por el factor económico: se fueron de España porque en ella estaban condenados a vivir en la miseria con una falta absoluta de esperanza en su futuro laboral (34).

9. Harvey Deutschendorf también opina que el trabajo se ha convertido en una vía de escape para los hombres, un medio para evitar los pensamientos o emociones que les hagan sentirse incómodos (45).

10. En cambio, Pedro rechaza las barracas y residencias en las que viven otros emigrantes por el hacinamiento al que se ven sometidos y sus "pésimas condiciones" (154), lo que le lleva a compararlas con los "campos de concentración" (155).

11. Chamizo resalta las dificultades que superó en Alemania para acceder a la cultura: "Como a lo largo de mi vida no había tenido medios para poder estudiar en la Universidad como hubiese sido mi deseo, tuve que formarme con libros, casi siempre de segunda mano, comprados unas veces, cedidos por amigos otras, teniendo que estudiar después de mi trabajo" (6).

12. En la novela se incluye un poema en el que, siguiendo la tónica del libro, Pedro reflexiona con amargura sobre su emigración: "Dejé el calor del hogar / y marché por el frío de la vida / en busca del pan que en mi patria / se me negaba / y en justicia me pertenecía" (121).

13. Willott y Griffin indican que tradicionalmente, para el hombre, el hogar es su castillo, un lugar de privacidad alejado de la competitividad del mundo laboral ("Wham Bam" 120).

14. En *El tren de la memoria*, Josefina Cembrero asimismo comenta que resultaba una situación incómoda leerles a los compañeros analfabetos sus cartas familiares en las que se trataban cuestiones personales y privadas.

15. Pedro se lamenta de que hubo algunos emigrantes egoístas que sólo buscaban su propio beneficio: "Aquí en la Emigración todo el mundo ha intentado hacer lo que ha podido y los más vivos han querido siempre aprovecharse de las circunstancias" (89).

16. Cecilio expresa así su atracción por las mujeres: "cuando veo a una mujer, relincho como un caballo" (64).

17. Sin embargo, Pedro ofrece diversos ejemplos de su rechazo a la hipersexualidad masculina. Así, muestra su repulsión ante la obsesión sexual de un anticuario, a quien describe como "de lo más mujeriego que yo he visto. Hasta el extremo de ver a una gitana de esas sucias y renegridas [...] y empezar ya con el trato" (50).

18. Así lo describe el protagonista: "Ir a trabajar a domicilio también tiene sus ventajas. Te metes en una casa y le pegas una pasada en el culo a la primera que ves que se va a dejar, que esas cosas se notan" (149).

19. En *El tren de la memoria*, uno de los emigrantes españoles ofrece un testimonio parecido al narrar cómo los españoles tenían que ir en grupo en los espacios públicos como las calles y los bares porque había alemanes que siempre buscaban empezar una disputa con ellos: "Te insultaban, pues tú ya tenías que formar la pelea."

20. Éste es el caso del personaje de Lucio en *Hemos perdido el sol*, de Lera, quien pierde la mano a causa de un martillo y le envían de vuelta a España al no poder ya trabajar (435).

21. En su primer regreso a España, cuando tiene que hacer noche en Barcelona, Pedro se niega a tener sexo con una mujer porque ésta le pide dinero (110).

22. A diferencia de cuando se fueron a Alemania, al regresar a España, los emigrantes no fueron asistidos por parte del gobierno franquista; es decir, no existió una política de retorno que apoyara eficazmente a los españoles emigrantes que deseaban regresar a su país (Sanz Díaz, "Emigración de retorno" 365).

23. Rocío expresa la misma idea al decirle a Rosita que tener un hijo es la máxima aspiración de una mujer (79).

Capítulo seis
El hombre onanista: Terenci Moix

1. A lo largo del capítulo me refiero al joven Moix como "Ramón"—ya que ese era su nombre de pila y así era conocido antes de la creación de su personalidad literaria—, o como "el protagonista"—ya que, a pesar de que la obra que analizo pertenece al género autobiográfico, considero que en toda autobiografía existe un componente de ficción y que, desde su presente, el autor se construye a sí mismo como un personaje literario.

2. En este capítulo utilizo el término "gay" para referirme a las personas con una sexualidad no heterosexual. Uso este término en vez del vocablo "queer," el cual es más inclusivo y común en la crítica anglosajona, porque este último resulta menos conocido en castellano.

3. Martin Manalansan ofrece como ejemplo de la multiplicidad de hogares el de un filipino gay que en su apartamento de Nueva York, además de un póster de un hombre desnudo, tiene una esquina dedicada a Filipinas, con fotos de miembros de su familia y un altar con imágenes religiosas (*Global Divas* 94).

4. Así expresa Ramón su rechazo a este tipo de actividades sexuales: "El aprovechamiento de la estética industrial surgía como una primera muestra de la moda del feísmo aplicada al sexo; en cambio, yo seguía enclaustrando el mío en las idealizaciones de tono platónico" (336).

5. En el epílogo del segundo volumen de sus memorias, *El beso de Peter Pan* (1993), Moix expone cómo en París podía acceder libremente a la cultura: "Hacía largas colas para descubrir, en los diminutos cines de arte y ensayo, los títulos fundamentales que el franquismo le había vetado. Al entrar en las librerías del Barrio Latino, enloquecía ante la abundancia de material exhibido en libro de bolsillo: todos los que antes se veía obligado a buscar a escondidas estaban allí libremente expuestos, leídos y comentados por todo el mundo. Sentía por primera vez la grandeza de la libertad aplicada a sus aficiones" (470).

6. Moix se lamenta de las dificultades a las que se enfrentan los homosexuales para poder mantener una relación sentimental en una sociedad heterosexista: "Tanto el homosexual como la lesbiana participan de todos los inconvenientes de esta sociedad, pero se les excluye de algunas de estas ventajas: la principal de ellas, mostrar su relación de pareja con toda normalidad, sin temor ni represiones y sin la exigencia de ser cultos o famosos" (*Sufrir* 167).

7. Robert Ellis señala que el cine le permite a Ramón articular su deseo homosexual al poder observar los cuerpos masculinos en la pantalla sin miedo a ser visto o recriminado (259).

8. La masturbación es también la primera práctica sexual que Ramón tiene con una persona. En el cine Cervantes, un hombre "calvo, poco agraciado" se sienta a su lado y le masturba: "durante años me había acostumbrado a procurarme yo mismo el placer y, de pronto, mi placer estaba en otras manos. O cuanto menos en una, a la que el recuerdo no deja de considerar caritativa" (*El beso* 100–01).

9. Unos años antes Ramón experimenta la misma sensación de malestar tras masturbarse, pero de manera más agudizada: "Las quimeras se producían de noche, igual que el mordisco del vampiro. Al desvanecerse con el alba, me dejaban sumido en una soledad insoportable" (*El beso* 31).

10. A lo largo de *Extraño en el paraíso*, el narrador utiliza la imagen del avestruz para describir su actitud de cobardía ante el sexo y su rechazo de la realidad a favor de la fantasía: "La política del avestruz me ayudaba a ignorar escenas que cualquier aficionado al melodrama habría visto claras y diáfanas" (444–45).

11. En una entrevista realizada por Ramón de España en *El País*, Moix alude a una escena fílmica que reproduce esta situación de desdoblamiento: "Hay una secuencia de *Annie Hall* que me define a la perfección. Es cuando Woody está haciendo el amor con Diane Keaton y una parte de él sale de la cama y se pone a contemplar la escena. Ésa es la historia de mi vida" (pár. 5).

12. Cuando vive en Roma y conoce a Pasolini, Moix también muestra su rotundo rechazo a mantener relaciones sexuales con él y el uso de argucias intelectuales para evitarlo: "busqué a toda prisa una charla de emergencia, una charla que, pretendiendo ser sesuda, sólo era una ingenua escapatoria del compromiso absoluto a que me obligaban las demandas del sexo" (*El cine* 39).

13. Incluso cuando las circunstancias cambian por completo y es él el que no quiere una relación con alguien, sufre igualmente, como se aprecia en su amistad con Neal: "Ya no era el rechazado, papel que me sabía de memoria, pero al verme obligado a rechazar me sentía en una situación igualmente incómoda, presa de una angustia parecida" (445).

14. A su vuelta a España, Daniel, el amante de Moix, imagina una fantasía incestuosa entre éste y su hermana: "Y es que, por alguna razón que nunca entendí, se le había metido en la cabeza que Ana María y yo éramos incestuosos, y en semejante idea hallaba motivo de fascinación" (564).

15. Si en su adolescencia, la figura de Peter Pan simboliza a un novio ficticio que incentiva sus sesiones masturbatorias, asimismo representa una imagen de sí mismo: "yo sentía en mis labios el beso de Peter Pan, palpitando como una herida que sólo otros labios más maduros podrían cerrar. Acaso ese beso fuese el mío propio, sobre un espejo perfumado" (*El beso* 390). Al analizar este pasaje, Robert Ellis señala acertadamente que Ramón y Peter Pan son la misma persona, es decir, Peter Pan es el clon imaginario de Ramón (266).

16. En *El beso de Peter Pan*, Moix confirma esta práctica narcisista: "Cuando estuve seguro de mis recién adquiridas armas, empecé a ensayarlas ante el espejo. El del enorme armario ropero de la tía Florencia se convirtió en maestro de arte dramático" (106).

17. Judith Butler también manifiesta que la identificación y el deseo no tienen por qué ser categorías excluyentes: "It is important to consider that identification and desire can coexist, and that their formulation in terms of mutually exclusive oppositions serves a heterosexual matrix" ("Imitation" 26).

18. Compárese la relación positiva que Moix establece entre onanismo y creación literaria con la visión tradicional de que la masturbación acarrea la pérdida de energía mental y, por lo tanto, resulta contraproducente para escribir. Ésta era la visión de Flaubert, quien solía proferir "ayer perdí un libro" tras haber visitado los burdeles (Driel 163).

19. El personaje de Jordi en *El día que murió Marilyn* resume esta perspectiva vital en las siguientes frases: "Tú no encontrarás el amor en nadie. Tampoco podré encontrarlo yo, lo sé muy bien... Nunca encontraremos el amor salvo en nosotros mismos..." (401). En *Sufrir de amores*, Moix confiesa que evita enamorarse para no decepcionarse: "Esto último sucede cuando otorgamos a los demás la posibilidad de disponer de nuestros sentimientos. Y a fin de no darles tal oportunidad, estoy dispuesto a realizarme haciendo el amor sólo con objetos de metacrilato" (104).

Capítulo siete
El hombre académico: Antonio Muñoz Molina y Javier Cercas

1. *El inquilino* salió a la luz en la editorial Sirmio en 1989 y posteriormente se reeditó en la editorial Acantilado en los años 2000 y 2002. *Carlota Fainberg* también tuvo un recorrido editorial sinuoso, ya que Muñoz Molina la escribió en 1994 a partir de un encargo de un relato por entregas para el periódico *El País*. Tras su publicación en dicho periódico, el autor retomó la historia, la cual "crecía con otros viajes, otras experiencias, otras conversaciones y lecturas" (*Carlota* 12), terminando su versión final en la primavera de 1999.

2. Además de las obras de Muñoz Molina y Cercas, Del Pino ofrece como ejemplos de novelas académicas españolas: *Todas las almas* (1988), de Javier Marías; *Nuestro mundo no es de este reino* (2005), de Amando de Miguel; *Un momento de descanso* (2011), de Antonio Orejudo y el relato "El caso del traductor infiel," de José María Merino ("Sombras de América" 154).

3. Dos de las características que estos críticos atribuyen al exilio en Estados Unidos se podrían aplicar a los protagonistas de las obras de Muñoz Molina y Cercas: la sensación de aislamiento, soledad y marginación cultural, y su bajo perfil político con predominio de un liberalismo moderado (Faber y Martínez-Carazo 16).

4. Pedro Salinas se lamentaba de esta realidad de la academia estadounidense en una carta fechada el 26 de julio de 1937 desde Middlebury College: "no saben lo que es una universidad, ni su finalidad humana. Sus propósitos son excelentes, su intención muy buena, pero les falta algo como el convencimiento interior de lo que hacen: lo hacen por imitación" (98).

5. En la novela *Un momento de descanso* (2011), de Antonio Orejudo, el protagonista, Arturo Cifuentes, también considera que su trabajo intelectual en la academia americana no resulta válido en la vida real, lo que le hace sentirse emasculado: "Hubo un tiempo, mientras escribía la tesina sobre José María Pemán, en que Cifuentes había jugado a ser un erudito sin contacto con la realidad y a sentirse orgulloso por no ser capaz de cambiar una bombilla. Pero en los últimos tiempos su inutilidad lo avergonzaba" (22).

6. El tema de la competitividad en la sociedad estadounidense aparece a menudo en los discursos antiamericanos. Carlos Ardavín Trabanco ofrece como ejemplo la obra *España americanizada*, de Alberto Moncada, donde se puede leer que en los Estados Unidos a "las personas se les enseña desde pequeñas a ser más que los demás, a abrirse paso a codazos, sin miramientos, a gozarse en la derrota ajena" (188).

7. Un papel semejante al de Simpson Mariátegui lo desarrolla Magdalena Lima-Pintón en *Un momento de descanso*, de Orejudo. Nótese que también este personaje posee un nombre largo o compuesto que parece simbolizar su egocentrismo. Como en el caso de Simpson Mariátegui, Magdalena representa la figura de la feminista castradora: "Hacía Male Feminism aplicado a la épica, y según me dijo Cifuentes, coleccionaba glandes de escritores célebres, que ella misma fotografiaba" (33).

8. En *Carlota Fainberg*, Muñoz Molina reproduce las palabras en inglés en los discursos en español en letra redonda, no en cursiva.

9. La misma situación se narra en la novela de Orejudo, aunque más detalladamente, cuando Cifuentes es denunciado por una joven a la que llamó la atención en su clase por quedarse dormida. En opinión de Cifuentes, como la estudiante iba a suspender el curso por no estudiar, decidió acusarle aprovechando su pertenencia a una minoría racial: "Con los estudiantes negros había que andarse siempre con ojo, sobre todo si eran mujeres" (50). Cifuentes se niega a cambiarle la nota, por lo que se le abre un juicio, ante lo cual él decide presentar su dimisión.

10. En *Nuestro mundo no es de este reino*, también se menciona la discriminación que padecen las personas solteras en la universidad norteamericana: "Ya sabes que aquí los hombres solos son siempre vistos con suspicacia. Ni siquiera los gays se atreven a vivir solos. Nuestro mundo—el *brave new world* norteamericano—está hecho para vivirlo en pareja" (De Miguel 285).

11. Como consecuencia de este desapego a lo español, en opinión de Ricardo Vivancos Pérez, en el ámbito de la crítica literaria los escritores españoles en Estados Unidos no son considerados latinos (105) y, por lo tanto, se relega su estudio.

12. Así lo manifiesta Salinas en una carta para su mujer fechada el 15 de agosto de 1940: "Yo sé que mi conferencia es lo mejor que se ha leído en el Congreso. [...] Pero estos hispanoamericanos no pueden ocultar su despecho, ni siquiera en cortesía. Saben además que nosotros no formamos parte de la conspiración, que, al contrario, venimos aquí a defender lo verdaderamente hispánico contra la separatista. En fin, la raza, hija mía, la raza. Todo lo nuestro empeorado" (147).

13. A Juan Ramón le resultaba muy duro hallarse desconectado de la realidad lingüística de España. Así lo revela en los años cuarenta: "¿El español de España no se está desarrollando conmigo; yo no he contribuido allí ni aquí a desarrollarlo desde el año 36? ¿El español desterrado no se desarrolla con España? ¿Mi español no se desarrolla con ninguno de los dos?" (Jiménez 63).

14. En *Un momento de descanso*, de Orejudo, también se manifiesta vívidamente la infelicidad y tristeza que provoca en los españoles el trabajo académico en Estados Unidos: "Todos ellos eran zombis [...]. Hacían bromas, pero en el fondo de su corazón querían marcharse a casa, tirarse en la cama boca arriba y quedarse mirando al techo o ponerse a llorar" (36).

15. Claudio se opone a cualidades españolas como la franqueza, el fervor en las relaciones personales, la excesiva confianza con extraños, la desconsideración con el tiempo o el espacio de otras personas, la insistencia en invitar a alguien, el hablar alto o gritar, el sexismo de los hombres y el maquillaje y cuidado personal de las mujeres.

16. A pesar de llevar muchos años viviendo en Estados Unidos, Claudio sigue vistiendo como un español y su apariencia física también revela su nacionalidad. Así se lo indica Abengoa: "Un español reconoce a otro mucho antes de oírlo hablar, nada más que viéndole la pinta" (19).

17. Del Pino enumera algunos de estos aspectos como motivos de la sorpresa que generan los Estados Unidos en los españoles que visitan el país: "desde la comida y sus rituales hasta las relaciones interpersonales, pasando por el patriotismo [...], el papel de la religión en la vida pública, [...] la afición a las armas de fuego, las leyes restrictivas sobre el consumo de alcohol y un largo etcétera" ("Introducción" 17). Varias de estas realidades configuran el discurso antiamericano contemporáneo. Ardavín Trabanco señala al respecto que el antiamericanismo español es similar al existente en otros países europeos y que sus causas pueden ser el poco entusiasmo que mostraron los Estados Unidos hacia la transición democrática de España, el apoyo de Reagan a las dictaduras militares hispanoamericanas y la invasión estadounidense de Irak en el 2003 (178).

18. Muñoz Molina parece reproducir aquí su experiencia personal como profesor en los Estados Unidos: "En Virginia, cuando me encerraba en casa el jueves por la tarde, después de mi última clase, era consciente de que podría no hablar con nadie hasta la mañana del lunes, pero esa soledad ya estaba anticipada por los paisajes en los que me movía" (*Ventanas* 123).

19. En cambio, en *Ventanas de Manhattan*, Muñoz Molina reconoce lo positivo de vivir lejos de su país: "Un extranjero tiende a situarse por instinto a una distancia confortable de las cosas: las que suceden en su propio país le quedan lejos, o no se entera bien de ellas, y las que tiene muy cerca en el otro país donde vive transitoriamente le pueden interesar mucho, incluso apasionarle a veces, pero no le duelen" (119).

20. Sesenta años antes, el exiliado Pedro Salinas experimentaba la misma sensación de soledad y de falta de conexión humana con los estadounidenses. Así se lo expresa a su mujer en una carta del 18 de abril de 1937: "Me carga cada vez más lo que llaman la vida social. Cuatro cortesías exteriores, medidas, preparadas de antemano, con el tiempo tasado, y nada más. No te puedes figurar el aislamiento sofocante que siento en algunos momentos aquí" (91).

21. La soledad y la tristeza que experimenta Claudio se contrarrestan con la visión romántica del emigrante que, de acuerdo a Antonio Gómez López-Quiñones, ofrece Muñoz Molina en *Ventanas de Manhattan* (112). Este crítico considera que el cosmopolitismo del que disfruta el autor en Nueva York implica un desentendimiento "de las estructuras productivas que sostienen dicha pluralidad" (115), esto es, "una resignación contemplativa" (118).

22. Ayala relata cómo Américo Castro disfrutaba de "su pequeña fama de don Juan," como se aprecia en un episodio en el que el intelectual decidió besar sorpresivamente a una estudiante escandinava que se hallaba en España para aprender castellano: "cuando llegó ella por primera vez a Madrid, don Américo, ponderando la gran estatura de la niña, había querido medírsele, y estando en eso, le encajó un beso de improviso. Y que como, en su sorpresa y turbación, la chiquilla se echara a reír y no pudiera contener la risa, el apuesto profesor terminó por enojarse" (*Recuerdos* 366). Seguramente Castro se sintió cohibido por su corta estatura frente a la de la estudiante y quiso dar muestras de su virilidad por medio del ataque sexual. La reacción de la joven ofende sin duda la masculinidad del académico, quien esperaría de manera machista que una mujer aceptase de manera sumisa o complaciente un beso de su parte.

Obras citadas

Abbott, Elizabeth. *A History of Celibacy.* New York: Scribner, 2000.

Abellán, José Luis. *El exilio como constante y como categoría.* Madrid: Biblioteca Nueva, 2001.

Abellán, Manuel L. "Conquista y rechazo de la literatura del exilio: Sender, Ayala y Aub." *Ojáncano: Revista de Literatura Española* 14 (1998): 19–28.

Acillona, Mercedes. "Exilio y género: identidades en los márgenes." *Marcos interpretativos de la realidad social contemporánea.* Ed. Mercedes Acillona. Bilbao: U de Deusto, 2012. 193–203.

Actis, Walter, Miguel Ángel de Prada y Carlos Pereda. *Inmigrantes, trabajadores, ciudadanos: Una visión de las migraciones desde España.* Valencia: U de València, 1999.

Adam, Barry D. "Age Preferences Among Gay and Bisexual Men." *GLQ: A Journal of Lesbian and Gay Studies* 6.3 (2000): 413–34.

Alcalá, César. *Los niños del exilio (1936–1939).* Madrid: Sekotia, 2010.

Alcalde, M. Cristina. "Masculinities in Motion: Latino Men and Violence in Kentucky." *Men and Masculinities* 14.4 (2011): 450–69.

Alfred, Mary V. "Coming to America: The Politics of Immigration and our Realities as Transnational Migrants in U.S. Higher Education." *Immigrant Women of the Academy: Negotiating Boundaries, Crossing Borders in Higher Education.* Ed. Mary V. Alfred y Raji Swaminathan. New York: Nova Science, 2004. 1–20.

Alfred, Mary V. y Raji Swaminathan. "Introduction." *Immigrant Women of the Academy: Negotiating Boundaries, Crossing Borders in Higher Education.* Ed. Mary V. Alfred y Raji Swaminathan. New York: Nova Science, 2004. xi–xviii.

Alonso, María de la Soledad, Elena Aub y Marta Baranda. *Palabras del exilio: De los que volvieron.* México DF: Instituto Nacional de Antropología e Historia, 1988.

Alonso Carballés, Jesús Javier. "Educación, cultura e identidad de los niños vascos en el exilio." *Sesenta años después: La cultura del exilio vasco / Hirurogei urte geroago: Euskal erbesteratuen kultura.* Ed. Xabier Apaolaza, José Ángel Ascunce e Iratxe Momoitio. Vol. 1. San Sebastián: Saturrarán, 2000. 193–208.

———. "Los 'niños de la guerra' o las huellas del exilio infantil de la Guerra Civil en el espacio público." *Historia Social* 76 (2013): 107–24.

———. *1937: Los niños vascos evacuados a Francia y Bélgica. Historia y memoria de un éxodo infantil, 1936–1940.* Bilbao: Asociación de Niños Evacuados el 37, 1998.

Alonso Carballés, Jesús J. y Miguel Mayoral Guíu. "La repatriación de 'los niños del exilio': Un intento de afirmación del régimen franquista, 1937–1939." *El régimen de Franco, 1936–1975: Política y relaciones exteriores*. Ed. Javier Tusell Gómez. Vol. 1. Madrid: UNED, 1993. 341–50.

Alted Vigil, Alicia. "Las consecuencias de la Guerra Civil española en los niños de la República: de la dispersión al exilio." *Espacio, tiempo y forma. Serie V, Historia contemporánea* 9 (1996): 207–28.

———. "España, de país emigrante a país de inmigración." *De la España que emigra a la España que acoge*. Ed. Alicia Alted y Almudena Asenjo. Madrid: Fundación Francisco Largo Caballero, 2006. 30–57.

———. "Los niños de la guerra: Evacuación, exilio y retorno." *Los exilios en España (siglos XIX y XX): III Congreso sobre el Republicanismo*. Ed. José Luis Casas Sánchez y Francisco Durán Alcalá. Vol. 1. Priego de Córdoba: Patronato Niceto Alcalá Zamora y Torres, 2005. 105–26.

———. *La voz de los vencidos: El exilio republicano de 1939*. Madrid: Aguilar, 2005.

Andrés-Suárez, Irene. "Introducción." *La inmigración en la literatura española contemporánea*. Madrid: Verbum, 2002. 9–20.

Andújar, Manuel. "El exilio y Madrid en la poesía de Juan José Domenchina." *Cuadernos Hispanoamericanos* 331 (1978): 5–18.

Aranguren, José Luis. "La evolución espiritual de los intelectuales españoles en la emigración." *Crítica y meditación*. Madrid: Taurus, 1957. 131–66.

Ardavín Trabanco, Carlos X. "Visiones de los Estados Unidos en la España democrática." *Ventanas sobre el Atlántico: Estados Unidos-España durante el postfranquismo (1975–2008)*. Ed. Carlos X. Ardavín Trabanco y Jorge Marí. Valencia: U Politécnica de Valencia, 2011. 175–205.

Ardavín Trabanco, Carlos X. y Jorge Marí. "Introducción." *Ventanas sobre el Atlántico: Estados Unidos-España durante el postfranquismo (1975–2008)*. Ed. Carlos X. Ardavín Trabanco y Jorge Marí. Valencia: U Politécnica de Valencia, 2011. 17–41.

Armato, Michael. "Wolves in Sheep's Clothing: Men's Enlightened Sexism and Hegemonic Masculinity in Academia." *Women's Studies* 42 (2013): 578–98.

Arribas, Marta y Ana Pérez, dir. *El tren de la memoria*. Barcelona: Cameo, 2005. DVD.

Ascunce, José Ángel. "El exilio entre la experiencia subjetiva y el hecho cultural: Tema para un debate." *El exilio: Debate para la historia y la cultura*. Ed. José Ángel Ascunce. Donostia: Saturrarán, 2008. 19–45.

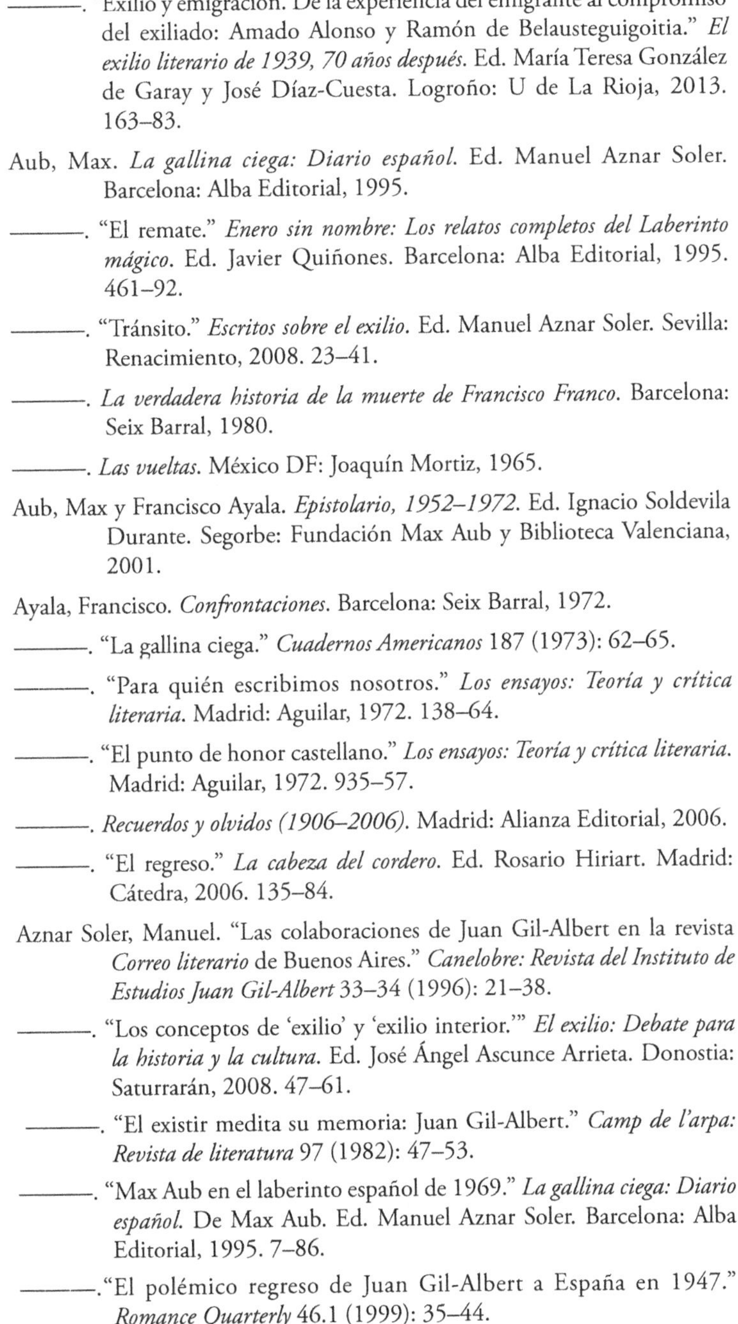

———. "Exilio y emigración. De la experiencia del emigrante al compromiso del exiliado: Amado Alonso y Ramón de Belausteguigoitia." *El exilio literario de 1939, 70 años después.* Ed. María Teresa González de Garay y José Díaz-Cuesta. Logroño: U de La Rioja, 2013. 163–83.

Aub, Max. *La gallina ciega: Diario español.* Ed. Manuel Aznar Soler. Barcelona: Alba Editorial, 1995.

———. "El remate." *Enero sin nombre: Los relatos completos del Laberinto mágico.* Ed. Javier Quiñones. Barcelona: Alba Editorial, 1995. 461–92.

———. "Tránsito." *Escritos sobre el exilio.* Ed. Manuel Aznar Soler. Sevilla: Renacimiento, 2008. 23–41.

———. *La verdadera historia de la muerte de Francisco Franco.* Barcelona: Seix Barral, 1980.

———. *Las vueltas.* México DF: Joaquín Mortiz, 1965.

Aub, Max y Francisco Ayala. *Epistolario, 1952–1972.* Ed. Ignacio Soldevila Durante. Segorbe: Fundación Max Aub y Biblioteca Valenciana, 2001.

Ayala, Francisco. *Confrontaciones.* Barcelona: Seix Barral, 1972.

———. "La gallina ciega." *Cuadernos Americanos* 187 (1973): 62–65.

———. "Para quién escribimos nosotros." *Los ensayos: Teoría y crítica literaria.* Madrid: Aguilar, 1972. 138–64.

———. "El punto de honor castellano." *Los ensayos: Teoría y crítica literaria.* Madrid: Aguilar, 1972. 935–57.

———. *Recuerdos y olvidos (1906–2006).* Madrid: Alianza Editorial, 2006.

———. "El regreso." *La cabeza del cordero.* Ed. Rosario Hiriart. Madrid: Cátedra, 2006. 135–84.

Aznar Soler, Manuel. "Las colaboraciones de Juan Gil-Albert en la revista *Correo literario* de Buenos Aires." *Canelobre: Revista del Instituto de Estudios Juan Gil-Albert* 33–34 (1996): 21–38.

———. "Los conceptos de 'exilio' y 'exilio interior.'" *El exilio: Debate para la historia y la cultura.* Ed. José Ángel Ascunce Arrieta. Donostia: Saturrarán, 2008. 47–61.

———. "El existir medita su memoria: Juan Gil-Albert." *Camp de l'arpa: Revista de literatura* 97 (1982): 47–53.

———. "Max Aub en el laberinto español de 1969." *La gallina ciega: Diario español.* De Max Aub. Ed. Manuel Aznar Soler. Barcelona: Alba Editorial, 1995. 7–86.

———."El polémico regreso de Juan Gil-Albert a España en 1947." *Romance Quarterly* 46.1 (1999): 35–44.

Aznar Soler, Manuel. "El puente imposible: El lugar de Sender en la polémica sobre el exilio español de 1939." *El lugar de Sender: Actas de I Congreso sobre Ramón J. Sender*. Ed. Juan Carlos Ara Torralba y Fermín Gil Encabo. Huesca: Instituto de Estudios Altoaragoneses, 1997. 279–94.

———. "Le retour dans la littérature de l'exil républicain espagnol de 1939." *L'émigration: le retour*. Ed. Rose Duroux y Alain Montandon. Clermont-Ferrand: U Blaise-Pascal, 1999. 51–68.

Bagilhole, Barbara y Kate White. "The Context." *Generation and Gender in Academia*. Ed. Barbara Bagilhole y Kate White. New York: Palgrave Macmillan, 2013. 3–20.

Baker, Maureen. *Academic Careers and the Gender Gap*. Vancouver: UBC Press, 2012.

Baron, Ava. "Gender and Labor History: Learning from the Past, Looking to the Future." *Work Engendered: Toward a New History of American Labor*. Ed. Ava Baron. Ithaca: Cornell UP, 1991. 1–46.

Beilin, Katarzyna Olga. "Antonio Muñoz Molina: Inventar las cosas tal como son." *Conversaciones literarias con novelistas contemporáneos*. Woodbridge: Tamesis, 2004. 101–23.

Bellver, Catherine G. "Juan José Domenchina, Poet of Exile." *MLN* 90 (1975): 252–64.

———. *El mundo poético de Juan José Domenchina*. Madrid: Editora Nacional, 1979.

Beneke, Timothy. *Proving Manhood: Reflections on Men and Sexism*. Berkeley: U of California P, 1997.

Bianchi, Fernanda T. et al. "The Sexual Experiences of Latino Men who Have Sex with Men who Migrated to a Gay Epicentre in the USA." *Culture, Health & Sexuality* 9.5 (2007): 505–18.

Bird, Sharon R. "Welcome to the Men's Club: Homosociality and the Maintenance of Hegemonic Masculinity." *Gender & Society* 10.2 (1996): 120–32.

Blanco Aguinaga, Carlos. "La cuestión de la vuelta en los poetas del exilio mexicano." *Las literaturas del exilio republicano de 1939*. Ed. Manuel Aznar Soler. San Cugat del Vallès: GEXEL, 2000. 439–58.

———. "Sobre la especificidad del exilio español de 1939." *Nuevo Texto Crítico* 15–16.29–32 (2002–2003): 9–16.

Borrás, Ángel A. *El teatro del exilio de Max Aub*. Sevilla: U de Sevilla, 1975.

Bou, Enric. "'La barrera infranqueable.' Dos casos del exilio español neoinglés (Salinas y Cernuda)." *Contra el olvido: El exilio español en Estados Unidos*. Ed. Sebastiaan Faber y Cristina Martínez Carazo. Alcalá de Henares: Instituto Franklin de Estudios Norteamericanos, 2010. 31–46.

Brines, Francisco. "Gil-Albert: Un objeto y un proceder lujosos." *Obra completa en prosa*. De Juan Gil-Albert. Vol. 2. Valencia: Consell Valencià de Cultura, Institució Alfons el Magnànim, 2004. 1779–95.

———. "Vigencia de los mitos en Juan Gil-Albert." *Anthropos* 110–111 (1990): 89–98.

Brines, Francisco y Guillermo Carnero. "Mis recuerdos de Juan Gil-Albert." *Actas del Congreso "Juan Gil-Albert: la memoria y el mito."* Ed. Guillermo Carnero. Alicante: Instituto Alicantino de Cultura Juan Gil-Albert, 2007. 11–27.

Broude, Gwen J. "Protest Masculinity: A Further Look at the Causes and the Concept." *Ethos* 18.1 (1990): 103–22.

Butler, Judith. *Gender Trouble: Feminism and the Subversion of Identity*. New York: Routledge, 1990.

———. "Imitation and Gender Insubordination." *Inside / Out: Lesbian Theories, Gay Theories*. Ed. Diana Fuss. New York: Routledge, 1991. 13–31.

Calvo Salgado, Luis M. et al., eds. *Migración y exilio españoles en el siglo XX*. Madrid: Iberoamericana, 2009.

Canicio, Víctor. *Vida de un emigrante español: El testimonio auténtico de un obrero que emigró a Alemania*. Barcelona: Gedisa, 1979.

Cano Ballesta, Juan. "El impacto de la literatura del exilio (Luis Cernuda, Juan Gil-Albert y la reciente poesía española)." *El exilio cultural de la guerra civil*. Ed. José Luis Abellán, José María Balcells y José Antonio Pérez Bowie. Salamanca: U de Salamanca, 2001. 277–84.

Cant, Bob. "Introduction." *Invented Identities? Lesbians and Gays Talk about Migration*. Ed. Bob Cant. London: Cassell, 1997. 1–17.

Cantú, Lionel. *The Sexuality of Migration: Border Crossings and Mexican Immigrant Men*. Ed. Nancy A. Naples y Salvador Vidal-Ortiz. New York: New York UP, 2009.

Carnero, Guillermo. "Estudio preliminar." *Antología poética*. De Juan Gil-Albert. Valencia: Consell Valencià de Cultura, 1993. 11–55.

———. "La poética del desasimiento: *Las Ilusiones* de Juan Gil-Albert y la ruptura del discurso poético de la posguerra española." *Príncipe de Viana: Homenaje a Francisco Ynduráin* 18 (2000): 103–11.

Carrillo, Héctor. "Sexual Migration, Cross-Cultural Sexual Encounters, and Sexual Health." *Sexuality Research & Social Policy* 1.3 (2004): 58–70.

Castilla del Pino, Carlos. "Terenci Moix: La vida como literatura." *Sufrir de amores*. De Terenci Moix. Barcelona: Planeta, 1995. 7–12.

Castresana, Luis de. *Adiós: novela*. Madrid: Editorial Prensa Española, 1969.

———. *Elogios, asperezas y nostalgias del País Vasco*. Vol. 1 de *Obras selectas*. Bilbao: La Gran Enciclopedia Vasca, 1968.

———. *El otro árbol de Guernica*. Bilbao: La Gran Enciclopedia Vasca, 1980.

———. *La verdad sobre "El otro árbol de Guernica."* Bilbao: La Gran Enciclopedia Vasca, 1972.

Catano, James V. *Ragged Dicks: Masculinity, Steel, and the Rhetoric of the Self-Made Man*. Carbondale: Southern Illinois UP, 2001.

Caudet, Francisco. *El exilio republicano de 1939*. Madrid: Cátedra, 2005.

———. "Gil-Albert: Los años del exilio." *Ojáncano: Revista de literatura española* 31 (2007): 21–42.

———. "Narrar el exilio." *Romance Quarterly* 46.1 (1999): 5–14.

Cazorla Sánchez, Antonio. *Fear and Progress: Ordinary Lives in Franco's Spain, 1939–1975*. Malden: Wiley-Blackwell, 2010.

Cercas, Javier. *El inquilino*. Barcelona: Acantilado, 2002.

———. *La velocidad de la luz*. Barcelona: Tusquets, 2005.

Chamizo, Patricio. "Circunstancias en que se concibió, se escribió y se editó *En un lugar de Alemania*." Cervantes Virtual. Web. 25 mar. 2016.

———. *En un lugar de Alemania: drama de la emigración*. 1964. Alicante: Biblioteca Virtual Miguel de Cervantes, 2000.

———. *En un lugar de Alemania...* Madrid: Editorial ZYX, 1967.

Champourcin, Ernestina de. *La ardilla y la rosa: Juan Ramón en mi memoria*. Huelva: Ediciones de la Fundación Juan Ramón Jiménez, 1996.

Chavira-Prado, Alicia. "Immigrant and Colonized in Academia: Cuando soy y cuando me parezco." *Immigrant Women of the Academy: Negotiating Boundaries, Crossing Borders in Higher Education*. Ed. Mary V. Alfred y Raji Swaminathan. New York: Nova Science, 2004. 231–49.

———. "Ni eres ni te pareces: Academia as Rupture and Alienation." *I've Got a Story to Tell: Identity and Place in the Academy*. Ed. Sandra Jackson y José Solís Jordán. New York: Peter Lang, 1999. 135–51.

Chodorow, Nancy. "The Enemy Outside: Thoughts on the Psychodynamics of Extreme Violence with Special Attention to Men and Masculinity." *Masculinity Studies and Feminist Theory*. Ed. Judith Kegan Gardiner. New York: Columbia UP, 2002. 235–60.

Collier, Richard. "'Nutty Professors,' 'Men in Suits' and 'New Entrepeneurs': Corporeality, Subjectivity and Change in the Law School and Legal Practice." *Social & Legal Studies* 7.1 (1998): 27–53.

Collinson, David L. y Jeff Hearn. "Men at Work: Multiple Masculinities/ Multiple Workplaces." *Understanding Masculinities: Social Relations and Cultural Arenas.* Ed. Máirtín Mac an Ghaill. Buckingham: Open UP, 1996. 61–76.

Colmeiro, José. "A Nation of Ghosts? Haunting, Historical Memory and Forgetting in Post-Franco Spain." *452°F: Journal of Literary Theory and Comparative Literature* 4 (2011): 17–34.

Connell, R. W. "Live Fast and Die Young: The Construction of Masculinity among Young Working-class Men on the Margin of the Labour Market." *Australian and New Zealand Journal of Sociology* 27.2 (1991): 141–71.

———. *Masculinities.* Berkeley: U of California P, 2005.

———. *The Men and the Boys.* Berkeley: U of California P, 2000.

Connell, R. W. y James Messerschmidt. "Hegemonic Masculinity: Rethinking the Concept." *Gender and Society* 19.6 (2005): 829–59.

Corbett, Ken. *Boyhoods: Rethinking Masculinities.* New Haven: Yale UP, 2009.

Cordero Olivero, Inmaculada. "El retorno del exiliado." *Estudios de Historia Moderna y Contemporánea de México* 17 (1996): 141–62.

Cordero Olivero, Inmaculada y Encarnación Lemus López. "Donde no habita el olvido. El imposible retorno desde el exilio: El caso americano." *Retornos (de exilios y migraciones).* Ed. Josefina Cuesta Bustillo. Madrid: Fundación F. Largo Caballero, 1999. 221–69.

Corral, Rose. "La experiencia mexicana de Juan Gil-Albert." *Los refugiados españoles y la cultura mexicana.* Ed. James Valender. México DF: El Colegio de México, 1999. 37–45.

"Crece el número de españoles en el extranjero: Ya son 2,3 millones." *El Huffington Post.* 17 mar. 2016. Web. 25 mar. 2016.

Crossley, Paul y Bob Pease. "Machismo and the Construction of Immigrant Latin American Masculinities." *Migrant Men: Critical Studies of Masculinities and the Migration Experience.* Ed. Mike Donaldson, Raymond Hibbins, Richard Howson y Bob Pease. New York: Routledge, 2009. 115–34.

Cuesta Bustillo, Josefina, ed. *Retornos (de exilios y migraciones).* Madrid: Fundación F. Largo Caballero, 1999.

Czarniawska, Barbara y Guje Sevón. "The Thin End of the Wedge: Foreign Women Professors as Double Strangers in Academia." *Gender, Work and Organization* 15.3 (2008): 235–87.

De España, Ramón. "El onanista en su rincón." *El País*. 24 abr. 1990. Web. 25 mar. 2016.

De la Peña, Pedro J. *Juan Gil-Albert*. Madrid: Júcar, 1982.

De Miguel, Amando. *Nuestro mundo no es de este reino*. Sevilla: Algaida, 2005.

Decena, Carlos Ulises. *Tacit Subjects: Belonging and Same-Sex Desire among Dominican Immigrant Men*. Durham: Duke UP, 2011.

Del Pino, José Manuel. "Introducción." *America the Beautiful: La presencia de Estados Unidos en la cultura española contemporánea*. Ed. José Manuel del Pino. Madrid: Iberoamericana, 2014. 15–27.

———. "Pasión y horror de América: *El inquilino* (1989) y *La velocidad de la luz* (2005) de Javier Cercas." *Ventanas sobre el Atlántico: Estados Unidos-España durante el postfranquismo (1975–2008)*. Ed. Carlos X. Ardavín Trabanco y Jorge Marí. Valencia: U Politécnica de Valencia, 2011. 45–55.

———. "Sombras de América: Javier Cercas, Antonio Orejudo y la novela de campus española." *America the Beautiful: La presencia de Estados Unidos en la cultura española contemporánea*. Ed. José Manuel del Pino. Madrid: Iberoamericana, 2014. 151–82.

Del Pino, José Manuel y Francisco La Rubia Prado. "Introducción." *El hispanismo en los Estados Unidos: Discursos críticos / Prácticas textuales*. Madrid: Visor, 1999. 9–13.

Dennis, Nigel. "La primera vuelta a España: Bergamín escribe a María Zambrano y otros amigos españoles y franceses." *José Bergamín en sus cartas*. Málaga: Centro Cultural Generación del 27, 2012. 163–74.

Deutschendorf, Harvey. *Of Work and Men: How Men Can Become More Than Their Careers*. Minneapolis: Fairview Press, 1996.

Díaz de Castro, Francisco J. "Delicioso infierno: Juan Gil-Albert y su canto en vilo." *Anthropos* 110–111 (1990): 82–88.

———. "Juan Gil-Albert: El equilibrio de *Las ilusiones*." *Canelobre: Revista del Instituto de Estudios Juan Gil-Albert* 33–34 (1996): 56–64.

Díaz-Plaja, Guillermo. "*El otro árbol de Guernica*, de Luis de Castresana." *Cien libros españoles: poesía y novela, 1968–1970*. Salamanca: Anaya, 1971. 327–30.

Domenchina, Juan José, ed. *Antología de la poesía española contemporánea (1900–1936)*. 3ª edición. México: Unión Tipográfica Editorial Hispano-Americana, 1947.

———. *Obra poética*. Ed. Amelia de Paz. Vol. 2. Madrid: Castalia, 1995.

Domínguez Lasierra, Juan. "El regreso del viejo exiliado (Una cronología heremográfica)." *Turia: Revista Cultural* 55–56 (2001): 220–36.

Donaldson, Mike. "Labouring Men: Love, Sex and Strife." *Australian and New Zealand Journal of Sociology* 23.2 (1987): 165–84.

Donaldson, Mike y Richard Howson. "Men, Migration and Hegemonic Masculinity." *Migrant Men: Critical Studies of Masculinities and the Migration Experience.* Ed. Mike Donaldson, Raymond Hibbins, Richard Howson y Bob Pease. New York: Routledge, 2009. 210–17.

Driel, Mels Van. *With the Hand: A Cultural History of Masturbation.* London: Reaktion Books, 2012.

Dryfhout, Vicki y Sarah Beth Estes. "Explaining the Gender Gap in Professors' Intentions to Leave." *Sociological Focus* 43.2 (2010): 109–27.

Duroux, Rose. "El retorno y sus retóricas (El exilio republicano)." *Retornos (de exilios y migraciones).* Ed. Josefina Cuesta Bustillo. Madrid: Fundación F. Largo Caballero, 1999. 129–48.

Duroux, Rose y Alain Montandon, eds. *L'émigration: le retour.* Clermont-Ferrand: U Blaise-Pascal, 1999.

Dziech, Billie Wright y Linda Weiner. *The Lecherous Professor: Sexual Harassment on Campus.* Urbana: U of Illinois P, 1990.

Ellis, Keith. *El arte narrativo de Francisco Ayala.* Madrid: Gredos, 1964.

Ellis, Robert Richmond. "Looking Queer in the Autobiography of Terenci Moix." *Reading and Writing the Ambiente: Queer Sexualities in Latino, Latin American, and Spanish Culture.* Ed. Susana Chávez-Silverman y Librada Hernández. Madison: U of Wisconsin P, 2000. 257–74.

Epps, Brad, Keja Valens y Bill Johnson González. "Introduction." *Passing Lines: Sexuality and Immigration.* Ed. Brad Epps, Keja Valens y Bill Johnson González. Cambridge: Harvard UP, 2005. 3–47.

Espín, Oliva M. "Gender, Sexuality, Language, and Migration." *Cultural Psychology of Immigrants.* Ed. Ramaswami Mahalingam. Mahwah: Lawrence Erlbaum Associates, 2006. 241–58.

———. *Women Crossing Boundaries: A Psychology of Immigration and Transformations of Sexuality.* New York: Routledge, 1999.

Faber, Sebastiaan. *Exile and Cultural Hegemony: Spanish Intellectuals in Mexico, 1939–1975.* Nashville: Vanderbilt UP, 2002.

Faber, Sebastiaan y Cristina Martínez-Carazo. "Problemas y paradojas del exilio español en Estados Unidos." *Contra el olvido: El exilio español en Estados Unidos.* Ed. Sebastiaan Faber y Cristina Martínez Carazo. Alcalá de Henares: Instituto Franklin de Estudios Norteamericanos, 2010. 9–25.

Fentanes Ariño, Jacinto. *El mundo vasco en la obra de Luis de Castresana.* Bilbao: La Gran Enciclopedia Vasca, 1972.

Fernàndez, Josep-Anton. *Another Country: Sexuality and National Identity in Catalan Gay Fiction.* London: Maney Publishing for the Modern Humanities Research Association, 2000.

Fèrriz Roure, Teresa. "Las miradas del retorno." *Migraciones y Exilios* 5 (2004): 51–62.

Forrest, Gene Steven. "El mundo antagónico de Terenci Moix." *Hispania* 60.4 (1977): 927–35.

Fortier, Anne-Marie. "Making Home: Queer Migrations and Motions of Attachment." *Uprootings/Regroundings: Questions of Home and Migration.* Ed. Sara Ahmed. Oxford: Berg, 2003. 115–35.

———. "Queer Diaspora." *Handbook of Lesbian and Gay Studies.* Ed. Diane Richardson y Steven Seidman. London: Sage, 2002. 183–97.

Freud, Sigmund. "On Narcissism: An Introduction." *On Metapsychology: The Theory of Psychoanalysis.* Harmondsworth: Penguin, 1991. 59–97.

Frosh, Stephen, Ann Phoenix y Rob Pattman. *Young Masculinities: Understanding Boys in Contemporary Society.* Basingstoke: Palgrave, 2002.

Fuentes, Víctor. "'Manhattan transfers' personales al trasluz del exilio republicano en Nueva York." *Contra el olvido: El exilio español en Estados Unidos.* Ed. Sebastiaan Faber y Cristina Martínez Carazo. Alcalá de Henares: Instituto Franklin de Estudios Norteamericanos, 2010. 223–41.

Gagen, Derek. "A Second Reading of Experience: Luis de Castresana's *El otro árbol de Guernica.*" *Modern Languages: Journal of the Modern Language Association* 62.1 (1981): 29–37.

Galambos, Nancy L., David M. Almeida y Anne C. Petersen. "Masculinity, Femininity and Sex Role Attitudes in Early Adolescence: Exploring Gender Intensification." *Child Development* 61(1990): 1905–14.

Gil-Albert, Juan. *Cartas a un amigo.* Valencia: Pre-textos, Instituto de Estudios Juan Gil-Albert, 1987.

———. *Crónica general.* Valencia: Pre-Textos, Instituto de Cultura Juan Gil-Albert, 1995.

———. *Los días están contados.* Barcelona: Tusquets, 1974.

———. *Heraclés: Sobre una manera de ser.* Valencia: Pre-Textos, Instituto de Cultura Juan Gil-Albert, 2001.

———. *Las ilusiones con los poemas de El convaleciente.* Buenos Aires: Imán, 1944.

———. *Memorabilia, seguido de Drama patrio y Los días están contados.* Barcelona: Tusquets, 2004.

———. *Obra completa en prosa.* 3 vols. Valencia: Consell Valencià de Cultura, Institució Alfons el Magnànim, 2004.

———. *Obra poética completa.* 3 vols. Valencia: Institución Alfonso El Magnánimo, 1981.

———. *Tobeyo o del amor: Homenaje a México.* Valencia: Pre-Textos, Instituto de Cultura Juan Gil-Albert, 1990.

Gilmore, David D. *Manhood in the Making: Cultural Concepts of Masculinity.* New Haven: Yale UP, 1990.

Godoy, Juan M. "Recuperando homosexualidades: la biografía íntima de Juan Gil-Albert en *Tobeyo o del amor: Homenaje a México.*" *Crítica Hispánica* 24 (2003): 51–64.

Gómez, Juan. "La emigración española a Alemania se dispara al nivel de hace 40 años." *El País.* 7 mayo 2013. Web. 25 mar. 2016.

Gómez López-Quiñones, Antonio. "Nueva York en los tiempos del cólera: inmediatez y cosmopolitismo en *Ventanas de Manhattan.*" *America the Beautiful: La presencia de Estados Unidos en la cultura española contemporánea.* Ed. José Manuel del Pino. Madrid: Iberoamericana, 2014. 101–23.

González, Fernando. "La sombra del exilio. La figura del exiliado republicano en el cine español de ficción. Los casos de *Nueve cartas a Berta,* de Basilio Martín Patino y de *El otro árbol de Guernica,* de Pedro Lazaga." *El exilio cultural de la guerra civil (1936–1939).* Ed. José Luis Abellán, José María Balcells y José Antonio Pérez Bowie. Salamanca: U de Salamanca, 2001. 211–27.

González-Allende, Iker. "De retornos incompletos: Patriotismo crítico y exilios imborrables en la correspondencia epistolar de María Martos de Baeza." *Letras Femeninas* 39.2 (2013): 167–83.

———. *Líneas de fuego: Género y nación en la narrativa española durante la Guerra Civil (1936–1939).* Madrid: Biblioteca Nueva, 2011.

González-Ferrer, Amparo. "La nueva emigración española. Lo que sabemos y lo que no." *Zoom Político* 18 (2013): 1–18. Web. 25 mar. 2016.

González-Iglesias, Juan Antonio. "Introducción." *Heraclés: Sobre una manera de ser.* De Juan Gil-Albert. Valencia: Pre-Textos, Instituto de Cultura Juan Gil-Albert, 2001. 9–22.

Gopinath, Gayatri. *Impossible Desires: Queer Diasporas and South Asian Public Cultures.* Durham: Duke UP, 2005.

Gracia, Jordi. *A la intemperie: Exilio y cultura en España.* Barcelona: Anagrama, 2010.

Grinberg, Leon y Rebeca Grinberg. *Psychoanalytic Perspectives on Migration and Exile.* New Haven: Yale UP, 1989.

Guardia Herrero, Carmen de la. "Exilios. Escritores españoles en Estados Unidos." *La República y la cultura: Paz, guerra y exilio*. Ed. Julio Rodríguez Puértolas. Madrid: Istmo, 2009. 681–99.

Guasch Andreu, Óscar. "Ancianos, guerreros, efebos y afeminados: tipos ideales de masculinidad." *Hombres: La construcción cultural de las masculinidades*. Ed. José María Valcuende del Río y Juan Blanco López. Madrid: Talasa, 2003. 113–24.

Guillén, Claudio. "On the Literature of Exile and Counter-Exile." *Books Abroad* 50 (1976): 271–80.

Gulstad, Daniel E. "Homecoming and Identity-Quest in Ayala's *La cabeza del cordero*." *Hispanófila* 103 (1991): 1–15.

Gutiérrez, Ángel. "Mi vida en el arte en Rusia." *El exilio republicano de 1939 y la segunda generación*. Ed. Manuel Aznar Soler y José Ramón López García. Sevilla: Renacimiento, 2011. 98–102.

Gutmann, Matthew y Mara Viveros Vigoya. "Masculinities in Latin America." *Handbook of Studies on Men and Masculinities*. Ed. Michael S. Kimmel, Jeff Hearn y R. W. Connell. Thousand Oaks: Sage, 2004. 114–28.

Hearn, Jeff. "Gendering Men and Masculinities in Research and Scientific Evaluations." *Gender and Excellence in the Making*. Brussels: Office for Official Publications of the European Communities, 2004. 57–67. Web. 25 mar. 2016.

Hearn, Jeff y Marina Blagojević. "Introducing and Rethinking Transnational Men." *Rethinking Transnational Men: Beyond, Between and Within Nations*. Ed. Jeff Hearn, Marina Blagojević y Katherine Harrison. New York: Routledge, 2013. 1–24.

Hearn, Jeff y David L. Collinson. "Men, Masculinities, Managements and Organisational Culture." *Zeitschrift für Personalforschung / German Journal of Research in Human Resource Management* 12.2 (1998): 210–22.

Hibbins, Raymond y Bob Pease. "Men and Masculinities on the Move." *Migrant Men: Critical Studies of Masculinities and the Migration Experience*. Ed. Mike Donaldson, Raymond Hibbins, Richard Howson y Bob Pease. New York: Routledge, 2009. 1–19.

Hickey, Leo. "Introduction." *El otro árbol de Guernica*. De Luis de Castresana. London: Harrap, 1972. 9–27.

Hiriart, Rosario H. *Las alusiones literarias en la obra narrativa de Francisco Ayala*. New York: Eliseo Torres, 1972.

Hirsch, Jennifer S. y Sergio Meneses Navarro. "'*Qué gusto estar de vuelta en mi tierra*': The Sexual Geography of Transnational Migration."

Mobility, Sexuality and AIDS. Ed. Felicity Thomas, Mary Haour-Knipe y Peter Aggleton. London: Routledge, 2010. 131–42.

Hondagneu-Sotelo, Pierrette. "Gender and Immigration: A Retrospective and Introduction." *Gender and U.S. Migration: Contemporary Trends*. Ed. Pierrette Hondagneu-Sotelo. Berkeley: U of California P, 2003. 3–19.

Hondagneu-Sotelo, Pierrette y Michael A. Messner. "Gender Displays and Men's Power: The 'New Man' and the Mexican Immigrant Man." *Theorizing Masculinities*. Ed. Harry Bord y Michael Kaufman. Thousand Oaks: Sage, 1994. 200–18.

hooks, bell. *The Will to Change: Men, Masculinity, and Love*. New York: Atria Books, 2004.

Howson, Richard. "Why Masculinity is Still an Important Category. (Trans) Migrant Men and the Migration Experience." *Rethinking Transnational Men: Beyond, Between and Within Nations*. Ed. Jeff Hearn, Marina Blagojević y Katherine Harrison. New York: Routledge, 2013. 134–46.

Instituto Nacional de Estadística. "Padrón de españoles residentes en el extranjero." 29 abril 2010. Web. 25 mar. 2016.

Irizarry, Estelle. *Francisco Ayala*. Boston: Twayne, 1977.

———. *Teoría y creación literaria en Francisco Ayala*. Madrid: Gredos, 1971.

Jaji, Rosemary. "Masculinity on Unstable Ground: Young Refugee Men in Nairobi, Kenya." *Journal of Refugee Studies* 22.2 (2009): 177–94.

Jenzen, Olu. "Revolting Doubles: Radical Narcissism and the Trope of Lesbian *Doppelgangers*." *Journal of Lesbian Studies* 17 (2013): 344–64.

Jiménez, Juan Ramón. *Guerra en España (1936–1953)*. Ed. Ángel Crespo. Barcelona: Seix Barral, 1985.

Johansson, Marjana y Martyna Śliwa. "Gender, Foreignness and Academia: An Intersectional Analysis of the Experiences of Foreign Women Academics in UK Business Schools." *Gender, Work and Organization* 21.1 (2014): 18–36.

Kimmel, Michael. *Guyland: The Perilous World Where Boys Become Men*. New York: Harper, 2009.

———. *Manhood in America: A Cultural History*. New York: The Free Press, 1997.

———. "Masculinity as Homophobia: Fear, Shame, and Silence in the Construction of Gender Identity." *Theorizing Masculinities*. Ed. Harry Brod y Michael Kaufman. London: Sage, 1994. 119–41.

Labanyi, Jo. "Introduction: Engaging with Ghosts; or, Theorizing Culture in Modern Spain." *Constructing Identity in Contemporary Spain: Theoretical Debates and Cultural Practices.* Ed. Jo Labanyi. Oxford: Oxford UP, 2002. 1–14.

Ladeira, Antonio. "'Pouca Sorte com Barbeiros': Masculinity and Exile in José Rodrigues Miguéis." *Hispania* 88.4 (2005): 739–49.

Laqueur, Thomas W. *Solitary Sex: A Cultural History of Masturbation.* New York: Zone Books, 2003.

Lazaga, Pedro, dir. *El otro árbol de Guernica.* 1969. Barcelona: C.B. Films, 1984.

Legarreta, Dorothy. *The Guernica Generation: Basque Refugee Children of the Spanish Civil War.* Reno: U of Nevada P, 1984.

Lera, Ángel María de. *Con la maleta al hombro: Notas de una excursión por Alemania.* Madrid: Editora Nacional, 1966.

———. *Hemos perdido el sol.* 1963. Madrid: Aguilar, 1970.

Lipman-Blumen, Jean. "Toward a Homosocial Theory of Sex Roles: An Explanation of the Sex Segregation of Social Institutions." *Signs: Journal of Women in Culture and Society* 1.3 (1976): 15–31.

López García, José Ramón. "Magda o de la amistad: Homenaje a Concha de Albornoz de Juan Gil-Albert." *El exilio literario de 1939, 70 años después.* Ed. María Teresa González de Garay y José Díaz-Cuesta. Logroño: U de La Rioja, 2013. 481–511.

Luibhéid, Eithne. "Introduction: Queering Migration and Citizenship." *Queer Migrations: Sexuality, U.S. Citizenship, and Border Crossings.* Ed. Eithne Luibhéid y Lionel Cantú. Minneapolis: U of Minnesota P, 2005. ix–xlvi.

———. "Queer/Migration: An Unruly Body of Scholarship." *GLQ: A Journal of Lesbian and Gay Studies* 14.2–3 (2008): 169–90.

Luis, Leopoldo de. "En la muerte de Juan José Domenchina." *Poesía Española* 84 (1959): 14–15.

Mahalingam, Ramaswami. "Cultural Psychology of Immigrants: An Introduction." *Cultural Psychology of Immigrants.* Ed. Ramaswami Mahalingam. Mahwah: Lawrence Erlbaum Associates, 2006. 1–12.

Malpartida, Juan. "Gil-Albert en América." *Letras Libres* 74 (2007): 53–56.

Manalansan, Martin F. *Global Divas: Filipino Gay Men in the Diaspora.* Durham: Duke UP, 2003.

———. "Queer Intersections: Sexuality and Gender in Migration Studies." *International Migration Review* 40.1 (2006): 224–49.

Manrique de Lara, José Gerardo. "Dos novelas de la Guerra Civil." *Cuadernos Hispanoamericanos* 222 (1968): 687–92.

Marr, Matthew J. "Stepping Westward from Spain: Literary and Cultural Reversal in Recent Transatlantic Academic Novels by Josefina Aldecoa, Javier Cercas, and Antonio Muñoz Molina." *Anales de la Literatura Española Contemporánea* 33.1 (2008): 105–26.

Marra-López, José. *Narrativa española fuera de España (1939–1961)*. Madrid: Guadarrama, 1963.

Martínez, María del Carmen. "'Her body was my country': Gender and Cuban-American Exile-Community Nationalist Identity in the Work of Gustavo Pérez Firmat." *Latino Studies* 7.3 (2009): 295–316.

Martínez-Expósito, Alfredo. *Escrituras torcidas: Ensayos de crítica 'queer.'* Barcelona: Laertes, 2004.

———. "Homografesis en *Misteriosa Presencia: Sonetos* (1936), de Juan Gil-Albert." *Fulgor* 1.2 (2004): 8–20.

McClennen, Sophia A. *The Dialectics of Exile: Nation, Time, Language, and Space in Hispanic Literatures.* West Lafayette: Purdue UP, 2004.

Mermall, Thomas. "El texto icónico: La alegoría de la realidad del otro en los relatos de Francisco Ayala." *Hispanic Review* 51.1 (1983): 43–61.

Meux, Richard P. "El destierro interior: La imagen del yo en la poesía de Juan José Domenchina." *Cuadernos Hispanoamericanos* 297 (1975): 522–34.

Meyer, Stephen. "Work, Play, and Power: Masculine Culture on the Automotive Shop Floor, 1930–1960." *Men and Masculinities* 2.2 (1999): 115–34.

Millas, Jaime. "Juan Gil-Albert: Un poeta-isla." *Triunfo* 617 (1974): 36–39.

Moix, Terenci. *El beso de Peter Pan*. Barcelona: Plaza & Janés, 1993.

———. *El cine de los sábados*. Barcelona: Plaza & Janés, 1990.

———. *El día en que murió Marilyn*. 1969. Barcelona: Plaza & Janés, 1992.

———. *Extraño en el paraíso*. Barcelona: Planeta, 1998.

———. *Sufrir de amores*. Barcelona: Planeta, 1995.

Monleón, José. *El teatro de Max Aub*. Madrid: Taurus, 1971.

Moreno, Antonio. "El sentido de la fidelidad en Juan Gil-Albert." *Canelobre: Revista del Instituto de Estudios Juan Gil-Albert* 33–34 (1996): 113–24.

Moreno, Salvador. "México en Juan Gil-Albert." *Calle del aire: Revista de Sevilla a Juan Gil-Albert*. Sevilla: Gráficas del Sur, 1977. 331–33.

Muñoz Molina, Antonio. *Carlota Fainberg*. Madrid: Suma de Letras, 2004.

———. *Ventanas de Manhattan*. Barcelona: Seix Barral, 2007.

Muñoz Sánchez, Antonio. "Una introducción a la historia de la emigración española en la República Federal de Alemania (1960–1980)." *Iberoamericana* 12.46 (2012): 23–42.

Naharro-Calderón, José María. *Entre el exilio y el interior: El 'entresiglo' y Juan Ramón Jiménez.* Barcelona: Anthropos, 1994.

———. "El sí-no de volver: la gallina ciega del exilio." *La Chispa '93: Selected Proceedings.* Ed. Gilberto Paolini. Nueva Orleans: Tulane UP, 1993. 174–86.

Nardi, Peter. "'Anything for a Sis, Mary': An Introduction to *Gay Masculinities.*" *Gay Masculinities.* Ed. Peter M. Nardi. Thousand Oaks: Sage, 1999. 1–11.

Nasarre Lorenzo, María. "Encontrar una lengua propia en el tercer espacio: la literatura de migración de españoles en Alemania." *Lengua y Migración* 5.1 (2013): 83–102.

Newman, Mary Ann, Àngels Carabí y Josep M. Armengol. "Beyond Don Juan: Rethinking Iberian Masculinities." *Men and Masculinities* 15.4 (2012): 343–45.

Orejudo, Antonio. *Un momento de descanso.* Barcelona: Tusquets, 2011.

Otero Ochaíta, Josefa. *Emigrantes-Inmigrantes: Movimientos migratorios en la España del siglo XX.* Web. 25 mar. 2016.

Otero Seco, Antonio. "Luis de Castresana o la infancia exiliada." *Obra periodística y crítica: exilio.* Rennes: Université de Haute-Bretagne, 1973. 646–49.

Paludi, Michele A. et al. "Introduction. Myths and Realities: Sexual Harassment on Campus." *Ivory Power: Sexual Harassment on Campus.* Ed. Michele A. Paludi. Albany: State U of New York P, 1990. 1–13.

Parrado, Emilio A. y Chenoa A. Flippen. "Migration and Gender among Mexican Women." *American Sociological Review* 70 (2005): 606–32.

Paz, Amelia de. "Introducción." *Obra poética.* De Juan José Domenchina. Vol. 1. Madrid: Castalia, 1995. 15–67.

Paz Moreno, María. "Prólogo: Aproximación a la poesía de Juan Gil-Albert." *Poesía completa.* De Juan Gil-Albert. Valencia: Pre-Textos, Instituto Alicantino de Cultura Juan Gil-Albert, 2004. 27–52.

Pazos, Antón M. "La Santa Sede, la República y los niños vascos: Una batalla diplomática dentro de la Guerra Civil Española." *Hispania Sacra* 65.131 (2013): 385–423.

Pease, Bob. "Immigrant Men and Domestic Life: Renegotiating the Patriarchal Bargain?" *Migrant Men: Critical Studies of Masculinities and the Migration Experience.* Ed. Mike Donaldson, Raymond

Hibbins, Richard Howson y Bob Pease. New York: Routledge, 2009. 79–95.

Peña Ardid, Carmen. "Amor y homosexualidad en Juan Gil-Albert." *Cuadernos de Investigación Filológica* 14 (1988): 21–39.

Peris Llorca, Jesús. "Vivir en lo olvidado. Regresos literarios de escritores exiliados a la España franquista: Max Aub, Francisco Ayala y Arturo Barea." *Exilio e identidad en el mundo hispánico: Reflexiones y representaciones*. Ed. Beatriz Caballero Rodríguez y Laura López Fernández. Alicante: Biblioteca Virtual Miguel de Cervantes, 2012. 579–604.

Pessar, Patricia R. "Engendering Migration Studies: The Case of New Immigrants in the United States." *Gender and U.S. Migration: Contemporary Trends*. Ed. Pierrette Hondagneu-Sotelo. Berkeley: U of California P, 2003. 20–42.

Pessar, Patricia R. y Sarah J. Mahler. "Transnational Migration: Bringing Gender In." *International Migration Review* 37.3 (2003): 812–46.

Pla Brugat, Dolores. "Introducción." *Pan, trabajo y hogar: El exilio republicano español en América Latina*. Ed. Dolores Pla Brugat. México DF: Segob-Instituto Nacional de Migración, 2007. 19–34.

Pons Prades, Eduardo. *Los niños republicanos: El exilio*. Madrid: Oberón, 2005.

Pons Rodríguez, Lola. "Retratos lingüísticos y noticias idiomáticas en *Carlota Fainberg* (1999) de Antonio Muñoz Molina." *Revista de Filología* 20 (2002): 277–303.

Prat i Carós, Joan. "En busca del paraíso: Historias de vida y migración." *Revista de Dialectología y Tradiciones Populares* 62.2 (2007): 21–61.

Raible, John. "Queering the Adult Gaze: Young Male Hustlers and Their Alliances with Older Gay Men." *Journal of LGBT Youth* 8 (2011): 260–80.

Ramírez, Hernán. "Masculinity in the Workplace: The Case of Mexican Immigrant Gardeners." *Men and Masculinities* 14.1 (2011): 97–116.

Raphael, Ray. *The Men from the Boys: Rites of Passage in Male America*. Lincoln: U of Nebraska P, 1988.

Roche, Jean-Loup. "A Multidimensional Approach to the Exile's Persecution Experience." *Refugees-The Trauma of Exile: The Humanitarian Role of Red Cross and Red Crescent*. Ed. Diana Miserez. Dordrecht: Martinus Nijhoff, 1988. 223–33.

Rodríguez Richart, José. *Emigración española y creación literaria: Estudio introductorio*. Madrid: Fundación Primero de Mayo, 1999.

———. "Literatura española de tema alemán (siglo XX)." *Actas del IX Congreso de la Asociación Internacional de Hispanistas*. Ed. Sebastián Neumeister. Vol. 2. Frankfurt: Vervuert, 1989. 351–61.

Rogers, Elizabeth. "The Initiation Paradigm in Catresana's *El otro árbol de Guernica.*" *Anales de la Literatura Española Contemporánea* 6 (1981): 183–96.

Rovira, José Carlos. "Introducción." *Fuentes de la constancia.* De Juan Gil-Albert. Madrid: Cátedra, 1984. 9–57.

———. *Juan Gil-Albert.* Caja de Ahorros Provincial de Alicante, 1991.

———. *Juan Gil-Albert.* València: Consell Valencià de Cultura, 2007.

Ruiz Ballesteros, Esteban. "El trabajo nos hará hombres." *Hombres: La construcción cultural de las masculinidades.* Ed. José María Valcuende del Río y Juan Blanco López. Madrid: Talasa, 2003. 100–10.

Ruiz Sánchez, Ana. *Literatura de emigración de origen español en Alemania: Modelos literarios para una sociedad multicultural.* Madrid: Fundación Primero de Mayo, 2004. Web. 25 mar. 2016.

Rushing, Janice Hocker. *Erotic Mentoring: Women's Transformations in the University.* Walnut Creek: Left Coast Press, 2006.

Said, Edward. "Reflections on Exile." *Reflections on Exile and Other Essays.* Cambridge: Harvard UP, 2002. 173–86.

Sáinz, José Ángel. "Max Aub: Operación (sal)ida-operación... ¿retorno?" *La Nueva Literatura Hispánica* 3 (1999): 201–15.

———. "El retorno de Max Aub o la poética de un imposible." *Ciberletras: Revista de crítica literaria y de cultura* 10 (2003): sin paginación. Web. 25 mar. 2016.

———. "A vueltas con *Las vueltas*: el drama del retorno de Max Aub." *España: ¿laberinto de exilios?* Ed. Sandra Barriales-Bouche. Newark: Juan de la Cuesta, 2005. 201–20.

Salinas, Pedro. *Cartas de viaje (1912–1951).* Ed. Enric Bou. Valencia: Pre-Textos, 1996.

Sallee, Margaret W. "Performing Masculinity: Considering Gender in Doctoral Student Socialization." *The Journal of Higher Education* 82.2 (2011): 187–216.

Sánchez Barbudo, Antonio. "Leyendo y recordando a Juan Gil-Albert." *Ensayos y recuerdos.* Barcelona: Laia, 1980. 49–87.

Sánchez Vázquez, Adolfo. *Del exilio en México: Recuerdos y reflexiones.* México DF: Grijalbo, 1997.

———. "El doble fin del exilio del 39." *Laberintos: Anuario de estudios sobre los exilios culturales españoles* 2 (2003): 5–9.

Sánchez-Eppler, Benigno y Cindy Patton. "Introduction: With a Passport Out of Eden." *Queer Diasporas.* Ed. Cindy Patton y Benigno Sánchez-Eppler. Durham: Duke UP, 2000. 1–14.

Sang, Katherine, Haya Al-Dajani y Mustafa Özbilgin. "Frayed Careers of Migrant Female Professors in British Academia: An Intersectional Perspective." *Gender, Work and Organization* 20.2 (2013): 158–71.

Santos, Félix. *Exiliados y emigrados: 1939–1999*. Madrid: Fundación Españoles en el Mundo, 1999. Web. 25 mar. 2016.

Sanz Díaz, Carlos. "Emigración de retorno desde Alemania y política migratoria durante el franquismo, 1960–1975." *Anales de Historia Contemporánea* 24 (2008): 361–80.

———. "Emigración económica, movilización política y relaciones internacionales. Los trabajadores españoles en Alemania, 1960–1966." *Cuadernos de Historia Contemporánea* 23 (2001): 315–41.

Schoenberg, B. Mark. *Growing Up Male: The Psychology of Masculinity*. Westport: Bergin & Garvey, 1993.

Segal, Lynne. "Changing Men: Masculinities in Context." *Theory and Society* 22.5 (1993): 625–41.

Seguí i Francès, Romà. "La concepción de la homosexualidad en el *Heraclés* de Juan Gil-Albert." *Voz y Letra: Revista de literatura* 18.2 (2007): 75–105.

Segura Munguía, Santiago. *Diccionario etimológico latino-español*. Madrid: Anaya, 1985.

Seidler, Victor J. *Man Enough: Embodying Masculinities*. London: Sage, 1997.

———. *Rediscovering Masculinity: Reason, Language and Sexuality*. London: Routledge, 1989.

Shaw, Claire. "Overworked and Isolated: Work Pressure Fuels Mental Illness in Academia." *The Guardian*. 8 mayo 2014. Web. 25 mar. 2016.

Shaw, Claire y Lucy Ward. "Dark Thoughts: Why Mental Illness is on the Rise in Academia." *The Guardian*. 6 mar. 2014. Web. 25 mar. 2016.

Showalter, Elaine. *Faculty Towers: The Academic Novel and Its Discontents*. Philadelphia: U of Pennsylvania P, 2005.

Simal, Mónica. "El exilio visto a través de las obras 'El regreso,' de Francisco Ayala y *La prima Angélica*, de Carlos Saura." *Divergencias: Revista de estudios lingüísticos y literarios* 2.2 (2004): 65–72.

Smith, Paul Julian. *Laws of Desire: Questions of Homosexuality in Spanish Writing and Film, 1960–1990*. Oxford: Clarendon P, 1992.

Smith, Robert. *Mexican New York: Transnational Lives of New Immigrants*. Berkeley: U of California P, 2006.

Soldevila Durante, Ignacio. "Introducción al epistolario Aub-Ayala, 1952–1972." *Epistolario, 1952–1972*. De Max Aub y Francisco Ayala. Segorbe: Fundación Max Aub y Biblioteca Valenciana, 2001. 6–17.

———. "Nueva tragedia de Rip Van Winkle: *La gallina ciega* de Max Aub." *Papeles de Son Armadans* 230 (1975): 151–82.

Soldevilla Oria, Consuelo. *El exilio español (1808–1975)*. Madrid: Arco Libros, 2001.

Sota, Manuel de la. *Yanqui hirsutus: Pequeñas conversaciones sin importancia sobre los habitantes del nuevo mundo anglosajón*. Buenos Aires: Editorial Sudamericana, 1949.

Stengers, Jean y Anne Van Neck. *Masturbation: The History of a Great Terror*. New York: Palgrave, 2001.

Synnott, Anthony. *Re-Thinking Men: Heroes, Villains and Victims*. Farnham: Ashgate, 2009.

Tajes, María T. *El cuerpo de la emigración y la emigración en el cuerpo: Desarraigo y negociación de identidad en la literatura de la emigración española*. Bern: Peter Lang, 2006.

Taywaditep, Kittiwut Jod. "Marginalization Among the Marginalized: Gay Men's Anti-Effeminacy Attitudes." *Journal of Homosexuality* 42.1 (2001): 1–28.

Thornton, Margaret. "Hegemonic Masculinity and the Academy." *International Journal of the Sociology of Law* 17 (1989): 115–30.

Torres, Rafael. *Adiós, mi España querida: Testimonios de los emigrantes españoles de los años sesenta y setenta*. Madrid: La esfera de los libros, 2009.

Toutkoushian, Robert K. "Racial and Marital Status Differences in Faculty Pay." *The Journal of Higher Education* 69.5 (1998): 513–41.

Tudón Martínez, María Isabel. "La tradición clásica en la poesía de Juan Gil-Albert." *Fòrum de Recerca* 16 (2011): 415–36.

Ugarte, Michael. *Africans in Europe: The Culture of Exile and Emigration from Equatorial Guinea to Spain*. Urbana: U of Illinois P, 2010.

———. "¿Exilio o emigración? La morada vital universitaria de Américo Castro y Donato Ndongo." *Exilio y Universidad (1936–1955): Presencias y realidades*. Ed. José Ángel Ascunce, Mónica Jato y Mª Luisa San Miguel. Vol. 1. Donostia: Saturrarán, 2008. 757–69.

———. *Shifting Ground: Spanish Civil War Exile Literature*. Durham: Duke UP, 1989.

Vásquez del Águila, Ernesto. *Being a Man in a Transnational World: The Masculinity and Sexuality of Migration*. New York: Routledge, 2014.

Verdugo, Richard R. "Racial Stratification and the Use of Hispanic Faculty as Role Models." *The Journal of Higher Education* 66.6 (1995): 669–85.

Vigoya, Mara Viveros. "Contemporary Latin American Perspectives on Masculinity." *Men and Masculinities* 3.3 (2001): 237–60.

Vilaseca, David. "How Does One Escape One's Own Simulacrum? Subjectivity and the Asceticism of Being in Terenci Moix's Autobiography." *Hispanic Review* 76.2 (2008): 197–211.

———. "Moix and Signs: Time and the Revelations of Memory in Terenci Moix's Autobiography." *Journal of Romance Studies* 6.3 (2006): 31–46.

Villar, Arturo del. "Ernestina de Champourcin." *La Estafeta Literaria* 556, 15 ene. 1975: 10–15.

Villena, Luis Antonio de. *El razonamiento inagotable de Juan Gil-Albert.* Madrid: Anjana, 1984.

Vivancos Pérez, Ricardo F. "El desplazamiento y la crítica. Novelistas españoles del exilio y de la emigración intelectual en los EE.UU." *Contra el olvido: El exilio español en Estados Unidos.* Ed. Sebastiaan Faber y Cristina Martínez Carazo. Alcalá de Henares: Instituto Franklin de Estudios Norteamericanos, 2010. 101–23.

Walker, Gregory Wayne. "Disciplining Protest Masculinity." *Men and Masculinities* 9.1 (2006): 5–22.

Warner, Robin. "The Non-Life Style of an Exile: The Poetics of Juan José Domenchina." *Hispanófila* 26.76 (1982): 53–63.

Weston, Kath. *Families We Choose: Lesbians, Gays, Kinship.* New York: Columbia UP, 1991.

Whitehead, Stephen M. "Private Men." *Men and Masculinities: Key Themes and New Directions.* Cambridge: Polity Press, 2002. 146–80.

Whitehead, Stephen M. y Frank J. Barrett. "The Sociology of Masculinity." *The Masculinities Reader.* Ed. Stephen Whitehead y Frank Barrett. Cambridge: Polity, 2001. 1–26.

Willott, Sara y Christine Griffin. "Redundant Men: Constraints on Identity Change." *Journal of Community & Applied Social Psychology* 14 (2004): 53–69.

———. "'Wham Bam, am I a Man?': Unemployed Men Talk about Masculinities." *Feminism & Psychology* 7.1 (1997): 107–28.

Winter, Scarlett. "Recuerdo o imaginación: Ficcionalidad y textualidad del amor en *Carlota Fainberg* de Antonio Muñoz Molina." *'El amor, esa palabra...': El amor en la novela española contemporánea de fin de milenio.* Ed. Anna-Sophia Buck e Irene Gastón Sierra. Madrid: Iberoamericana, 2005. 185–97.

Woodward, Rachel. "Locating Military Masculinities: Space, Place, and the Formation of Gender Identity in the British Army." *Military Masculinities: Identity and the State*. Ed. Paul R. Higate. Westport: Praeger, 2003. 43–55.

Zalk, Sue Rosenberg. "Men in the Academy: A Psychological Profile of Harassment." *Ivory Power: Sexual Harassment on Campus*. Ed. Michele A. Paludi. Albany: State U of New York P, 1990. 141–75.

Zardoya, Concha. "Juan José Domenchina, poeta de la sombra." *Revista Hispánica Moderna* 16 (1950): 123–29.

Zubiaurre, Pilar de. *Epistolario de Pilar de Zubiaurre (1906–1970)*. Ed. Iker González-Allende. Woodbridge: Támesis, 2014.

Índice alfabético

Sobre el libro

Iker González-Allende
Hombres en movimiento: Masculinidades españolas en los exilios y emigraciones, 1939–1999
PSRL 74

Hombres en movimiento: Masculinidades españolas en los exilios y emigraciones, 1939–1999, de Iker González-Allende, es el primer estudio detallado de cómo el exilio y la emigración influyen en la masculinidad de los hombres españoles, tanto heterosexuales como homosexuales, que se ven obligados a abandonar su país. En el libro, González-Allende analiza la literatura producida por escritores españoles que desde 1939 hasta finales del siglo XX han experimentado el exilio o la emigración, cubriendo tres momentos históricos: el largo exilio republicano como consecuencia de la Guerra Civil Española (1936–39), la emigración a Europa durante la década de 1960 debido a la crisis económica en España y la reciente emigración de intelectuales a los Estados Unidos a finales del siglo XX. Revelando experiencias recurrentes de aislamiento, inseguridad, discriminación y feminización en el país de acogida, González-Allende sostiene que el exilio y la emigración causan un sentido de crisis, impotencia e inestabilidad en la masculinidad de los hombres desplazados. El autor también examina como tendencia compensatoria que el exilio y la emigración pueden ofrecer a estos hombres una mayor sensación de libertad y una mejora de su situación económica. Cada uno de los siete capítulos analiza una variedad diferente de las masculinidades en el exilio o la emigración: el adolescente, el hombre en crisis, el hombre ocioso, el hombre que retorna a España, el hombre trabajador, el hombre onanista y el hombre académico. Los autores estudiados son asimismo diversos: Luis de Castresana, Juan José Domenchina, Juan Gil-Albert, Max Aub, Francisco Ayala, Patricio Chamizo, Víctor Canicio, Terenci Moix, Antonio Muñoz Molina y Javier Cercas.

About the book

Iker González-Allende
Hombres en movimiento: Masculinidades españolas en los exilios y emigraciones, 1939–1999
PSRL 74

Hombres en movimiento: Masculinidades españolas en los exilios y emigraciones, 1939–1999, by Iker González-Allende, delivers the first sustained study of how the Spanish masculine identity, of both homosexual and heterosexual men, is impacted when men are compelled to leave their country. In it, González-Allende examines the literary output of Spanish male authors over three periods of emigration and exile: the long Republican exile from the Spanish Civil War (1936–1939), the emigration to Europe during the Spanish economic crisis of the 1960s, and the recent period of emigration of intellectuals to the US through the end of the twentieth century. Revealing and unpacking recurring patterns of isolation, insecurity, discrimination, and feminization in the host country, González-Allende argues that exile and emigration cause a crisis of powerlessness that can have a destabilizing effect on one's masculinity. González-Allende also examines a countervailing trend among Spanish exiles and émigrés of these periods; that from the same crisis some achieve a greater sense of freedom and improve their socioeconomic standing. Each of the seven chapters analyzes a different Spanish male exile or émigré: the adolescent, the man at a crossroad, the idle man, the returning man, the working man, the onanist, and the academician. Works studied are likewise from a range of authors: Luis de Castresana, Juan José Domenchina, Juan Gil-Albert, Max Aub, Francisco Ayala, Patricio Chamizo, Víctor Canicio, Terenci Moix, Antonio Muñoz Molina, and Javier Cercas.

Sobre el autor

Iker González-Allende es Catedrático de literatura española y de estudios de género en la Universidad de Nebraska-Lincoln. Sus campos de especialización son la literatura y cultura española de los siglos XX-XXI, la Guerra Civil Española, el exilio republicano, la cultura vasca y los estudios de género y sexualidad. Es autor de cuatro libros: la monografía *Líneas de fuego: Género y nación en la narrativa española durante la Guerra Civil (1936–1939)* (Biblioteca Nueva, 2011), el volumen colectivo *El exilio vasco: Estudios en homenaje al profesor José Ángel Ascunce Arrieta* (Universidad de Deusto, 2016) y las ediciones de las obras completas de Pilar de Zubiaurre, tituladas *Evocaciones: Artículos y diario (1909–1958)* (Saturrarán, 2009) y *Epistolario de Pilar de Zubiaurre (1906–1970)* (Tamesis, 2014). Asimismo, ha publicado más de cuarenta artículos en libros y revistas académicas como *Hispania, Anales de la Literatura Española Contemporánea, Hispanic Research Journal, Revista de Estudios Hispánicos* y *Bulletin of Hispanic Studies.*

About the author

Iker González-Allende is Professor of Hispanic studies and program faculty of women's and gender studies at the University of Nebraska–Lincoln. His areas of expertise are twentieth- to twenty-first-century Spanish literatures and cultures, the Spanish Civil War, Republican exile, Basque culture, and women's and gender studies. He is the author of four books: the monograph *Líneas de fuego: Género y nación en la narrativa española durante la Guerra Civil (1936–1939)* (Biblioteca Nueva, 2011), the edited volume *El exilio vasco: Estudios en homenaje al profesor José Ángel Ascunce Arrieta* (Universidad de Deusto, 2016), and the editions of Pilar de Zubiaurre's works, titled *Evocaciones: Artículos y diario (1909–1958)* (Saturrarán, 2009) and *Epistolario de Pilar de Zubiaurre (1906–1970)* (Tamesis, 2014). He also has published more than forty articles in books and academic journals, such as *Hispania, Anales de la Literatura Española Contemporánea, Hispanic Research Journal, Revista de Estudios Hispánicos,* and *Bulletin of Hispanic Studies.*

"*Hombres en movimiento* is an original contribution to peninsular Hispanic studies from a perspective—that of masculinities and/in mobility—that opens a wider discussion on gender, exile, desire, class and the nation in the Spanish twentieth century. Combining historical and sociological narratives of masculinity and migrations with close literary readings, this book offers an innovative anatomy of Spanish literary masculinities and of the gender anxieties associated with the achievement of literary authorship in displacement."

Helena Miguélez-Carballeira, Bangor University, UK

Hombres en movimiento constituye una original contribución al campo de los estudios hispánicos peninsulares, proponiendo una perspectiva—la de las masculinidades y la movilidad—que abre un debate verdaderamente amplio sobre el género, el exilio, el deseo, la clase y la cuestión nacional en el siglo XX español. Combinando diferentes formas de análisis (literario, histórico y sociológico) sobre las narrativas de la masculinidad y la emigración, este libro nos ofrece una nueva anatomía de las masculinidades literarias hispánicas y de las tensiones de género asociadas a la construcción de la autoría literaria en contextos marcados por la experiencia del desplazamiento.

Helena Miguélez-Carballeira, Bangor University, UK